明治の青年とナショナリズム

政教社・日本新聞社の群像

中野目　徹

吉川弘文館

目次

第二部　三宅雪嶺

第三部　鈴木虎雄と陸羯南

序章　課題と方法

本書は、およそ二〇年前に刊行した拙著『政教社の研究』（一九九三年、思文閣出版）のいわば続篇をなすものだが、課題と方法については、前著に対する反省や批判、自他の研究状況の進展、あるいは研究を取り巻く時代情勢の推移などを受けて、おのずから違いがある。

前著では、政教社研究が比較的多くの蓄積を有しながら、その後は概して低調であるという認識に立って、行きづまりの原因として「ナショナリズム論」の作り上げてきたパラダイムから抜け出せないことと、史料的な制約という二つの問題を挙げた。それらを乗り越えるべく、前著では、できるかぎり史料の発掘に努め、政教社といえば我が国近代における「健康なナショナリズム」の担い手であるという通説的な理解を一旦留保して、一つの「集団の思想史」を構築することを目指し、社会史やメディア史などの手法も援用しながら、前半の思想形成過程に関しては「書生社会」という視角から、後半の展開過程に関しては「言論社会」という視角から、それぞれ政教社の思想運動の実態を論じ、前後の接続は書生社会の頂点部分として誕生した「学士社会」における「政談と学術の差別化」という点から説明した。

幸い前著に対しては多くの書評が寄せられ、そのなかでは「健康なナショナリズム」という評価を留保したことによって、明治思想史研究に新しい境地を切り拓いたという評価もいただいたが、政教社が主張した「国粋主義」[1]の思想内容に関する私の理解に対しては、基底的な思考方法とした進化論の把握も含めて疑問が寄せられた。私自身、終章で「西欧型のナショナリズムを暗黙の基準として政教社の思想運動を裁断するのではなく、むしろそれが諸民族のナショナリズムの一つであるという歴史的、地域的個別性を重視する視点から、翻って世界史上のナショナリズムの内容を豊富化していくという考察の方向を採用した。それは一見遠回りに見えても、思想集団としての実態解明に基礎を置いて、そこから等身大の政教社像を提示することが、すなわち近代日本のナショナリズムの解明という課題に応えることにつながるだろうと考えたことによる(2)」と書いたこともあり、政教社の研究をとおして近代日本のナショナリズムについて考えるという課題が、その後、私の頭を離れたことはなかった。

そこで本書では、政教社の中心メンバーであった志賀重昂（一八六三〜一九二七）と三宅雪嶺（一八六〇〜一九四五）その他二、三の社員に加えて、日本新聞社に記者として入社する鈴木虎雄（一八七八〜一九六三）および同社の社長兼主筆であった陸羯南（一八五七〜一九〇七）に関して最近のおよそ一〇年間に書いた論文、史料紹介等を集めて一書とすることで、個別の人物研究から改めて近代日本のナショナリズム像を立ち上げてみようと考えた次第である。書名の「明治の青年」は、徳富蘇峰（一八六三〜一九五七。明治二十年に創刊した『国民之友』の表紙には「The Nation's Friend」と印字していた）の有名な世代論の枠組み（「明治ノ青年」と「天保ノ老人」）から採ったもので、陸羯南の一八五七年生まれから、鈴木虎雄の一八七八年生まれまで、本書で取り上げる青年たちには年齢的に約二〇年のひらきがある。

約二〇年のひらきといえば、前著を上梓してからの間の「明治の青年とナショナリズム」をめぐる研究史の展開についてもここで簡単に整理しておく必要があろう。まず、「明治ノ青年」という枠組み自体を、当該期の政治と思想をめぐる転換に果たした世代論としての意味から論じた研究に、木村直恵氏の『〈青年〉の誕生』（一九九八年、新曜社）があり、問題点の整理が格段に進んだことを指摘しておかなくてはならない。その他の先行研究については、以下に取り上げるものも含めて、本書を構成する各部各章および付論でも適宜コメントを加えているので、御参照いただければ幸いである。

政教社に関しては、前著刊行後、佐藤能丸氏による『明治ナショナリズムの研究』（一九九八年、芙蓉書房出版）が上梓された。三宅雪嶺を中心とする政教社に関する基礎的な研究は同氏によって推進され、また、明治二十年代に発生した労働問題をはじめとする社会問題に対する政教社の対応に関する論及などは同氏の独壇場であると思われる。しかるに、同書に収録された諸論考はいずれも拙著『政教社の研究』刊行以前の初出に属するものながら、同書では拙著をはじめその後の研究への評価や批判を一切省いているため、同書を政教社に関する研究史上に位置づけることを困難にしている。さらに、「明治ナショナリズム」なるものを前提にして政教社の思想運動を把握しようとしている点は私の問題意識とは区別されるし、それを「発展途上の上昇期のナショナリズム」というだけでは、かつての下部構造決定論的な歴史観が優勢であった時代ならばともかく、現在では大方の理解を得るのは難しいのではないか。佐藤氏はまた、政教社の「国粋主義」を政府の模索した「臣民」像とは異なった「国民」像を構想したことにおいて評価しようとしているように見受けられるが、それだけの指摘では、国民国家論批判が共有されている今日にあってはいささか不十分といわざるをえない。

政教社と対比されることの多い民友社については、その後も西田毅・和田守ほか編『民友社とその時代』（二〇〇三年、ミネルヴァ書房）が刊行されるなど、共同研究の土壌が長く保持されていることに敬意を表したい。

他方、政教社の個々のメンバーに関しては、三宅雪嶺と志賀重昂を中心に相応に研究の進展が見られた。荻原隆氏による一連の研究は(3)、歯切れのいい評価から一定の示唆を得ることができる。長妻三佐雄氏の三宅雪嶺研究は、この間、『公共性のエートス』（二〇〇二年、世界思想社）と『三宅雪嶺の政治思想』（二〇一二年、ミネルヴァ書房）という二冊の著書に結実している。長妻氏の両書に収録されている諸論考は、雪嶺の思想研究にとって必要不可欠な論点の多くを取り上げており、佐藤能丸氏の示してきた研究水準をはるかに凌駕する三宅雪嶺像を提示している。しかしながら、とくに後者において、雪嶺の「真善美」の政治思想が、長妻氏のいう雪嶺哲学の「体系性」といかなる構造的連関を有しているのか、私には解かりにくいところも残っているが、いずれにせよ、近いうちに私なりの三宅雪嶺像をまとめるなかで議論のための土壌を整えていきたい。

このほか、井上円了（一八五八～一九一九）に関しては、井上を「学祖」とする東洋大学が井上円了記念学術センターの永年にわたる実績のうえに、二〇一二年に国際井上円了学会を立ち上げ、国際的視野から円了のとりわけ哲学を再検討しようとしているのが注目される。また、政教社の第二世代であった内藤湖南（一八六六～一九三四）に関する研究にも新しい可能性が見てとれる[4]。

また、後述するように、政教社とはしだいにその関係を深め、ついには一体化する日本新聞社の陸羯南については、生誕一五〇、没後一〇〇周年を迎えた二〇〇七年前後を中心に研究が大いに進展した。羯南研究の現状と課題については片山慶隆氏による的確な研究史整理[5]があるし、本書第三部第四章でも触れているので、ここでは贅言を控える。

次に、ナショナリズムについても、本書の冒頭にあたって研究状況の簡単な整理と私なりの見解を示しておくべきであろう。というのは、今日ほどナショナリズムが広く論じられることは、いまだかつてなかったように思われる一方で、日本史学の分野では三谷博氏など二、三の研究者を除くと、正面からそれを取り上げて論じられることが少ないという一見奇妙な現象のなかで、本書があえて書名に「ナショナリズム」を冠することにともなう誤解を排除し、積極的な意義を主張しておく必要があろうと思われるからである。ここで奇妙というのはほかでもない。およそ近代に特有の現象であると考えられるナショナリズムが、日本近代史の研究対象になりにくいのはなぜなのだろうか。一つにはナショナリズムの意味する領域があまりに広くて、日本史学や日本近代史などといった個別の学問分野・領域には収まりきれない対象だからであろう。また一つには、ナショナリズムが論理や理屈だけでなく感情や気分といったものによって発生し、発言や文章だけでなく運動や気運といったものによって表出されるものであるから、史料に基づく立証に学問としての存在理由を有する歴史学にとっては最も扱いにくい対象であるともいえよう。

そもそもナショナリズムの定義は曖昧であり、歴史上に顕現する、もしくは伏在するその存在形態はきわめて多様である。(6) 民族主義／国民主義／国家主義と使い分けられ、あるいは帝国主義や植民地主義とも親和的であるとされ、一面では愛国主義や排外主義とも（大国主義や好戦主義とも）重なるとされる意味内容はあまりに広範といえる。それが発現する場面も知識人の思想活動（新聞・雑誌の発行や街頭運動、秘密結社による独立運動など）だけでなく、外交官や軍人による外交交渉や軍事行動、民衆の暴動や大衆による示威行進、テロリストの要人暗殺等のさまざまな局面にうかがうことができる。明治二十四年（一八九一）、大津事件に際して京都府庁前で自殺を遂げた畠山勇子(7)の思いと行動も、ナショナリズムの範疇としてならば説明可能であろう。国家のために自分の生命を犠牲にする行為はナショナリズムの究極的な表現手段といえる。

欧米では十八世紀（十六世紀に遡るという説もある）に誕生したとされる近代ナショナリズムだが、ほぼ同じ時期の日本でも国学者や水戸学者らの言説のなかに「大和心」や「国体」などの言辞が現れ、それらは幕末期になると一部の経世学者や志士たちによって明治維新の理念の一つとして持ち込まれ、近代に接続された。したがって、先行研究では、いわゆる天皇制の形成過程や国体論とナショナリズムの関係がとくに民衆思想との関連で注目され、また一〇年おきに繰り返された対外戦争がナショナリズムの民衆への定着に果たした役割という点で重視されてきた。

しかしながら、私の見るところ、その接続と展開は紆余曲折を経たものであった。ショービニズムやジンゴイズム、エスノセントリズムとしてではなく、近代日本におけるナショナリズムの先駆的な主張者としては、故丸山眞男氏が想定したように、やはり福澤諭吉（一八三五〜一九〇一）に指を屈するべきなのかもしれない。ロンドン在留の愛弟子馬場辰猪に宛てて明治七年（一八七四）十月十二日付で書かれた書簡のなかで「結局我輩の目的ハ、我邦之ナショナリチを保護するの赤心のミ」[8]と記し、翌年刊行した『文明論之概略』では、J・S・ミルの『代議制統治論』から示唆を受けてナショナリティとしての「国体」について論じているのは何といっても無視できない。とはいえ福澤にとって、当時の最大の課題は我が国の文明化であって（それ自体ナショナルな課題ではあるが）、「国体」（あるいは「国情」）は前面には出てこなかった。そこで、「天保ノ老人」であった福澤諭吉の残した思想的課題と向き合ったのが、本書で取り上げる「明治ノ青年」たちだったのである。

さらにいえば、彼ら「明治ノ青年」たちが対峙した明治二十年前後の「欧化主義」も単なる時代の風潮ではなく、鹿鳴館外交を推進した外相井上馨（一八三五〜一九一五）によれば「欧洲的一新帝国」を造出しようという綿密な計算に基づいた権力の意志であり、三島由紀夫が『鹿鳴館』で描き出したようにそれは政治のリアリズムであった。要するに井上も伊藤博文も森有礼もナショナリストだったのであり、当時の政治指導者や知識青年層のなかでナショナリストでない人物を見つけ出すのはむしろ困難であろう。それゆえ、誰がナショナリストであるとか、誰の主張がナショナリズムであるとかいう議論はほとんど意味をなさないのであり、本書もそのような議論をすることを目的とするものではない。

すでに述べたとおり、本書でも私はナショナリズムの理念型をあらかじめ設定しておいて、それとの偏差によって政教社や日本新聞社に集った人びとの思想活動の健康性や病理を診断するという方法は採らない。そうではなく、明治二十年代の初頭、一八九〇年前後の日本で英語の nationality や nationalism あるいは仏語の nationalité や nationalisme の意味を理解し、自他に関する的確な情勢認識のもと、「日本」「日本人」とは何かを追究し、国家や民族はいかなる方向に進むべきかを模索した一群の青年たちが存在したのであり、本書では彼ら「明治ノ青年」たちの提唱した「国粋主義」の声に丹念に耳を傾け、その論理構成を明らかにするとともに、彼らの言論活動や政治活動までを視野に入れながら、彼らがナショナリズムとして主張したものは何だったのかを考察していこうというのである。

序章の最後に、政教社と日本新聞社の関係についての私見と本書全体の構成について記しておこう。

まず、前著では関係を峻別した政教社と日本新聞社についてだが、両社が創立された明治二十一(一八八八)、二年から日清戦争を経て同三十年頃までは、社屋の所在も人的関係も別であり、主義思想上の「益友」[9]「親友」[10]という関係が続いた。この時期は羯南と雪嶺が互いの紙誌に論説を出し合ったり、互いの著書に序文を寄せ合ったりはしていた。政教社が日本新聞社の二階に移転した明治三十一年(一八九八)になると、両社の一体化が進んだといえよう。新出の史料[11]によれば、政教社員の給料も日本新聞社から支給されていたようで、財政的にも両社は一体となったのである。同じ時期、徳富蘇峰も民友社の『国民之友』を廃刊にして『国民新聞』一本に経営を絞ったが、背景には日清戦争後の雑誌『太陽』の成功とは裏腹に既存誌の販売不振という事情もあったと考えられる。明治三十九年に陸羯南が日本新聞社を手放すと、雪嶺たち旧社員も連袂(れんべい)退社し、政教社に合流して誌名を『日本及日本人』と改めた。同誌はその後長く命脈を保ったが、大正十二年(一九二三)に至り雪嶺が退社することになる事情と意味については、本書第二部第三章を御参照いただければ幸いである。ここでは、以上のような二段階の変遷を経て両社が一体化したことを確認しておきたいが、本書では、一体化が進む明治三十四年(一九〇一)に日本新聞社に入社し(その頃羯南はもはや「青年」ではなく「陸翁」と呼ばれるようになっていた)、『日本人』や『日本及日本人』にも筆を執ることになる鈴木虎雄を第三部の中心に据えたため、サブタイトルでは両社を併記することとした。

本書は目次を御覧いただくとおり、大きく三部構成としている。

このうち第一部には、政教社の機関誌『日本人』の主筆と目された志賀重昂を中心に、井上円了と内藤湖南に関する文章を配している。創刊後の『日本人』で「国粋主義」の理論化に鋭意取り組んだのは志賀であった。したがって、志賀における「国粋主義」とその変容の過程をたどることは、本書全体のなかでも重要な課題であると考えられる。次の第二部は、三宅雪嶺に関する文章のみで構成した。三宅は当初から志賀と並んで政教社の中心人物と見られていたが、とくに日清戦争後になると一人で政教社を代表するかたちになったことは前著でも縷述したとおりである。最後の第三部は、先述のとおり鈴木虎雄を中心に、陸羯南の研究動向に関する文章を加えて構成した。鈴木に関しては、関係史料の発掘、整理、解読という史料学の成果をふまえ、一青年の思想形成と『日本』入社に至る経緯の解明に重点を置いた。

前著では、初期政教社としての特質が最終的に失われた明治三十三年までを考察範囲としたが、本書では人物に即した検討を行なったため、彼らの青年期にあたる明治二十年代を考察の中心とはしたものの、適宜晩年の大正・昭和期にまで及んでいる。さらに、前著同様、関係史料の発掘には全力を注いだが、各々の詳細は本文を御覧いただきたい。

なお、各章および付論は一書にすることを想定しないで執筆したため、記述に重複がある。最低限の修正はほどこしたが、人名の表記や註記の仕方などを含め、行論上あえてそのままにしてある場合も残っていることをお断りしておきたい。また、本文および引用史料の字体は、一部の人名や地名を除いて現在通行の字体に直していること、引用の多い『日本人』と『日本』については、いちいち註記しないが、それぞれ日本図書センターとゆまに書房から刊行された複製版を用いていることも付言しておく。

註

（1）彼らの主張は「国粋旨義」「国粋保存旨義」「日本主義」「国民主義」など多様な表現でなされるが、『日本人』第二二号（一八八九年）社説「日本国民ハ明治二十二年二月十一日を以て生れたり」では、新聞『日本』の創刊に触れて「彼れの国民旨義と我れの国粋旨義と八元と同一精神の日本旨義なり」（同誌四頁）と述べていることから、本書ではこれらを総じて「国粋主義」という用語で表すこととする。ただし、第一部第三章など例外もある。

（2）拙著『政教社の研究』（一九九三年、思文閣出版）三一二頁。

（3）荻原隆「国粋主義の条件」（『研究年報』第一〇号、一九九七年、名古屋学院大学産業科学研究所）ほかの諸論考。

（4）たとえば、中川未来「内藤湖南の台湾統治論」（『日本思想史学』第四四号、二〇一二年）など。

（5）片山慶隆「陸羯南研究の現状と課題」、『一橋法学』第六巻第一号（二〇〇七年）参照。

（6）ナショナリズムに関する文献は文字どおり汗牛充棟の感がある。以下の本文中でコメントしたものも含め、何らかの示唆を受けた文献のなかでも最近の著書を中心に代表的なものだけ挙げておく。E・H・カー『ナショナリズムの発展』（一九五二年、みすず書房）、丸山眞男「ナショナリズム」（『政治学事典』一九五四年、平凡社）、吉本隆明「日本のナショナリズム」（〈現代日本思想大系4〉『ナショナリズム』一九六四年、筑摩書房）、上山春平『日本のナショナリズム』（一九六五年、至誠堂）、橋川文三『ナショナリズム』（一九六八年、紀伊國屋書店）、色川大吉「日本ナショナリズム論」（〈岩波講座〉『日本歴史』一七、一九七六年、岩波書店）、「総特集ナショナリズム」（『伝統と現代』第三七号、一九七六年、伝統と現代社）、安丸良夫『日本ナショナリズムの前夜』（一九七七年、朝日新聞社）、飛鳥井雅道編『国民文化の形成』（一九八四年、筑摩書房）、ベネディクト・アンダーソン『想像の共同体』（一九八七年、リブロポート）、西川長夫『国境の越え方』（一九九二年、筑摩書房）、三谷博『明治維新とナショナリズム』（一九九七年、山川出版社）、小森陽一・高橋哲哉編『ナショナル・ヒストリーを超えて』（一九九八年、東京大学出版会）、アーネスト・ゲルナー『民族とナショナリズム』（二〇〇〇年、岩波書店）、浅羽通明『ナショナリズム』（二〇〇四年、筑摩書房）、鈴木貞美『日本の文化ナショナリズム』（二〇〇五年、平凡社）、住友陽文「大衆ナショナリズムとデモクラシー」（歴史学研究会・日本史研究会編『日本史講座』九、二〇〇五年、東京大学出版会）、三谷博『明治維新を考える』（二〇〇六年、有志舎）、子安宣邦『日本ナショナリズムの解読』（二〇〇七年、白澤社）、大澤真幸『ナショナリズムの由来』（二〇〇七年、講談社）、苅部直「ナショナリズムの来歴」（苅部・片岡龍編『日本思想史ハンドブック』二〇〇八年、新書館）、米原謙・長妻三佐雄編『ナショナリズムの時代精神』（二〇〇九年、萌書房）、大澤真幸・姜尚中編『ナショナリズム論・入門』（二〇〇九年、有斐閣）、松本健一『日本のナショナリズム』（二〇一〇年、筑摩書房）、三谷博『愛国・革命・民主』（二〇一三年、筑摩書房）など。

これを見ただけでも、ナショナリズムの取り上げ方の動向は、①～一九七〇年代、②一九八〇～二〇〇〇年、③二〇〇一年～の大きく三つに区分できそうだということがわかる。私の場合、国民国家論が盛んに論じられていた②の時期に研究を開始し、前著はそのようななかで「ナショナリズム論」としての評価を留保することでまとめたわけであるが、本書に収録した文章は渾沌としかいいようのない③の時期にあって、近代日本におけるナショナリズムの議論の始原に遡及して、歴史学の立場からそこに何らかの確からしい橋頭堡を築くことはできないかという目論見で執筆したものである。

（7）畠山勇子については、尾佐竹猛『大津事件』（一九九一年、岩波書店）参照。それによると、彼女は新聞『日本』の読者であったという（同書二五八頁）。

（8）慶應義塾編『福澤諭吉書簡集』第一巻（二〇〇一年、岩波書店）三一二頁。

（9）前掲註（1）「日本国民ハ明治二十二年二月十一日を以て生れたり」、『日本人』第二二号四頁。

（10）「日本人の解停を祝して国粋主義の起源を回想す」、『日本』明治二十二年五月八日付一面。

（11）「日本新聞社職員俸給手当一覧」（弘前市立郷土文学館所蔵）。拙稿「弘前に寄贈された陸羯南関係史料」（『日本歴史』第七六二号、二〇一一年）で紹介しているので、御参照いただきたい。

第一部　志賀重昂・井上円了・内藤湖南

第一章　志賀重昂における「国粋主義」とその変容

はじめに

明治三十三年（一九〇〇）八月十八日、志賀重昂は「〔脱党理由書〕[1]」なる文書を発表して、非議員ながらそれまで所属していた憲政本党を離脱し、伊藤博文を中心に折から準備中の「新政党」（翌九月十五日に立憲政友会として発会式を開くことになる）へ参加することを明らかにした。この文書のなかで志賀は、自身の課題を「日本国民をして世界壇上の一員たらしむべきは吾人が現代に尽すべき最大にして最高の義務なり」と述べ、「凡衆を訓練し庸俗を教育し以て布局の濶大にして英爽颯発なる国民を成就する」ためには、「新政党」に加わって活動するのが「順便」である、と脱党の理由を説明している。

このとき、志賀のほかに憲政本党を脱党し政友会へ投じた者には、尾崎行雄や望月小太郎らがいた。これを政治家の離合集散と考えれば政治の世界では日常茶飯事であり、あえて問題とするには足りないのかもしれない。しかしながら、明治二十一年（一八八八）に三宅雪嶺らと政教社を結成し、雑誌『日本人』に拠って「国粋主義[2]」を唱えていた志賀重昂の場合となると、いささか事情は異なってくるといえよう。つまり、志賀を思想家として評価しようとする場合、憲政本党から政友会への鞍替えを単なる政治行動のレベルの問題として看過することはできないのである。

私は前著『政教社の研究』において、そのことが有する思想史上の問題性についても、一定の見解を示しておいたつもりである。すなわち、当時志賀の「私秘書」であった後藤狂夫の言を引いて、それが「消極主義」から「積極主義」への「変化」であることを示唆し、さらに、「〔脱党理由書〕」は政教社からの離脱宣言としても読めることを指摘しておいた。(3) 事実、政友会入党後の志賀は『日本人』誌上に筆を執らなくなる。だが、「積極主義」への「変化」を結論とするにはやや性急な、かつ外在的な理解で止めてしまった嫌いがあり、再検討する必要を感じていた。

そこで本章では、再びこの「変化」の意味するものに着目し、それを「国粋主義」の変容過程と見なす視点から、改めて志賀重昂の思想を内在的に捉え直してみたいと考えている。その際とくに、前著では志賀の民党合同を主眼とする政治論と政治活動の分析に重点を置いたので、今回は彼の実業論や植民論に焦点を絞って考察を進めたい。

ところで、右のような課題を設定したのは、前著刊行後に公刊された『丸山眞男講義録』のうち昭和二十四年（一九四九）に行なわれた「日本政治思想史講義」で、「日本主義の政治的主張の特質は、政治を抽象的なイデオロギーとしてでなく、どこまでも具体的・歴史的な問題と関連させて考えたことである。とくに重視されたのは経済との関連であった。彼らのナショナリズムは空虚な精神主義や末梢的な伝統主義ではなく、なによりも日本の物質的な生産力の発展に向けられた(4)」と語られていたことにも触発されている。故丸山氏は、彼ら「日本主義」のメンバー（『日本』『日本人』グループ）によって主張された「一種の新しき資本主義のエトス」というものを考えたとき、「最大のイデオローグは志賀重昂である」とし、志賀の論説「日本生産略(5)」を紹介して、「彼らの国権論の中核は、このような中産階級的精神に支えられた生産力の拡充（下からの殖産興業）にあった(6)」とする。それゆえ志賀は民力休養と租税軽減を唱え、政府による軍備拡張と増税政策に反対する立場をとり、そのような「健康的進歩的(7)」な姿勢は日清戦後まで維持されたという。

丸山氏による近代ナショナリズムの評価は、今なお古典的な意義を有すると考えられるが、講義録で示された理解には時代と当時の歴史意識の刻印を強く帯びている面もあり、納得できない点も残っている。同氏は、志賀が明治三十二年（一八九九）に発表した論説「軍備緊縮なる哉」（第三次『日本人』第九五号所収）のなかで、政府の軍備拡張と増税政策に反対していることを高く評価し、「その他の及びその後の国家主義者との本質的区別をはっきりと窺うことができる」(8)と述べているが、志賀がそれからわずか一年後に、「中外ノ形勢ニ応ジテ国防ヲ完実スル」(9)ことを綱領に掲げた政友会に入党していることには言及しない。それはなぜだったのか。丸山氏の評価が思想の一貫性を重視するあまり、志賀自身の「その後」に眼を覆うことになっているように思われる。

いずれにせよ、志賀重昂の思想にはなお再考の余地が残されており、本章では、実業論や植民論の側面から彼の提唱した「国粋主義」の構造とその変容の契機を、基底的な思考方法との関連で検討し直すことによって、「健康的」か「反動的」かという研究史上のパラダイムを克服して、それを近代日本におけるナショナリズムの存在形態の一つとして再定位する糸口が見出せるのではないかと考えている(10)。

一　「国粋主義」の構造

1　「国粋主義」の理論化――雑誌『日本人』の主筆として――

明治二十一年に結成された政教社のなかで、志賀重昂は雑誌『日本人』の編集人を務め、一般には同誌の主筆と見なされていた。ライバル誌と目される民友社の『国民之友』でも、「日本人の国粋保存主義は、別段吾人が敬服する所に非ざれども、其文章は吾人も平生愛読したるに相違無きなり。而して其文章と云ふは、総ての文章に非ずして、多く主筆記者志賀重昂氏の文章を愛読したるに相違なかりしなり[11]」と紹介され、志賀が主筆たることと文章家たることが主義を超えて認められている。実際に志賀は、同年四月三日に創刊された『日本人』誌上に巻頭論説を書き続ける。それは号数と表題だけを示せば、第一号「『日本人』の上途を餞す」、第二号「『日本人』が懐抱する処の旨義を告白す」、第三号「日本前途の国是は「国粋保存旨義」に撰定せざる可からず」、第四号「日本国粋の事大党」、第五号「日本国粋の理想的事大党」、第六号「日本前途の二大党派」、第七号「大和民族の潜勢力」、第八号「日本生産略（緒論）」と続き、一見して彼が「国粋主義」の理論化に心血を注いでいた様子がうかがえよう。

では、志賀重昂の「国粋主義」はいかなる構造をもつ思想なのか。もちろん前著のなかでも相応の検討を加えておいたつもりなのだが、ここで改めて整理しておきたい。私の見るところ、志賀の唱える「国粋主義」には、明治二十一、二二年の時点で二様の使われ方があるように思われる。

第一に、「国粋（Nationality）」を日本人の「進退去就の標準」とする、次のような考え方である。

予輩は「国粋保存」の至理至義なるを確信す。故に日本の宗教、徳教、教育、美術、政治、生産の制度を選択せんにも、亦「国粋保存」の大義を以て之を演繹せんとするものなり。然れども予輩ハ徹頭徹尾日本固有の旧分子を保存し旧原素を維持せんと欲する者に非ず。只泰西の開化を輸入し来るも、日本国粋なる胃官を以て之を咀嚼し之を消化し、日本なる身体に同化せしめんとする者也[12]。

右の一節によれば、「国粋主義」は明治二十年代の日本が「宗教、徳教、教育、美術、政治、生産」などの制度を選択していく際の「大義」であり、同時に西洋の開化した制度を輸入する場合の「胃官」に喩えられているのである。そのような論理の基底には、「国粋」の「発育成長を愈々促致奨励し、以て大和民族が現在未来の間に進化改良するの標準となし基本となすハ、正しく是れ生物学の大源則（ママ）に順適するものなり[13]」というように、進化論を中軸としつつ、

「数理学の大側」「重学の大理」[14]など、彼のいう「理学」（自然科学）が強く意識されていたのである。要するに、さまざまな分野で日本の近代化を推進するためには、民族の進化を促すナショナリティを標準とし基本とすべきであるという主張なのであった。こうした志賀の「国粋主義」の原形が、彼の思想形成期にあたる札幌農学校時代の修学や海軍練習艦筑波での南洋航海の経験などのなかから生まれたものであり、会沢正志斎や大橋訥庵ら「国学者流」の尊王攘夷論や排外論とは自覚的に訣別したものであったことは、前著でも論じておいたとおりである。[15]

別の論説では、「日本旨義」＝「国粋保存旨義」は「非模倣旨義」とされ、それはさらに「民力休養」＝「租税軽減」＝「殖産論」＝「興業論」＝「農業の改良策」＝「貿易奨励策」＝「販路拡張説」と等式で結ばれる。それによって、「大和民族が個々の勢力を湊合して一大総併力（リザルタント）に化成し、以て日本国脈を当代の優勝劣敗場裡に衛護保維せんとする」ことが刻下の急務だと説かれ、その「総併力」を誘致する方針は「帝室」に向かって設定されるべきだと言明される。したがって、「国粋旨義」は「勤王旨義」ともなるのである。[16]

これら最初期の論説の内容は、いわば「国粋主義」の原理論に相当するものであって、離陸期を過ぎ上昇期にある近代国家日本が選択すべき最適の諸制度、すなわち「宗教」から「生産」、「農業の改良策」から「帝室」までを説明可能な領域に収めるメタ定理として案出されたのである。

しかし第二に、右のような「至理至義」としての「国粋主義」は、明治二十年前後の日本が置かれた現実に対する認識をふまえて、具体的な運動方針として組み換えられる。志賀は「開国後の日本」を「政府と壮士間の軋轢（あつれき）」と見て、その軋轢によって「生産力を毀傷されたるものは、日本刻下の元素たる最多数の人民なりき」[17]と判断したうえで、「日本民族独立の方針」について次のような考え方を示したのである。

日本民族独立の方針に無形有形の両箇あり。曰く、

無形 ｛日本民族の思想を独立せしめる事 （国粋旨義）
　　 ｛日本民族箇々の勢力を惣併する事 （大同団結）
有形 ｛日本民族箇々の実力を増殖する事 （殖産興業）[18]

この論説は、元来が大同団結運動の最終段階で開催された演説会のために準備された草稿なので、いわば運動論という性格も有していて、「大同団結」の部分が相対的に肥大化した可能性もある。これに続く行文中では、「国粋主義」は「天地間の真理なり、至義なり、民族進化の次第なり」[19]とされているが、ここではむしろ、「国粋主義」を「大同団結」「殖産興業」と並列させて論じている点に注目すべきであろう。「日本民族独立の方針」を説く志賀は、単に「思想」の独立を唱えるだけでなく、同時に政治や経済の側面でも民族の「勢力」や「実力」の合同・拡充を目指していたのである。

以上のように、改めて検討を加えていくと、志賀の主張する「国粋主義」は、時期と対象に応じて異なる位相を包含する思想として構想されていたのであった。いずれの場合も志賀は、ナショナリティとした日本固有の「国粋」を近代化のための諸制度を選択する場合の基準とし、「日本民族独立の方針」の無形の要素の一つとして挙げているのであるから、彼をナショナリズムの思想家と評価することは可能だが、すでに明らかなように、その場合でも、志賀の「国粋主義」すなわちナショナリズムの思想とするのは短絡的にすぎるし、社会の特定の発展段階を想定して、それによって規定される観念形態として評価したり、あらかじめナショナリズムの理念型を設定しておいて、それとの距離で志賀の「国粋主義」を評価していくというのも本末転倒といわざるをえない。むしろ志賀の「国粋主義」は、明治二十年前後の日本に現れた独自の主張であり、時代と密接に関わりながらも、その改良策として提示されたことを積極的に評価していく必要がある。

したがって、具体的な評価の基準は、「国粋主義」の論理を構成する要素のなかでも「政治」＝「大同団結」論と「生産」＝「殖産興業」論がいかなる展開を示すのか、それらの背景にあった進化論を軸とする自然科学の諸法則に依拠する思考方法が維持されているのか、という点に置かれなければならない。以下、本章では、はじめにも述べたとおり、そのなかでも「生産」＝「殖産興業」論を中心に検討していきたい。

2　「生産」＝「殖産興業」論の内容——新聞『みかは』在京主筆として——

まず取り上げなければならないのは、最初期の『日本人』に四回にわたって分載された前掲の「日本生産略」である。連載第一回目の緒論では、「日本立国の根本を確定する」ためには、「日本国民の思想をして独立せしむる」のと同時に、「有形的即ち日本国民の実力を増殖すること」が必要だと説かれる。「日本国民の実力を増殖すること」を具体的にいえば、「日本の生産力を増加し、国民個々の財本を添殖すること」として、「如何に高尚なる独立心を包蔵するも、財力にして果して軟弱なりとせば、到底真成なる文明開化を創造する能ハざることならん」と述べる(20)。このような基本的認識を示したうえで、日本が「生産」＝「殖産興業」の発展を成し遂げる可能性について、地形や天産物など一〇項目に分けて説明している。

しかし、この論説は必ずしも計画的に準備されたものとはいえない。連載第二回目では、「日本の生産力を減殺する一大要因」として、日本人の「奇」や「快」を好む非実業的性格について述べ、第三回目（これは「旧稿」だとの断り書きがある）では、カナダのバンクーヴァー島との航路開設によって北海道・東北の農業（牧畜）を振興すること、とくに北海道の産物を函館から清国へ輸出すること、日本からの移民を送ることの三点にまとめ、最後の第四回目では、政府の明治二十二年度予算案の費目と数字を挙げながら、独自の削減案を提示している。提案の内容は、陸海軍省と内務省の経費削減を図るというものである。

右のような「日本生産略」を見るかぎり、志賀の「生産」＝「殖産興業」論は体系的とはいえず、むしろ彼自身のいう「奇」や「快」を好むもののようにさえ思われる。

では、これが地方の実業構想を語るときにはどのように展開していくのか。同じ『日本人』誌上でも、「自治の精神」と題する宇都宮における演説の筆記では、「国粋保存旨義の神髄ハ日本自治の精神を発達せしめんとする最大手段なり」とし、「国粋主義」と地方自治の関連を述べている。さらに、「真成なる地方自治の精神を発達さるゝも同時に、亦地方の実力を培養せざるべからず。実力培養とハ所謂殖産興業のことなり」[21]と論じ、「地方の実力」が「殖産興業」によって養成されるものだとしている。つまり、志賀における「国粋主義」と「殖産興業」は「地方自治の精神」と「地方の実力」を媒介として論理的に結合するものであった。

志賀によって提案された地方の「生産」＝「殖産興業」論が、具体的な地域に向けてはどのように語られていたのかを、『高知新聞』と新聞『みかは』紙上に掲載された二つの講演筆記録を取り上げて探ってみたい。

まず、『高知新聞』（明治二十三年一月五日付）に掲載された志賀の高知における演説筆記を転載した記事を取り上げてみよう。この演説で志賀は、現下の国際情勢の下で日本人民の注意すべきことは、「（第一）務めて一州内朋党の軋轢を緩めること（第二）実力を養成すること」だとし、とくに青年には地理学の研究と英雄伝の閲読を勧めている。「実力」の「養成」に関しては、次のようにいう。

第二、実力を養成する事。優勝劣敗とは誰人と雖も知悉する所なり。偖(さて)我日本が今日世界の競争場裏に優者の位地を占めざるは其の原因幾多あるべしと雖ども、実力の欠乏せること即ち是れならん。所謂実力とは財力の謂にして、我日本の財力は隣国の支那にすら及ばざること遠しと謂ふべし。既に実力乏くして如何に高尚なる理論を蝶々し、絶対なる哲学の原則を喃々するも、遂に宝の持腐りと謂はざるべからず。（中略）宜く実力を養成し以て文明の大成を期せざるべからず。今日に当りては議論理屈など云ふよりは寧ろ生産的の事業に注目するを真正の主旨と謂ふべし。(22)

先に紹介した「日本生産略」緒論と全く同じ論理を繰り返している、そうしてみれば、このような論理は当時の志賀が抱いていた「生産」＝「殖産興業」論の基本認識を示すものといえよう。しかしながら、生産力を増殖するための方法に関して、実践的な方策を提示できているだろうか。「生産力を増殖せんとせば主として先づ生産力を減殺するものを除去せざるべからず(23)」という論理も「日本生産略」と同じであるが、この演説ではさらに踏み込んで、「実力の養成」を「実地に挙行する」方針として、次のような具体的な提案をしているのは記憶に値する。

（前略）先輩が実業者と一味するの感念（ママ）を発生し、或は農学校を起し、或は農会を起さしめ、而して県会議員中より是等の学校若くは会の商議委員となるべき者を撰出し、農学校には学理に長じたる者と実業に練熟したる者を聘し、学会にては県下の農業に関する諸報告諸取調等を整理し、或は農業の改良を討議し、或は農学校と連絡を通じ、或は農会より農業巡回講師の如きものを派遣し、或は農業共進会を開き、或は農業試験場を設け、或は農業に関する新発明新改良の事あれば、之を一般農民に報告する等の煩労を取るべき様にすべし。又農業を一時に改良するとか振興せしむるとか云ふは、之を口に言ふべくも実際甚だ困難なることなれば、只だ農家個々をして一、二頭の豚類八、九羽の鶏を飼養せしめ、其屋外には一、二樹の林檎梨抔を植えしめ、余裕あれば蜂蜜を飼養せしめ、田畑の傍には薪となるべき樹木を植えしめ、共有地堤防の傍には松抔を蓄植せしめ、或は共同して洋種の牛類を飼養し、或は共同して輸入の農具器械を試用し、斯くして是等複産物（ママ）の為めに漸次農業社会の収入を増加

し、以て十年廿年の間に実力を養成せしむるに在り。(24)

志賀の構想する地方の「生産」＝「殖産興業」論を、一種のユートピア論の性格をもった具体的な農村社会像・農業経営像として描いたものといえよう。最後に「実力を養成」する期間として一〇〜二〇年と見込んでいる点も見逃せない。志賀の「国粋主義」は日本にふさわしい「生産」の制度（ここでは小農論。同時期に井上馨が主張した大農論が論敵に想定される）を選択する「大義」として真剣に追及されていたことがうかがえ、こうした構想を見るかぎり、岩井氏のように志賀を当初から帝国主義のイデオロギーに転化する可能性を秘めた思想家と評価するのは当たらないであろう。

次に、そのような志賀の地方の「生産」＝「殖産興業」論が、郷里の三河地域に向けてはどのように語られていたのかを、新聞『みかは』紙上に掲載された講演筆記録を取り上げて探ってみたい。『みかは』は、愛知県幡豆郡一色町五一〇番にあった三河新聞社から発行されていた毎月二回発行の地方新聞で、発行兼編集人は太田善右衛門。同紙の第二五号によれば、「主筆ハ在東京ナル日本人主筆記者農学士志賀重昂先生ナリ」(25)とされている。社友には政教社のメンバーが名を列ね、論説を寄稿している。

同紙に掲載された、明治二十三年一月二十日に志賀の出身地岡崎の専福寺で行なわれた演説の要領をまとめた記事に注目してみよう。この演説では、まず「優勝劣敗と云へることは誰人も知悉する所なり」と述べ、知力・財力ともに優者である「我日本人」によって「アイノ人（ママ）」が絶滅の危機にあることを例に挙げる。一方、その類推を「我日本」と「白皙人種」との関係に当てはめて、「日本人民が白皙人種に劣ること啻に数等のみならざるを断言するものなり」と述べ、とくに「経済世界」で数等も及ばない原因は、日本人には「理学上の感念（ママ）」が欠乏しているからだと主張する。(26)

したがって志賀は、日本人が「理学」を尊崇する観念を捧持することを求め、「日本人民が理学を軽侮し政治法律を尊崇する間は到底世界に雄飛する能はざること」を断言して、さらに次のように語っている。

既に然り、理学の応用は致富の基本なり。理学を応用して有用なる器械を創造し、人力を省きて而して大に富を致し、大に冨を致して而して大に兵力を養ひ軍艦を購ひ兵器を輸入し、始めて国権振ふべし。完全なる条約改正も実行され得べし。日本をして大に世界に雄飛せしむべきものなることを記憶せざるべからず。（中略）理学上の思想を発達し併せて実力即ち財力を増加し、之に加ふるに日本は日本人の日本なりと云へる感念（ママ）を旺盛ならしめ、外国の文物を強て模倣せず自家特得の天性を保存し、自家固有の長所を益々発達して一新機軸を出し、一新文明を造り出し以て大に世界に雄飛せんとするにあり。(27)

引用後半の「日本は日本人の日本なりと云へる感念を旺盛ならしめ」以下を見れば、『日本人』で展開していた「国粋主義」の主張そのものであり、志賀をナショナリズムの思想家だと断言するのに躊躇を覚えないが、先の高知での演説に比較すると全体的に具体性には欠ける。むしろ右の引用では、前半部分に注目する必要があろう。そのような彼のナショナリズムの論理が、外国から軍艦を購入し兵器を輸入することを前提に構築されていたことは無視できない。また、「白皙人種」に対する抜き差しならない劣等感も背景にあったのである。したがって、志賀をナショナリズムの思想家と評価する場合も、むしろ丸山眞男氏のいう「後進国のナショナリズム」であって、西欧の古典的なそれのような「健康的進歩的」なものと理解するのは難しいように思われる。

いずれにせよ、この時点で評価を下すのはなお早計であって、その後の志賀の「生産」＝「殖産興業」論の展開へと考察の対象を移していこう。

二　「記者」と「党員」の相克

1　「対外硬」の一員――全国新聞雑誌記者同盟代表として――

議会開設を目前に控えた明治二十三年（一八九〇）秋頃の志賀の様子は、新聞の訪問記事によれば「氏は今正面の政海より退きて専ら青年の教育に従事せるもの、如し[28]」と伝えられている。志賀はこの時期、熱心に唱導していた民党合同が成就しなかったことによって、政界から一時距離を措き、かねてから関係のあった東京英語学校で教鞭を執ることに専心していたようである。

そのような志賀が、『東京朝日新聞』の政治紙として創刊された新聞『国会』の特別客員として日々編集に従事することになったのは、初期議会開会直後のことであった。着任の挨拶を兼ねた署名論説では、優勝劣敗の大勢が東侵し四囲を囲繞している状況下で、日本はひたすら目前の「小得小失」に拘泥しているにすぎないと指摘し、眼を国外に転じて迷妄を覚醒する必要を、「我国人も箇々の脳漿（のうしょう）を以て箇々風雨針となし、予め荒天暴雨の変化を知覚し、而して之れに応ずるの準備をなさゞる可らず[29]」と説いている。志賀の「国粋主義」は、欧州各国による植民政策に刺激され、国外に向かっていく可能性を孕んでいたのである。すでに明治二十年に『南洋時事』を上梓していた志賀であれば、その素地は出来上がっていたといえよう。

この時期の志賀の行動で注目されるのは、明治二十四年（一八九一）七月七日に設立された東邦協会に参加して評議員に列なったこと、同二十六年三月十一日に発会した殖民協会にも参加し、やはり評議員に就任していることである。同二十八年一月二十日には殖民協会で「移住及探険ノ方針」と題する演説を試み、そのなかで探検は国家が（議会の議決を経て）費用を負担して派遣すべきもので、移住の地としては台湾からさらに南へ向かうべきだという南進論を主張していた。[30] ただし、志賀の南進論は、いまだ版図の定まらない島々へ向けられたもので、決して他国の領土を武力で侵略しようとするものではない。これと同題で雑誌『太陽』に掲載された論説では、さらに一歩踏み込んで「日本国固有の事業を移住地に拉し去り之れを其地に在りて挙げん」[31] ことを、移住の方針とすべきだと主張している。のちの内地延長主義を思わせる志賀の植民論の論理は、その後の「生産」＝「殖産興業」論の展開を見極める際の重要な判断材料となっていくと思われる。

明治二十六年（一八九三）六月、志賀は社内の内紛から新聞『国会』を離れることになる。もちろん政教社は維持していたが、雑誌の相次ぐ発行停止処分などもあり、経営的には苦しい状態が続いていた。この頃から、志賀の論説が政治問題に傾斜していくことは確かである。『亜細亜』に掲載された署名論説を例に挙げると、時の政府（第二次伊藤内閣）に対して、「今に当りて須らく辞職し、以て疾く後進に譲るに如かざるなり」[32] と退陣を迫り、加えて「所謂消極的方針なるものは積極的方針なり」[33] と述べ、従来の政費節減、民力涵養の姿勢を堅持し、「政府反対党」の立場を鮮明にしている。彼ら「政府反対党」を横断するスローガンは「対外硬」[34] であった。対外硬派の中心は、衆議院内では立憲改進党、国民協会をはじめとするいわゆる硬六派と、貴族院では谷干城らの勢力、院外では全国新聞雑誌記者同盟の面々である。志賀が代表として深く関わることになるのは、全国記者同盟であり、彼の現実政治との関わりは、この段階ではあくまでも記者としての立場からであった。

だが、翌二十七年六月三十日、硬派の交渉会にして中央選挙本部組織として中央政社が結成されると、志賀は早速入社して常議員となっている。[35] 中央政社は文字どおり政社組織であり、このとき志賀は政党人の仲間入りをしたといえよう。七月二日には、同社を代表して伊藤首相を訪問し、対外硬政策の採用を要求した。八月一日、日清開戦のまさにその日、神田錦輝館で開催された対外自主臨時緊急大演説会において、志賀は「目前の対外問題」と題し、次のように主張したという。

志賀重昂氏（目前の対外問題）と題し、六百年前元寇の事は独り灯下歴史を繙（ひもと）て三嘆せし所なるに、今日図らずも現に此境遇に際会せるは男子の愉快之に増したるものなしと喝破し先づ聴衆の同感を奮起し、此より今日の戦争は理学応用にありて其理学は我迢（はるか）に彼に勝れること、愛国心に霄壌（しょうじょう）の差あること等を証し、尚論歩を進めて、我国民は領を延て日夜大勝を望むに拘はらず、徒らに五六十日間我軍隊を異邦の熱砂に曝らして、敵をして軍備の充実を整頓せしめたるは、是れ大に事情のあるありて我軍の大勝を忌むの人あるが為めなりと論ずるや、忽ち中止の一声は満場遺憾遺憾の響を残したり(36)。

日清開戦を待ち望みつつも、戦争の勝利を「理学」と「愛国心」から説く冷静な論理に注目すべきだろう。かつて『日本人』誌上で「国粋主義」を提唱して以来、志賀の思想の根幹にあったものは、ここでも把持されているのを見ることができる。同年十月二十八日付で刊行された『日本風景論』は、何よりもこの「理学」と「愛国心」の結晶として書かれたことに、改めて着眼すべきだろう。だが同時に、全体のトーンとしては、武力による海外進出を是認する論調になっていることにも目を向けておく必要がある。それが既成事実の追認であったにせよ、以前の「国粋主義」には包含されていなかった論理だからである。

こうした視点で日清戦争を観察しながら、志賀は戦中から戦後にかけても中央政社での活動を続けていた。下関で日清両国全権による講和交渉が続いていた明治二十八年四月三日、中央政社は芝山内の志賀の自宅に移転する。戦争により火の消えかかった対外硬運動が再び燃え盛るきっかけになったのは、同月二十三日に発生した三国干渉であった。五月になると、志賀をはじめとする対外硬派の面々は政友有志会を結成したが、志賀はこの会の活動によって刑事告発を受け、二十七日に起訴され七月一日には罰金二〇円の判決が下る（控訴審の結果、同月十一日無罪確定）。

判決の日、裁判所の控室から陸羯南に宛てて出された書簡では、「僕も亦足下の所謂政略党人の仲間入りをなし、例の政社法違反に依り唯今罰金二十円の宣告を受け候段、御一笑被下度候」と記し、書き添えられた数篇の漢詩の一つには、「好是帝都第一山、朝暉夕靄亦堪攀、風塵俗了詩人去、如許景光付等閑」と詠じて、さらに「愛宕館の集会には毎度出席致見事に俗物と成り果て申候」と割注を施している。[37]それにしても、この自嘲的なニュアンスはどうだろうか。ここでは彼が「党人」＝「俗物」に確実に近づきつつ、なお違和感を抱いていたことを確認しておきたい。

2　新潟滞在の意味――進歩党幹事として――

そのようなときに、志賀は新潟に滞在し、『新潟新聞』に筆を執りつつ、中央政界に先立って同県下の対外硬派の合同運動を推進することとなった。

志賀は、九月二十九日に東京を発し翌三十日に新潟に着くと、十月二日付の『新潟新聞』に「北来の趣旨」を執筆したのを皮切りに、以後論説その他の記事を同紙上に掲載する。一方で志賀は、対外硬派結集の動きに対しても積極的に関わり、十一月一日には一部自由党を含めた越佐会を誕生させる。発会式で決議された「宣言」は志賀の起草にかかるもので、同会設立の目的を「憲法ノ大義ヲ顕彰シ、国威ヲ寰宇ニ宣揚センコトヲ期シ、以テ国民的大合同ノ先駆タラン」[38]と述べていた。したがって、越佐会の発会は志賀の「提唱の功が与つて其の多きにをる」[39]とされ、「記者」の立場をなお維持したまま民党の「大同団結」を図るという「国粋主義」の一つの軸は、新潟の地で一定の成果を挙げたのである。

では、「殖産興業」についてはどうだろうか。志賀が新潟に到着した九月には、新潟県農事大会が開催され、新潟県農会や新潟県五二会も発会式を挙げるなど、県内には実業振興の気運が昂まっていたと思われる。そのようななか、越佐会発会ののち志賀は県内各地を講演旅行し、十二月二十日には東京へ向け出発するが、この間に書かれた論説、演説筆記などを見るかぎり、志賀の関心が新潟の「生産」＝「殖産興業」の拡充に向けられた形跡は認められない。強いて挙げれば養蚕の奨励に言及しているもの[40]の、同じ論説では新潟の地主は薩摩の武士と同一な政治、経済、社交上の勢力を有するものだと述べるなど、地域に即した実業論を具体化できないのである。

それは、地域社会の担い手を養成するための中等教育論においても確認できる。志賀の滞在中、折から開会中であった新潟県会では、「中等教育拡張之建議」をめぐる討論が繰り広げられていた。建議文には、「新潟県中等教育ノ状況如何ト考フレバ寔(まこと)ニ慨嘆ニ堪ヘザル者アリ。（中略）多数ノ子弟ハ中学校ニ入ル能ハズ、将来有為ノ才ヲ抱テ空ク遊戯ノ間ニ貴重ノ光陰ヲ徒費スルニ至ルベシ。（中略）如何ニシテ中等教育ヲ盛ニシ県下ノ必需ニ応ズベキカ[41]」とあり、具体的には中学校の整備、県費補助などの五項目が提案されている。志賀はこの問題に直接論及していないけれども、『新潟新聞』に掲げた論説「子弟の教育に関し父兄の問に応ふ」では、「近時一個の反動として「実業、々々」と呼号し、誰れ彼れの分弁なく「実業家」ならしめんとするも亦た非なり」と述べ、「父兄は其の子弟をして先づ今の尋常中学の科程(ママ)位まで教育し以て人言の正偽、事理の当否を大体に判断し人より欺かれざる位までに学問さしむれば足れり[42]」と結論する。建議では志賀のいう「尋常中学」の整備自体が課題とされているわけであるから、両者の間の視線のずれは明白である。

こうして新潟での活動を終え第九議会開会を前に東京へ戻った志賀は、翌二十九年三月一日の進歩党結成までの政治的動向の中心に位置し、同党では常議員・幹事に就任する。志賀は同年十二月二十日付で犬養毅に宛てた書簡で、進歩党と提携した第二次松方内閣に対して「記者としては政府反対の議決をなし、進歩党員として政府と提携する」[43]苦衷を吐露している。志賀は「記者」と「党員」の間で去就に迷っていたのである。陸羯南はそれを「批評家」と「技術家」に区分し、「すでに政党員として世に立つ、豈に批評家と為りて已むべきものならんや、其れ必ず技術家ならざるべからず」と断じ、「実際の事情は固より理想と相ひ違ふ、縦令へ一時は意の如くならざるあるも屈撓せずして努むるは、是れ政界技術家の本色なり」[44]というリアルな認識を示しているが、志賀は対外硬運動から進歩党結成の過程のなかで、「生産」＝「殖産興業」論に関しては十全な展開を果たせないまま、「記者」から「党員」へ確実に近づいたといえよう。

三　「国粋主義」変容の契機

1　官林の「積極的」経営——農商務省山林局長として——

進歩党との提携によって第十議会を乗り切った第二次松方内閣は、明治三十年（一八九七）三月の議会終了後、同党幹部の各省次官、局長、勅任参事官、各県知事への登用をもって提携の実を挙げようと試みる。党員の側からすると、布衣から一躍高等官への就任は垂涎の的であり、猟官熱がにわかに高まった。登用は進歩党総理の大隈重信が大臣を兼摂する外務省と農商務省を中心に実施に移され、志賀も同年八月二十八日、農商務省山林局長（高等官二等）に任命され従五位に叙せられた。新聞記事によれば、志賀は当初山林局長就任に「稍々難色」を示したが、それを外務省勅任参事官に決まっていた尾崎行雄が、「男子一片の侠気与に犠牲とならざるべけんや」[45]と諭して承諾させたという。

こうして、当時は新橋にあった農商務省三階の元製鉄所長官室だった山林局長室に納まった志賀は、矢継ぎ早に局務の改革に着手する。まず制度改革、次に人事刷新である。新聞『日本』は「新任山林局長は此際森林事業の一大刷新を啓くの意見を抱持し居るよし[46]」と伝えている。当時の山林局は、一六の大林区、三〇〇の小林区、九三七の保護区、奏任官四〇名をはじめ職員合計二〇〇〇人を擁する大所帯であった。十月十一日から大林区署長会議を東京農商務省で開催、この日演説に立った志賀は「本官が諸君に特に一言せんと欲するものは所謂御役所風を一切掃除せんと期する事是なり」、「今や林政の大方針にして確立し之を遵奉し初めて事に当るに於ては諸君は創業の精神を保持し万事を簡易直截にせんことを期すべし[47]」と督励した。

「林政の大方針」は、十三日に行なわれた大隈大臣の訓示に明らかである。この訓示では、冒頭「国家富強の基は殖産工芸の発達に在り」と述べ、従来は「消極的保守」に傾いていた林政も、基本法である森林法が公布されたところであるから「刷新は急務」だと説かれる。とりわけ官有林の経営が強調され、「官林経営の目的」を四つ掲げ、そのための一五ヵ条にわたる実行項目を列挙し、林務官には「須らく国家的の観念を維持し忠実に其学術と経験とを活用し事を処するや厳正にして機敏ならざるべからず[48]」と奮起を求めた。

十六日に開催された大日本山林会小集会で、志賀は同会への入会が認められ、一場の演説を試みた。それによると志賀は、十三日の大隈の訓示で示された林政の方針を遵奉しつつ、「出来るだけ進歩的の方針を執つて単に山林の監督に止らず進で経営の事業をなさなければならぬと思ひます」と述べ、「山林の進歩的経営」のために「是れからは出来るだけ積極的の方針を執って参ります[49]」と宣言している。当時は、同年四月十二日に公布された森林法の施行事務が山林局の主要業務で、地方森林会規則の制定をはじめ官有林の管理などが課題であった[50]。しかし、十月三十一日の進歩党常議員会で増税案の扱いをめぐって松方内閣との提携解除を決定したため、志賀の山林局長はわずか二ヵ月と四日で懲戒免官（十一月二日付）ということになった。

短い期間ではあったが、このとき国政の一局を担った経験は志賀にとって大きな転機となったはずである。現に先の引用では、「山林の積極的経営」のために「積極的の方針」を採用することを公言している。象徴的な言い方をすれば、志賀の「生産」＝「殖産興業」論は、第二節の註(24)で紹介したような、農家の庭に一、二本の林檎や梨の木を、田畑の傍らには薪にするための樹木を植えるという発想から、山林局長として全国の森林を俯瞰する視点で、二〇〇〇名の職員と国家予算をもって林政を統括する発想へと転換し、そのとき国家の政策レベルで「積極主義」の姿が視野に入ってきたといえよう。進歩党は松方内閣の増税案に反対したけれども、前引した陸羯南の言を借りれば、政界の「技術家」となっては、「批評家」の発想では立ち行かないのである。

2　「帝国の利益線の擁護」――「前参事官」として――

明治三十一年（一八九八）六月二十二日、自由党と進歩党が合同し憲政党が結成され、同三十日に大隈内閣（隈板内閣）が成立すると、志賀は七月十三日に外務省勅任参事官（十一月一日の官制改革で参与官に改称）に就任した。在任中注目されるのは、当時はまだ帰属の定まっていなかった南鳥島を日本領とすることに尽力したことだろう。志賀が南進論者だったことは前述したが、私が思うに、それはこの時点でもなお軍事的侵略や領土的野心というものとはニュアンスを異にし、ここに見るように、無人島に他国に先んじて自国の国旗を立ててくるような、多分に冒険的・探険的な要素の強いものだったのではないか。

はじめに引いた丸山眞男氏の講義録でも注目されていた志賀の論説「軍備緊縮なる哉」が『日本人』に掲載された

のは、その翌年のことであった。この論説では確かに、当時の日本の軍備拡張が国力に合致していないことを説いてはいるものの、それは次のような詐術的な論理のなかで付帯的に述べられているのである。

焉んぞ知らんや、内には国民をして「対外硬」の精神を充塞せしめ、外に対しては「軍備緊粛」の声を揚げしむるは、是れ日本が世界に対し自から処する唯一絶妙の方策なることを。何んぞ況んや日本の今日の「軍備拡張」なるものは国力と相協はざるものあるに於てをや。(51)

要するに、日本に対する諸外国の「嫉視」「敵愾心」を和らげる手段として「軍備緊縮」を主張すべきだと説いているにすぎないのである。同じ時期、改正条約の施行、内地雑居を前提として「実業家の用意」を促す文章では次のように書いている。

既に然り、日本を以て太平洋の西隅に偏在する一島国と見なすこと勿れ。業既に国を開きたる以上は、苟くも良質廉価なるものなりとせば、地球の如何なる片隅に生産する物品と雖も、一瞬間時に日本に入り来り、忽ちにして日本固有のものを圧倒し去るなり。語に曰ふ、油断は大敵なりと。日本の実業家たるもの、今の時に当り新知見新工夫を以て大に発奮せずんば、世界の趨勢の為めに圧倒し去らるゝや必せり。須らく旧套を去り広く新智識を世界に需むるの急務たるを悟了せんことを要す。(52)

このように志賀は、日本の実業家が外国資本のために圧倒されてしまうという危機意識を煽り、続く文中で、欧米の実業が発達を遂げたのは、経済学の分業の原則と物理学の簡易な原理とによるもので、日清戦後の日本の実業家に世界経済に関する新知識、学問応用の尊尚、実業上の公徳の涵養を要求している。

志賀を最終的に「積極主義」へと導いたのは、明治三十二年末から翌三十三年にかけて約三ヵ月に及んだ中国視察であったと思われる。この旅行はアモイ事件の視察を目的に、憲政本党から派遣されたもので、その全貌は新聞『日本』に登載された二本の紀行文によってうかがうことができる。すなわち、明治三十二年十二月八日から同三十三年一月九日まで断続的に掲載された「対岸日抄」全一五回、および同年一月二十五日から三月四日にわたってやはり断続的に掲載された「閩潯日抄」全一三回である。

まず、「対岸日抄」では、「当初以為らく、落魄の書生、失意の政友を代表して秋風を逐ひ、一剣に杖きて言語不通の境に入り、加ふるに所謂厦門暴動事件の後此処に到る、途上の孤寥なるが上に危殆なる知るべきのみと。何ぞ期せん、優遇歓待至らざるなく、意外に出づ(53)」と、中国側の歓待ぶりについて記している。十一月二十七日、古廟の壁に数年前に同地を訪れたSir.やHon. A.B.の称号をもつ欧米人の書き付けを見つけたときの志賀の対応は左のようなものであった。

> 蓋し邦国の「勢力範囲」云々を裁決するに当り、此の如きスアとかヲノレーブルとか肩書のある者の親しく探険せしことを以て常に屈強の材料となす例規なるを以て、予も亦他日何にかの証左の為めにとまでに「来泊蓬莱山下小桃源　大日本志賀重昂題壁 Shigetaka Shiga, Ex-councillor detat of Japan, visited this place on Nov. 27th 1899.」と記しぬ。然れども予の来る時機既に後れたり。昨春福建不割譲の条約成るや即ち一隊の人士を派遣して内地を探討せしむべかりしなり。而かも事茲に出でず荏苒空しく今日に至るは慨するに足る(54)。

「前参事官」ということで、沿道の官憲は彼を二品官の扱いとし、城市に入るときに礼砲二発、出るときに三発という待遇であったから、志賀の視線もおのずからそのような立場からのものにならざるをえない。その翌日には沿道の「土人」から「国泥棒(55)」と罵られたことも書き記している。志賀には中国民衆のナショナリズムが見えていないのである。そのような視線で視察を続け、マッチ、石鹼、海産物、紀州ネル、足袋、蝙蝠など日本製品の販路がなお限定されていることを嘆き、露頭の鉄鉱石など鉱物資源を探査しつつ、視察全体を「台湾と福建不割譲地との利害を具さに共同せしめ、以て台湾海峡の左右両翼を完全に活用せしめんことを期す」[56]と総括している。

それに続く「閩潯日抄」は、福州から長江中流の九江へ、鉄道敷設権の調査を試みた際の記録で、「列国が縄張りの外にあるものは独り浙江省の南半と福建の一省のみ」、つまり福建省を中国における唯一の「残䙱（ざんれん）」であると捉え、ここでもやはり「台湾の経営は福建省の経営を待ちて初めて完成するもの」[57]という認識を示している。結論としては、日本国民の視線をここに集中させ、鉱山採掘権と鉄道敷設権を得て、欧米勢力を凌駕することが急務だと説かれている。しかしこのときも、沿道の民衆からは「日本の探偵」[58]と間違えられた。帰国後の三月二十九日、志賀は憲政本党本部で視察旅行の報告会を行なうが、内容はおそらく二つの紀行文と同じであったと想像される。

志賀の中国視察は非常に緊迫した情勢のなかで行なわれたものであった。折からの北清事変に対しては、北京政府に義和団鎮圧の力がある場合は領土の獲得は重視せず経済的利益を追求し、北京政府にその力がない場合は、これは容易ならざる事態だという。

台湾海峡の正当の防禦上、已むことを得ず同海峡を基線として大陸に帝国の利益線を擁護せざるべからず。即ち福建不割譲地に拠らんのみ。而かも帝国をして欧米列強の支那の土地分割を防遏（ぼうあつ）せざらんか、乃ち対馬海峡に於ける帝国の利益線の擁護上、列国をして亦た朝鮮に於ける帝国の行動を認容せしめざるべからず。要するに南方台湾海峡と北の方対馬海峡とを基線とせる利益線の擁護は、帝国が清国の大変に処するの大方針たるを期す。[59]

志賀の対中国策の目的は「帝国の利益線の擁護」に置かれていたのである。そして、朝鮮・中清・南清において「生産的、積極的、文明的の経営」をしようとしたとき、もしこれらの事業に資本の不足が生じるならば、「増税に依りて不足を補塡する」のが「東亜経綸の大方針」[60]だと主張する。ここでは、かつての「消極主義」は完全に姿を消し、発想の基本が「帝国の利益線の擁護」に置かれているのを見ることができる。

さらに、別の論説では、土地獲得の野心は否定しながらも、大陸における自国の利益線確保はやむをえないこととして、「福建省は浙江省を待ちて初めて利益ある所、而して帝国外交上の進退如何に依り浙江省を以て帝国の正当防禦の範囲の内に編入され得べく、日本帝国は此の方針に準拠して前進せんのみ」(61)と述べているのである。いずれも志賀独特の地理学的発想が背景にあるが、「利益線」の確保を目指す思考方法は陸軍の大御所山県有朋と同じものであることは無視できない。

むすび

本章の冒頭で紹介した志賀の政友会入党は、まさしくこのようなときに行なわれたのである。「〔脱党理由書〕」にもう一度注目してみよう。

以為らく、我が国民は常時に当りては平順寛裕、以て欧米の社交と共通し、以て国民の品性を顕彰し、一旦国家が正当防禦の機に当りては、勇往悍然として退嬰自縮の途に依らず、已むを得ざれば帝国の利益線を大陸に開展するの挙に出で、軍国に外交に有事の日に応ずる丈けの最大なる後援力を設備し、而かも之を大成するは、盛んに外国の資力を応用して、頻りに帝国の利源を開発するにあり。要するに教育、経済、外交、軍国の方針は、系統的に首尾貫注し来り、日本国民をして自から直前して世界の機先を制し、其の進運を率ひ去るの大道に出でしめざるべからずと。(62)

右では、「帝国の利益線を大陸に開展」するためには「外国の資力を応用」することも辞さないとされている。文中の「教育、経済、外交、軍国の方針」は、志賀が最初期の『日本人』で主張していた「国粋主義」のそれとは違い、当時世上で喧伝されていた「帝国主義」のそれと近いことは確かである。

志賀の名前は、同年八月五日を最後に、第三次『日本人』誌上から見られなくなる。翌九月十五日に結党式を挙げた政友会に志賀は総裁伊藤博文の誘因によって正式に入党し会報主事に就任、明治三十五年（一九〇二）八月に実施された第七回総選挙では、地元岡崎（愛知県郡部）から立候補し衆議院議員に当選を果たしたのである。

以上本章では、志賀重昂の思想を近代日本におけるナショナリズムの存在形態の一つとして再定位するという課題のもと、彼の提唱した「国粋主義」を「生産」＝「殖産興業」論の側面を中心に検討することを通して、それが変容していく契機と基底的な思考方法との関連を明らかにすべく考察を重ねてきた。

その結果、志賀の「国粋主義」は当初、原理論と状況論とから構成されていたが、日清戦争前後における情勢の変化と彼自身の知識人としての立場の変化、およびそれにともなう視線の移動によって、要するに状況論に強く牽引されることによって原理論の陣形が崩れ、もはや「国粋主義」は語られることがなくなるのである。これを「生産」＝「殖産興業」論に即していうと、「国粋主義」とともに構想されていた実業論では、とくに「地方人民」の立場に立って農業の自主的な発展を目指す近代化プラン（「消極主義」）を示していたのに、その後それを有効に展開させることはできず、むしろ「国家的の観念」から「積極主義」へと変貌し、さらに中国大陸に向かって「帝国の利益線の擁護」を図っていくという政府の方針に追随（場合によっては先取り）することになるのである。このような論理の展開を経過することにより、志賀は雑誌記者から政治家へ、政界の「批評家」から「技術家」へと変身することができたのである。

では、志賀の思想が「国粋主義」から「帝国主義」に変貌を遂げたと結論づけてよいのだろうか。私には、なおそれは早計であるように思われる。「国粋主義」の基底にあった自然科学の諸理論のうちでも、中軸をなしていた進化論に対する志賀の見解を聞いてみよう。

諸君も知らるゝ如く最近百年間、即ち所謂第十九世紀に於て最も人心を根底より動揺せしめたるものは彼のダーウ井ンの進化論なり。進化論はダーウ井ンに依りて創説せられ、スペンサーに依りて完成せられたる所にして、世の有りと有らゆる方面に向つて大感化を与へたり。進化論の説く所は自然淘汰、優勝劣敗、即ち強き者は勝ち弱き者は敗る、是れ自然の理なりと云ふにあり。此議論たる真理は即ち真理なり。千古に亘りて誤らざるの大真理大卓説なり。然れども強者は勝ちて益々勢力を得、弱者劣者は之に圧倒せられて不幸不遇の地位に陥り、遂に其生存を保つ能はざるに至るも、是れ自然の真理なりとて、其儘に放擲し敢て省みざる所に至らば、是れ実に世の大変なり。其結果人をして厭世観を起さしめ、世は唯た大冷酷の世と為り了るべし。即ち人間の道徳を根底より破壊するものなり。人類をして禽獣たらしむるものなり(63)。

こうして、進化論を「千古に亘りて誤らざるの大真理大卓説」としながらも、「自然淘汰、優勝劣敗」の考え方には疑問が呈せられ、それと同時に「弱者劣者」への視線が獲得されていることを見れば、志賀の思想が「国粋主義」から「帝国主義」へと直結したとも考えにくいのである。しかしながら、すでに論じてきたように、時代と並走するなかで思考し、国家的課題と相即しながら活動してきた志賀重昂は、この間常に民族と国家を基点に据えていたという点ではナショナリストであったかもしれないが、最初期の「国粋主義」が有していたナショナリズムの思想としての固有の可能性は、この時期までにほとんど失われていたといわざるをえないのである。

註

（1）　翌十九日付の新聞『日本』や『東京日日新聞』などに掲載。ただし、両紙の扱いはある意味で対照的である。すなわち、志賀が脱党した憲政本党を支持する立場の『日本』では、「矧川告別」という記事のなかで単に「はがき」としてコメントなしで紹介しているのに対し、「新政党」に期待を寄せる論調の『東京日日新聞』では、「志賀重昂氏脱党理由書」「憲政本党脱党理由書」とされている。

(2) 本文中で後述するように、志賀は「国粋保存旨義」「日本旨義」「国粋顕彰」などを適宜用いている。本章ではこれらを総称して「国粋主義」と表現する。

(3) 拙著『政教社の研究』（一九九三年、思文閣出版）二八九頁。後藤狂夫『我郷土の産める世界的先覚者志賀重昂先生』（一九三一年、警眼社・松華堂）四七～四九頁参照。

(4) 丸山眞男『丸山眞男講義録』第二冊（一九九九年、東京大学出版会）一八八頁。

(5) 『日本人』第八、九、一二、一五号（一八八八年）に掲載。

(6) 前掲註(4)『丸山眞男講義録』第二冊一九〇～一九一頁。

(7) 同右一八六頁。

(8) 同右一九二頁。

(9) 『政友』第一号（一九〇〇年）三頁。後述するように、志賀はこの党報の編集責任者を務めていた。

(10) 単純な類型化は慎まなければならないが、丸山眞男氏に代表される志賀の思想を近代形成期の「健康なナショナリズム」と評価する見解に対して、たとえば岩井忠熊氏は志賀の思想を帝国主義へ転化した「反動的なナショナリズム」と捉えて消極的な評価を下しており（『明治国家主義思想史研究』一九七二年、青木書店、初出は一九六〇～六一年）、従来の志賀重昂像はこの対照的な評価の間で繰り返されてきたといえよう。本章は、岩井氏の指摘した帝国主義への転化の内実を捉え直すことに力点を置いている。最近では荻原隆氏が、志賀の「国粋主義」は当初から一貫して西洋文明批判と日本の伝統への理解が不十分だったという評価をしている（「国粋主義の条件」、『研究年報』第一〇号、一九九七年、ほかの諸論考）。

(11) 『国民之友』第二二号（一八八八年）四五頁。「時事」欄の一節。

(12) 志賀重昂「『日本人』が懐抱する処の旨義を告白す」、『日本人』第二号（一八八八年）四～五頁。この論説は、四月三日に開催された雑誌創刊の祝宴における演説筆記である。第一部付論一参照。

(13) 同右一頁。

(14)　志賀「日本前途の国是は「国粋保存旨義」に撰定せざる可からず」、『日本人』第三号（一八八八年）四頁。
(15)　前掲註(3)拙著第一章第三節などを御参照いただければ幸いである。
(16)　志賀「日本前途の二大党派」、『日本人』第六号（一八八八年）六頁。
(17)　志賀「開国後の日本」、同右第一一号（一八八八年）一五頁。
(18)　志賀「日本民族独立の方針」、同右第二三号（一八八九年）一四～一五頁。
(19)　同右一五頁。
(20)　志賀「日本生産略（緒論）」、同右第八号（一八八八年）一頁。
(21)　志賀重昂演説筆記「自治の精神」、同右第一九号（一八八九年）一八～一九頁。この論説は宇都宮の下野倶楽部における演説筆記である。
(22)　「志賀重昂氏所説一斑」、『高知日報』明治二十三年一月五日付一～二面。同紙は東京大学明治新聞雑誌文庫所蔵。これは谷干城に随って高知滞在中の志賀の演説で、筆記者は同日報社員の沖演次郎。なお、この演説筆記は、後述する『みかは』の第二〇号（明治二十三年一月二十一日付）および第二一号（同年二月一日付）に転載されている。
(23)　『みかは』第二五号、明治二十三年三月十一日付一二面広告。以下、『みかは』からの引用は、岡崎市立図書館所蔵の複写版による。
　なお、同紙を創刊した太田伊八は、明治二十四年に『興参策』なる二六頁の小冊子を刊行している（豊橋市立図書館所蔵）。それによれば、まず三河地域は愛知県から分県のうえ、政党とは一線を画した団体と実業学校を設け、各産業を改良していくべきことが説かれている。志賀の『みかは』での主張は、このような地域振興策と連動していたのである。
(24)　「志賀学士の専福寺演説」、前掲註(22)『みかは』第二一号八面。
(25)　前掲註(23)『みかは』第二五号一二面広告。
　志賀と三河地域との関わりは、新聞『みかは』のほかにも『三河郷友会雑誌』によって確認できる。たとえば、同誌第六号（一八八九年）の「在郷在京両部会員小集会席上演説」で志賀は、「一郷を愛するは即ち愛国心の初めなり。三河の意地を張るは日本の意地を張るの初めなり」（二頁）と述べたという。郷友会とナショナリズムの関係については、本書第三部の第三章を御参照いただきたい。

(26)(27)「専福寺に於て志賀重昂氏の演説筆記（前号の続）」、『みかは』第二二号、明治二十三年二月十一日付三面。

(28)「志賀重昂氏を訪ふ」、『国民新聞』明治二十三年十月三日付一面。翌日付の同紙に掲載された続編によれば、志賀は国民新聞記者の質問に答えて、「社員曰く、今日貴説の国粋漸く復回し来る部分あるが如し。氏曰く、否是れ一時の反動なるべし」（同紙一面）と述べたという。

(29)志賀「日本国民の最大注意を惹起すべきもの」、『国会』明治二十三年十二月三日付一面。『国会』は東京大学明治新聞雑誌文庫所蔵。

(30)志賀「探険及び移住の方針」、『殖民協会報告』第二二号（一八九五年）六九～七一頁。

(31)志賀「探険及び移住の方針」、『太陽』第一巻第一〇号（一八九五年）一一頁。

(32)志賀「政府畢竟如何せんとする」、『亜細亜』第二巻第一号（一八九三年）三八頁。

(33)志賀「排俗見五則」、同右三九頁。

(34)対外硬運動に関しては、坂野潤治『明治憲法体制の確立』（一九七一年、東京大学出版会）、酒田正敏『近代日本における対外硬運動の研究』（一九七八年、東京大学出版会）、佐々木隆『藩閥政府と立憲政治』（一九九二年、吉川弘文館）、小宮一夫『条約改正と国内政治』（二〇〇一年、吉川弘文館）および前掲註(3)拙著等参照。

(35)以下の経緯は主として新聞『日本』の記事による。

(36)「対外硬派政談演説会」、『日本』明治二十七年八月四日付一面。

(37)「志賀矧川氏の詩」、『日本』明治二十八年七月二日付五面。

(38)「越佐会の発会式」、『新潟新聞』明治二十八年十一月二日付二面。『新潟新聞』は東京大学明治新聞雑誌文庫所蔵。

(39)永木千代治『新潟県政党史』（一九三五年、新潟県政党史刊行会）四六六頁。著者の永木は新潟県内の警察署長などを歴任した人物である。

(40)志賀生「途上所見」、『新潟新聞』明治二十八年十一月二十二日付一面。

(41)「新潟県会議事録」（新潟県立文書館所蔵、B〇八―NG―二〇）一八頁。

(42)志賀「子弟の教育に関し父兄の問に応ふ」、『新潟新聞』明治二十八年十一月十三日付一面。

(43)明治二十九年十二月二十日付犬養毅宛志賀重昂書簡（早稲田大学図書館所蔵、「大隈文書」B一七一九）。

(44) 陸実「政界の技術及批評」、『進歩党党報』第一号（一八九七年）一九頁。ちなみに、明治二十九年の『人事興信録』（国立公文書館所蔵、ヨ二八一—四八）では、志賀の職業は「新聞記者」となっている。
(45) 「志賀氏と農商務」、『日本』明治三十年八月二十六日付五面。
(46) 「林務官の大更迭」、同右同年九月十二日付二面。
(47) 「大林区署長会議」、同右同年十月十二日付七面。
　このような考え方は進歩党から任官した志賀の持論であったと思われる。演説に先立って『進歩党党報』第一一号（一八九七年）に掲載された「所謂御役所風を一掃蕩すべし」でも、「役人」に「虚威張」の減少、「営業旨義」の浸透、「学問の独立」の厳守などを求め、その理由として「戦後の日本は万事創業の心持ちにて当らざる可らず」という時代認識を示していた（同誌一～四頁）。
(48) 「大隈大臣の訓示」、『日本』明治三十年十月十四日付二面。
(49) 志賀重昂君演述「林政に対する微志」、『大日本山林会報』第一七九号（一八九七年）四～一一頁。
　なお、このように「学術」を重視する発想は、同時期と推定される演説草稿「科学ノ沿革並ニ邦国ノ元気ハ科学ヨリ起ノ説」（国立国会図書館憲政資料室所蔵、「品川弥二郎関係文書」三七七）においてもうかがうことができる。
(50) 森林法制定過程とその林政史上の意義については、林業発達史調査会編『日本林業発達史』上巻（一九六〇年、林野庁）二五一頁以降参照。それによれば、明治初年には一時的に林政の空白時代とでもいう時期があったが、二十年代になると建築資材や鉄道枕木といった国内需要の増大、輸出品としてマッチや樟脳の生産拡大などにより、国有林の企業的経営が要請されたほか、濫伐による災害の多発を防止する必要が叫ばれ、総合的な森林法制の整備とそれに基づいた計画的な林政の展開が求められていたのである。
(51) 志賀「軍備緊縮なる哉」上、第三次『日本人』第九五号（一八九九年）一三頁。
(52) 志賀「実業家の用意」上、同右第九七号（同年）一二頁。
(53) 矧川生「対岸日抄」（一）、『日本』明治三十二年十二月八日付一面。
(54) 同右（九）、同右二十八日付一面。

(55) 同右（十）、同右三十日付三面。
(56) 同右（十三）、同右明治三十三年一月六日付二面。
(57) 蜊川「閫潯日抄」（一）、同右二十五日付一面。
(58) 同右（五）、同右三月三日付三面。なお、（四）～（六）は送付の手違いから（七）～（十三）と掲載が前後している。
(59) 志賀「北清事変善後の考案」、『太陽』第六巻第一〇号（一九〇〇年）六頁。
(60) 同右七頁。
(61) 志賀「大陸上帝国利益線の擁護（福建、浙江問題）」、同右第一一号（一九〇〇年）一〇頁。
(62) 『東京日日新聞』明治三十三年八月十九日付七面。
(63) 志賀「楽善の風尚」、『政友』第一一号（一九〇一年）三七頁。この論説は同年六月二十二日の慈善会における演説筆記である。

付論一　「国粋」の発見と志賀重昂

ナショナリズムに関する議論において、意外に最も欠落しているのは、ナショナリティとは何かという素朴な（実は根源的な）問いではないだろうか。本論では、近代日本における「国粋」という言葉の誕生をめぐる二、三の疑問を解明しながら、あわせてその問題についても考えてみたい。

英語の nationality の訳語としては、福澤諭吉が明治八年（一八七五）に執筆した『文明論之概略』のなかで「国体」を用いた例もあるが、その後「国粋」という言葉を生み出したのは、明治二十一年（一八八八）に結成された政教社の「同志」の一人で、機関誌『日本人』の主筆を務めた志賀重昂だといわれる。四月十八日を発行日とする同誌第二号の巻頭論説「『日本人』が懐抱する処の旨義を告白す」のなかで「国粋（Nationality）」と明示し、「日本分子打破旨義」（「欧化主義」）の風潮が盛んな今こそ「国粋保存」が必要であると主張していた。

彼のいう「国粋」とは、自然環境や歴史、伝統によって形成された「大和民族」の特性を指し、そのような「国粋」を「進退去就」の基準にする考え方が「国粋主義」ということになる。以後、政教社は「国粋主義」をもって同時代に知られるようになり、今日でも近代日本におけるナショナリズムの動向を代表する思想結社として評価されているわけである。

ここで、第一の疑問として浮上してくるのは、この「国粋」という言葉が、はたして志賀の独創にかかるものなのかどうか、ということである。「国粋」という言葉は、『大漢和辞典』でも中国の古典文献を典拠とする用例が一つも挙げられていないし、『日本国語大辞典』でも日本の古典文献からの用例は採録されていないのである。管見でも、志賀の論説以前に「国粋」の語を含む史料には出会ったことがない（ただし、この点に関しては読者諸賢の御教示を賜わりたい）。

なお、大正二年（一九一三）に上田敏は「「国粋」という新熟語」（『思想問題』）という言い方をしており、また、昭和十八年（一九四三）に小島烏水（うすい）は「国粋保存或は大和民族といふやうな言葉を先生（志賀のこと—引用者）がお創りになつて」（『風景』第一〇巻第六号）と回顧しているように、当時を知る人々は「国粋」は造語でその作者は志賀重昂であると認識していたようだ。したがって、ひとまず「国粋」が志賀の造語であると仮定しておいて、次に、それは彼のなかでいつ頃ナショナリティの訳語として創案されたのか、これが第二の疑問となる。

従来の諸研究においても、志賀の処女作として明治二十年（一八八七）四月に丸善商社から上梓された『南洋時事』に、「濠洲ノ殖民実力ヲ蓄積シテ自カラ一見識ヲ立テ、之レト共ニ所在万般ナル囲外物ハ彼等ノ間ニ漸ク一種特殊ナル国粋ヲ発達セシメ、此ノ国粋愈々発達シテ本国ノ事物ト愈々相隔離シ、本国ノ利害ト愈々相衝突ス」（『志賀重昂全集』第三巻、一九二七年）とあることから、この前年すなわち明治十九年に海軍練習艦筑波に便乗して南洋を航海した経験が、志賀に「国粋」の〝発見〟を促したのだという見解が示されてきた。亀井秀雄・松木博編著『朝天虹ヲ吐ク—志賀重昂『在札幌農学校第弐年期中日記』』（一九九八年、北海道大学図書刊行会）の亀井氏の解説論文などはその例である。

しかし、この一節を含む同書第八章「濠洲列国ノ合縦独立セントスル一大傾向」は、明治二十年四月発行の初版と同年十月発行の再版には存在しない部分であり、政教社設立後の同二十二年刊の増補三版から追加された部分なのである。これは『志賀重昂全集』第三巻が増補三版を底本としているために発生した研究者の単純な錯誤であるが、「国粋」という言葉の起源を探るうえでは見逃せない点だといえよう。要するに、南洋航海の経験は志賀にナショナリティというものへの着目を促したかもしれないが、彼はまだそれを「国粋」という言葉では表現していなかったのである。

もう一つ指摘しておきたいのは、従来の志賀研究ではあまり着目されてこなかったが、明治十八年から翌十九年にかけて彼は丸善の嘱託として、同社が刊行したヘボン（J.C. Hepburn）の『改正増補和英・英和語林集成』の編集補助をしていたことである。この辞書編纂の過程で、志賀がナショナリティの存在に気づいたということも十分に考えられる。

だが、明治十九年九月に発行された右の辞書の和英の部には「国粋」の見出し語はなく、英和の部には nationality の見出し語はあるが、その訳語は「Kuni, Koku」つまり「国（くに、こく）」となっているだけなのである。さらにいえば、志賀が明治二十一年に同じ丸善から上梓した英文の中等学校用教科書 *History of Nations* にも、nationality あるいは nationalism に関する記述は認められない。

結局、志賀がナショナリティの訳語として「国粋」に想到したのはいつ頃なのか。実は前引の『日本人』第二号所収の論説は、同年四月三日に東京府下永田町・星ケ丘茶寮で開催された同誌創刊の祝宴でなされた演説の筆記であった。一方、祝宴の出席者に配付された当日発刊の『日本人』第一号に志賀が寄せた巻頭論説「「日本人」の上途を餞す」には、「国粋」という言葉は一ヵ所も出てこない。

当日の来賓で祝辞を述べた前・東京大学総理の加藤弘之は、「今日雑誌ノ配布ヲ受ケ読ンデ未ダ之ヲ尽サズ。（中略）然ルニ志賀君ノ談ヲ承リテ初メテ其旨趣ヲ了解セリ」（「「日本人創刊祝宴における演説筆記」」志賀家所蔵）と語っていた。つまり、第一号の内容では政教社の主義とするところは不明瞭だが、ナショナリティを意味する「国粋」の「保存」を訴える志賀の演説を聞いて初めて、その主義が理解できたというのである。こうしてみると、志賀が「国粋」という言葉を創案したのは、どうやら第一号巻頭に掲載するための論説を書いてから祝宴が開かれた四月三日までの、わずかの間であったようだ。

「国粋」という言葉は、「同志」たちの支持も得て、巷間に広く流布することになった。だが当初から、志賀の意図とは異なり、保守的な国体論あるいは反動的な攘夷論と曲解され、揶揄と批判の対象とされることもあった。私の見るところ、大正八年（一九一九）に大日本国粋会が結成された頃より「国粋」の字義は明確に転回しはじめる。昭和六年（一九三一）に国粋大衆党を結党して活動した笹川良一が、戦後極東軍事裁判でA級戦犯に指定されたことに象徴されるように、ナショナリティの訳語として造語された「国粋」は侵略戦争の元凶の一つと見なされたのである。このような「国粋」という言葉の変遷は、近代日本におけるナショナリズムの帰趨をも暗示しているといえよう。

第二章　日露戦争後における志賀重昂の国際情勢認識

はじめに

政教社の一員として、明治二十一年（一八八八）の設立当初から雑誌『日本人』の主筆と目され、「国粋主義」の理論構築に鋭意取り組んだ志賀重昂の思想に関しては、第一章でも整理を加えたように丸山眞男氏や岩井忠熊氏をはじめ多くの論者が、主として近代日本におけるナショナリズム思想あるいは国家主義思想の問題として取り上げ、およそ相反するいくつかの評価を下してきた。その意味では、いまなお評価の定まらない思想家・ジャーナリストといえるわけだが、とりわけ明治三十七（一九〇四）、八年の日露戦争後の志賀については、早稲田大学で教壇に立つかたわら、三度にわたる世界旅行を試み、その過程で得た内外事情に関する知見を広く国民に訴える「世界旅行家」「啓蒙的地理学者」という位置づけが与えられている程度で、本格的に取り上げられることはなかった(1)。

私の見るところ、日露戦争以前の明治三十年頃から、志賀が「国粋主義」を論じることはなくなり、しだいに当時の「帝国主義」の論調に同調する議論を展開する傾向を示し、それは同三十三年（一九〇〇）の北清事変以降になると、その中国観・朝鮮観などにおいて顕著となる(2)。一方、かつて三輪公忠氏は国際関係論の立場から、たとえば一九二四年制定の米国の排日移民法をめぐる問題への対応においても、志賀は「卓越した現実主義」の立場から、国際政治の本質を「力の政治」と見なしながら、「国家的安全の保障を商業主義に基づいた国際関係に求めた」とし、そうした「根本的姿勢」を高く評価している。(3)日露戦争後の志賀重昂における主要な思想的課題とは何だったのか。以下本章ではその間を三期に区分し、後述するような経緯で調査する機会に恵まれた愛知県蒲郡市の小田家所蔵史料のなかの書簡を主な材料にして、同時期の著作などからもうかがえる志賀の国際情勢認識の枠組みを捉え、世界のなかで日本の進路を奈辺に見定めようとしていたのか、ナショナリズム思想の帰趨を明らかにしていきたい。あわせて章末には、小田家が所蔵する書簡等のうち年賀状を中心に一三点の翻刻を掲げる。

一　小田家所蔵史料について

ここで蒲郡市小田家所蔵史料としているのは、同市にお住まいの小田和昭氏が所蔵する史料のうち、和昭氏の曾祖父に当たられる小田忠吉（一八六四～一九三五。図1参照。歴史上の人物として以下敬称は省略させていただく）に宛てられた志賀重昂を発信者とする書簡など四七点を指している。(4)小田家史料にはこのほか、高村光雲を発信者とする書簡十数点をはじめ、軸物などが含まれる。(5)私がこれら小田忠吉宛志賀重昂書簡の存在を知ったのは、蒲郡市博物館学芸員の平野仁也氏の御示教によるもので、二〇〇八年に最初の現地調査を行ない、ついで二〇一一年に再度訪問して小田和昭氏から史料の伝来等について聞き取りを行なった。

図1　小田忠吉

小田家は、明治期の忠吉の代に現在では蒲郡市の一部となっている三谷（みや）町から出て、東海道線蒲郡駅の南口（現在の同市港町十ー二十）で米問屋を営んで大を成し、

表1　志賀重昂書簡の年別数

年	書状	葉書（内年賀状）	計
明治39(1906)	1	1(1)	2
40(1907)	1	4	5
41(1908)		1	1
42(1909)			—
43(1910)			—
44(1911)		3	3
45(1912)		1(1)	1
大正 2(1913)			—
3(1914)			—
4(1915)	2	3(1)	5
5(1916)		1(1)	1
6(1917)	1	1(1)	2
7(1918)		1(1)	1
8(1919)		1(1)	1
9(1920)		1(1)	1
10(1921)		1(1)	1
11(1922)	1	1(1)	2
12(1923)			—
13(1924)	2	1	3
14(1925)	4	4	8
15(1926)		2	2
不　明		1	1
計	12	28	40

以上のほか，志賀重昂以外を発信者とする書簡が4通ある．

忠吉没後は倉庫業に転じて現在に至っている。米問屋としての隆盛は、大正七年（一九一八）八月の米騒動のときに襲撃対象とされたことが、はしなくもその例証となろう。このとき小田家を襲った「民衆は、瓦礫や割り木を投げつけ、（中略）板囲いや雨戸などをこわし、軒下の近くで枯れ松葉に火をつけてたき火をし、同家の襖・障子・座布団その他の物品を投げ出して燃やした。また、全員に一円五〇銭を貸し付けるよう要求した」[6]という。忠吉は三河の米を紀州の新宮方面に回漕していたようで、志賀が出した年賀状のなかにも、後掲〈翻刻〉①（整理番号一四）のように新宮に滞在する小田忠吉宛のものがある。

ところが、同世代に属するとはいえ、額田郡岡崎出身の志賀重昂と蒲郡の小田忠吉が何をきっかけに親しい知己となったのかは、残念ながら残存史料や聞き取りによっても判然としない。翻刻しなかった書簡を含めると、志賀はしばしば小田家に滞在し饗応に与っているし、忠吉は志賀の好物の海鼠腸（このわた）を送付したりしているが、それだけの関係とも思われない。以下は今のところ全くの推測にすぎないが、忠吉は宝飯（ほい）郡における政治家志賀重昂の有力な支持者の一人であり、明治三十五年（一九〇二）以降、志賀が愛知県郡部から衆議院議員選挙に立候補した際にはその応援をしたのではないか。それから後も、〈翻刻〉⑤（同四二）に見るように、支持候補の選挙応援を依頼するような関係は続いていたのである。また、〈翻刻〉⑧（同一五）や⑬（同四一）によれば、志賀の著書である『国民当用世界当代地理』や

『知られざる国々』の購読を依頼し、未翻刻の葉書によれば忠吉はそれに一〇冊（同二七）、五〇冊（同二五）というまとまった冊数の購入で応えていた。

現在の小田家は、十数年前の駅南市街地再開発事業の際に移転して同市三谷北通にある。この移転に際して、元の敷地内の土蔵にあった多くの古書籍や什器類を「整理」されたそうで、志賀重昂や高村光雲の書簡などはそのとき手許に残す判断をなさったという。散逸を免れたことは僥倖以上のもので、移転の際の御判断に敬意を表したい。

平野氏の協力も得て私が整理したところ、小田家所蔵史料のうち志賀重昂を発信人とする封書、葉書などの全体像は表1のようになっている。時期的には、日露戦後の明治三十九年（一九〇六）から志賀が没する前年の大正十五年（一九二六）に及び、この間の約二〇年間にほぼ満遍なく分布している。[7] 本章ではこれらを、便宜的に日露戦後期、第一次世界大戦期、同戦後期の三期に区分し、次節以下の検討を進めていきたい。とくに、葉書のうち年賀状は、単なる年始の挨拶だけではなく、小さな活字でその年の内外情勢に関するデータや論評が印刷されており、それ自体ユニークなだけでなく、志賀の同時代認識の経年的な変化を確認できるという意味で貴重な史料である。

二　日露戦争後の世界と日本

1　日露戦後期――「国運隆昌」のなかで――

明治三十五年（一九〇二）八月十日に行なわれた第七回総選挙で当選して衆議院議員になっていた志賀重昂は、日露開戦直後の同三十七年三月一日に投票が行なわれた第九回総選挙においては僅差で落選してしまう。落選後の志賀は、同年六月から満州丸に乗船して観戦に従事、引き続き旅順攻略を目指す第三軍司令部に従軍して帰国は翌三十八年一月となった。同年八月にはポーツマス講和会議で日本への割譲が議論されていた樺太に渡航して島内の踏査を行なっている(8)。

　このときの樺太踏査の成果を報告したのが前にも挙げた〈翻刻〉①の年賀状で、今回整理した書簡のなかでは最も早い時期のものになる。それによれば志賀は、「今年中に起るべき河の問題はポロナイ河の問題にて、即ち樺太

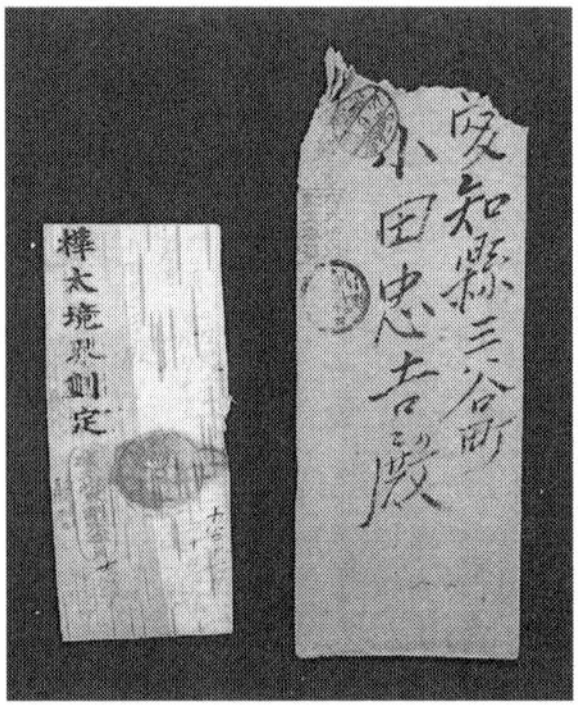

図2　白樺の樹皮を用いた樺太からの書簡

に於ける日露境界問題に有之候」と述べ、国境問題への注意を喚起している。明治三十九年六月、樺太境界画定委員会の顧問として再び樺太に渡った際の整理番号三九、同年九月十七日付の書簡（封書。図2参照）は、国境付近で採取した白樺の樹皮を用いた珍しいものである。

　明治四十三年（一九一〇）に志賀は、我が国で建造された最新鋭の巡洋戦艦生駒(9)に便乗して第一回目の世界一周旅行(10)を試みた。このときの見聞や感慨を記した文章は『世界山水図説』に収録されているが、艦内に一室を与えられた志賀は「今回の航行は、実に国運隆昌の縮図と云ふべく、（中略）縮図中の人となりし吾々こそ日本随一の果報者なる哉（中略）日本にて建造せし一万数千噸の大軍艦を以て、東北南北(ママ)の四半球三万余浬を航行する次第なれば、独り日本の大八洲より一小洲を割き来り、太平洋、印度洋、大西洋に浮ばしめたるに止らず、実は日本帝国を太平洋より印度洋、大西洋まで三万余浬丈け延長したると同じく、国家の威信を事実的に世界に宣揚する一点に至ては、日本海海戦の大勝利よりも一層の意味ある様に思はれる(11)」と、手放しの喜びようを示している。この点で志賀は、日露戦勝にともなう「国運隆昌」を自分と同一化できた幸福な明治人であった。

世界旅行後の「希望」を記したのが〈翻刻〉②（整理番号五）の年賀状である。[12] これによれば、志賀は当時の国内の風潮をいちいち批判しながら、第一に漢学の復興よりは「実用的外国語」（マレー語、スペイン語、ポルトガル語）の奨励が急務であり、第二に自然主義小説や「所謂社会主義」の影響による学生の堕落を救治する方途として、「衛生以上の体育法」（テント生活、ヨット競走、乗馬など）を奨励し、第三にその反響が日本国内に限定される浅見絅斎（けいさい）（闇斎学派の一人）の二〇〇年祭や本居宣長の旧宅保存よりも、津軽海峡に動物分界線を発見したイギリス人T・W・ブラキストンの没後二〇年を追悼し函館の旧宅保存を図ることの方が、日英同盟の意に適い「日本人の識見を世界に宣揚する」ことになり、[13] 第四に地方改良運動下で二宮尊徳流の生活改善を国民に強いるよりも、世界の記録を破るような発明を奨励して「日本の富力を根本より増加」させることが必要だと論じている。これらを見れば、志賀が国内に局促して前近代に回帰するような思考態度を嫌い、外国語の修得や外国人の顕彰、世界的発明の奨励など世界に向けた日本人の能力の発信を意図的に訴えていたことは確かである。

明治末年の年賀状である〈翻刻〉③（同三）には、思いつきのような「楽善的資金を得る方法」が並んでいるが、三番目の「学術資金の寄付方法」は志賀自身によって実行され、『世界山水図説』『世界写真図説』の収入は赤坂の自邸内に置かれた地理調査会（仮事務所）への寄付と見なされ、一〇〇冊購入した場合は無報酬の講演を、五〇〇冊購入した場合は無報酬の講習会（五日間）を行なうとされた。これ以降、志賀の世界旅行の資金は、こうして集められた寄付金によって賄われ、国内旅行の多くはその見返りとして実施された講演・講習会のために行なわれたのである。

2　第一次世界大戦期――「三角法」の提唱――

一九一四年（大正三）に勃発した第一次世界大戦は、〈翻刻〉⑤（整理番号四二）の書状によれば「未曾有の戦乱」であり、「挙国一致国威の宣揚と民族の発展に尽瘁せさるべからさる」ときであった。ところが同年末の十二月二十五日にかねてから懸案の二個師団増設問題をめぐって衆議院は解散、第一二回総選挙が告示され翌大正四年三月二十五日投票という時点で、この書簡は書かれている。志賀の眼には、「国家を忘れて徒に政権の争奪のみ是れ事とし」た結果の議会解散は、「不祥事」以外の何物でもないと映った。さらに、「党弊の渦中に沈淪して国家の大本を忘れたかの人物少なからず」と、かつて自らも立候補した愛知県三河地方の政界を批判している。ちなみに、このとき志賀が応援した大岩勇夫(14)は、当選を果たしている。

国内情勢を右のように見た志賀の国際情勢への関心の所在を知ることができるのが〈翻刻〉④（同一二）、同四年の年賀状である。それによれば、まずドイツが大戦当初優勢であった原因を三点にまとめ、次に米国カリフォルニア州の排日問題に関しては、感情的な対応を諫め「沈黙するこそ良策」と述べ、さらにメキシコ、カナダ、キューバと日本との関係の可能性について論じている。いずれも冷静かつ的確な理解を示しているといえよう。

この「未曾有の戦乱」を契機に志賀の世界と日本の関係についての認識は確立したように思われる。すなわち、〈翻刻〉⑥（同三〇）の大正五年の年賀状では、日本の人口増加率からいえば毎年高知県一県分の新陸地を加えなければならないが、それはできない相談なので、別の方策を考える必要がある。一方、日本の置かれた状況はというと、農村の疲弊は著しく、かつて河内木綿や会津蠟燭など特産品を産み出した各地の伝統産業は壊滅し、かつ、大陸からの圧迫によって「島国落下すべき運命」にあるといえる。こうした「運命」を防止するには、「日本も満蒙の大陸を獲たる以上之を拓開（ママ）して大陸を原料の大産地となし又国民の教育を数学理化学に傾注し以て原料を廉（やす）く早く化工し之を四億の人口ある支那に溢出する」しかない。志賀は国内を旅行するたびに、日本の前途を思うと「煩悶」するばかりであったが、前年秋の満蒙旅行中に右のような「運命の防止法」に思い至り、「来るべき年の曙光を認め欣求措く

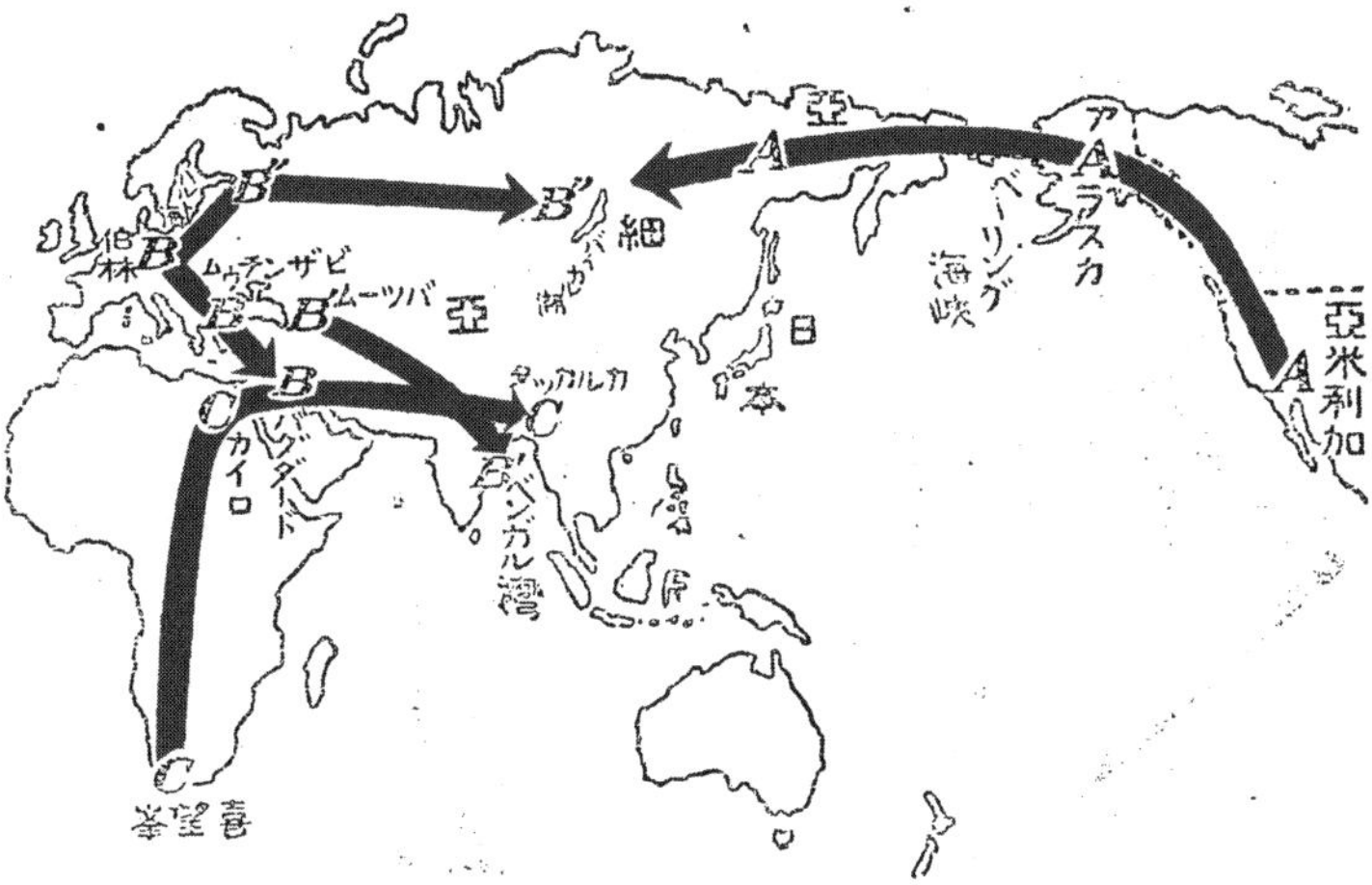

図3　3A，3B，3C 政策

能はず此上も目出度感じ」たのであった。

このようないわば加工貿易主義（「三角法」）[15]がこれ以後の志賀の対外関係論の基調になっていく。その背景には、〈翻刻〉⑦（同九）の大正六年（一九一七）の年賀状にあるとおり、ドイツや日本などの後進資本主義国家が獲得できた植民地が「パンの殻に非ずんば屑」（アフリカのドイツ植民地）「殻は愚か、屑の屑、否屑の粉」（日本が委任統治する南洋諸島）にすぎないため、「日本人は将来如何にして其生命を繋ぐべきや」という悲痛な命題が潜んでいたのである。加工貿易主義は、武力による領土侵略を前面に出していないとはいえるものの、満蒙を含んだ中国大陸を安価な原料の供給地に止め、加工産品の大量消費地にしていこうとする帝国主義的な政略の一種であることは疑いない。

大正七年（一九一八）の年賀状である〈翻刻〉⑧（同八）では、第一次世界大戦の両陣営が占領した土地の面積を比較したあと、日本がいかに連合国側の一員として戦勝に貢献したかを一〇項目にわたって列挙し、英国の三C政策、ドイツの三B政策、米国の三A政策という三ＡＢＣ政策が「戦後の大局」になり、「日本は三ＡＢＣの間に立てり、実に油断も隙もあつたものに非ず」と、警戒を呼びかけている（図3参照）[16]。

3　第一次世界大戦後期――「知られざる国々」へ――

「未曾有の戦乱」と捉えられた第一次世界大戦が終結したあと最初の年賀状である〈翻刻〉⑨（整理番号一三）では、国際協調的な風潮に同調するように、「真の開心を以て支那を待たれんこと」、「西比利亜の人心を理解せられよ」、「山東は固と独逸が暴を以て弱き支那よりねぢ取つたるもの、之を取返したる日本は無条件にて支那に手渡するも可ならずや」と、周辺国および国民感情への周到な配慮を求めている。

また、〈翻刻〉⑩（同一〇）の大正九年（一九二〇）の年賀状で挙げられている「新に興るべき国」は、ほとんどが中央アジア、旧ロシア帝国内およびその周辺地域の国々であった。そのような国際情勢の理解は、翌十年の年賀状である〈翻刻〉⑪（同一五）になると、明快なかたちで示されることになった。すなわち、「戦役の温床としての巴爾幹は欧洲大戦役の終焉と共に茲に終焉を告げ、今後は高架索地峡こそ世界的外交上及び軍事上の温床となるべきもの」、つまり、戦後世界の火薬庫はもはやバルカン半島ではなくコーカサス地方であり、「高架索方面は近く我が亜細亜洲に有之候に付、苟（いやし）くも吾人日本人たる者、殊に大正十年以後の日本人たる者は西部亜細亜方面の現勢に通暁せずして可ならんや」と述べて、日本人の西／中央アジアへの関心を喚起しようとしている。

大正十一年（一九二二）の年賀状は、一八五四年以来一〇年ごとの世界情勢を時間軸に沿ってまとめたものである。〈翻刻〉⑫（同一二）がそれであるが、日本に関する部分を抜き出すと次のようになる。

一八五四年（安政元年）日本の開国＝日本の世界的発展の発端
一八六四年（元治元年）横須賀造船所の始＝日本の世界的発展の動力

一八七四年（明治七年）日本の台湾征伐
一八八四年（明治十七年）横須賀鎮守府の始
一八九四年（明治廿七年）日清戦争の始＝日本の世界的飛躍の発端
一九〇四年（明治卅七年）日露戦争の始＝日本の世界的大邦となる発端

ここでは、海軍と戦争が日本の世界的発展を促し「世界的大邦」になったという歴史像が示されているといえよう。一方で志賀は、自分が目撃した「近代期」（ルビは「ちかごろ」）という時代を、前引の『国民当用世界当代地理』のなかでは次のような「五大変遷」の歴史像として把握していた。

一　西力の極東切迫
二　南洋の分割
三　阿弗利加の分割
四　支那分割の未遂行。日露戦役
五　南米の経営(17)

志賀によれば、「五大変遷」を貫いているのは、「西洋の過剰なる人口、労力、生産」を「未開」の地域や「弱国」に「掃き出す」ことだという。右に挙げた二つの歴史像を組み合わせれば、過去数十年の歴史は西洋による他地域（アジア、アフリカ、南アメリカ）の分割、経営の歴史であり、そうしたなかでひとり日本のみが「飛躍」を遂げて「世界的大邦」の列に連なったのである。こうした歴史の結局が第一次世界大戦だったのであり、その結果新たな領土の獲得が見込めないことから、先の「日本人は将来如何にして其生命を繋ぐべきや」という問いが発せられることになる。

この発問に対する答えを探すために、志賀は同年八月から第二回目の世界旅行に出発し、翌十三年二月に帰国、ついで同年十二月から結果として最後になる第三回目の世界旅行を敢行した。帰国後の大正十四年に書かれたのが〈翻刻〉⑬（同四二）の書簡（封書）である。これによれば、インドからトルコまでの四〇〇〇キロメートルの間は「日本に最も知られざる方面」であるが、「欧米最々近の外交問題の伏魔殿」であり、「欧米列強の石油々田の争奪地（最新の帝国主義）」であって、有色人種（とくにイスラーム教徒）と白色人種が抗争する「世界的関ケ原」ともいうべき地域である。同時に、日本にとっては同じアジアにありながらも、これまで全く手を染めていない「貿易の新販路」なのである。実はこの書簡は、こうした問題関心の下に執筆された新著『知られざる国々』の購読案内になっている。

志賀にとって最後の著書となった同書は、「日本をして此の地球の上に存在せしめざる可らず(18)」という一文から始まる。そして、「日本の人口の処分如何」「石油政策如何」「世界的関ケ原における日本の向背如何」という三つの課題の解決が、主としてブラジルやチリなどの南米、人種差別の南アフリカ、オマーンやシリアなどの中近東諸国あるいは地域の実情を紹介しながら模索される。旅行中は随所で大統領や国王に謁見し、歓待を受けながらも、志賀はとくに「世界的関ケ原における日本の向背如何」という課題に対して、「亜細亜連盟」だの「大亜細亜主義」といった解決法には「反対」を明言している。その理由は、「社稷の存亡(19)」すら危うくする可能性をもっているからである。米国の排日移民法への反感が国内で高まるなか、日本が有色人種の側に立って白色人種と全面対決することを避け、新航路の開拓や理科教育の充実などにより、例の「三角法」つまり日本がアジアの加工貿易の中心となることが、志賀の結論なのであった。

むすび

すでに蔣介石の国民革命軍による北伐は始まっていたが、田中義一内閣による山東出兵や東方会議などを見ることなく、志賀は昭和二年（一九二七）四月六日にこの世を去った。はたして志賀がもう少し生を永らえたら、日本はアジアのなかで加工貿易主義に立ちながら欧米諸国とは協調関係を維持していくべきだ、という彼の戦略がいかなる変容を余儀なくされていくのか、見定めることもできたであろう。

それにしても、『知られざる国々』の末尾に、滞在中のギリシアでバイロン祭に遭遇したときの感慨、「あゝ政治は一個の走馬灯に過ぎぬ、而して文は千載不朽である」[20]という一節を書き記したときの志賀の心事は奈辺を揺曳していたのだろうか。総選挙で落選した直後から始まった旅行、講演、講義、執筆また旅行という志賀の生活は、「政治」への未練を裁断しつつ「文」の人として「千載不朽」に生きようとした軌跡ということになる。

本章は、蒲郡市の小田家が所蔵する志賀重昂の書簡、とくにユニークな年賀状の内容の紹介を中心に、日露戦争後の志賀が世界の情勢をいかに理解し、そのなかで日本の採るべき進路をいかに模索したのかを探ることをとおして、従来は表層的にしか把握されてこなかった当該期における志賀の主要な思想的課題が何であったのかを明らかにすることを目的に考察を進めてきた。その結果、志賀は戦勝にともなう「国運隆昌」を素直に喜び、一方では、第一部付論二で後述するように「腕ヅク」すなわち軍事力の効果を認め、植民地となった朝鮮民族への蔑視観を露わにしていたが、他方、世界に向けた開明的な方策を提案していた。また、第一次世界大戦を「未曾有の戦乱」と見た志賀は、そうした状況のなかで「民族の発展」を図る方途として、大陸から安価に原料を輸入して日本で加工し、それをアジア市場で販売するという「三角法」を提唱し、終生それを把持した。この間にあって、米国の排日移民法に対して終始冷静な対応を求めているのは印象的である。こうした世界と日本の関係の維持を最重視する思考の背景には、「文」の人として生きる覚悟が存在し、世界旅行によって得た彼我の国力の差異に対する正確な知識とともに、「社稷の存亡」を判断基準とする独自の思想（これが志賀のナショナリズムの核であろう）があったように思われる。

註

（1）本書第一部第一章の註(10)で簡単に整理しておいたので御参照いただければ幸いである。
（2）同右および第一部付論二で取り上げたので御参照いただければ幸いである。
（3）三輪公忠「志賀重昂」、『日本近代化とその国際的環境』（一九六八年、東京大学教養学部日本近代化研究会）九五頁。
（4）小田和昭氏提供。写真の裏面に「大正拾三甲子年十二月十二甲子日写ス」および「小田忠吉　元治元年甲子生」とあるので、忠吉六十歳の還暦記念に撮った写真と思われる。
（5）これらの書簡等の一部は、小田和昭氏が愛知大学図書館にお勤めの関係で、二〇〇六年春に同館で開催された「志賀重昂の書簡展」において公開されたことがある。
（6）蒲郡市史編さん事業実行委員会編『蒲郡市史』本文編3近代編・民俗編（二〇〇六年、蒲郡市）三四三頁。同書の記述では、小田忠吉は当時も「倉庫業」となっている。
（7）ただし、明治三十九年以前（とくに志賀が衆議院議員選挙に立候補していた明治三十五〜三十七年）の書簡が元来存在しなかったのかどうかは疑問である。明治三十九年中発信の書状（封書）と葉書（年賀状）の内容を見ると、それ以前から二人の間には親しい友誼が結ばれていたことがうかがえる。
（8）これらの見聞は戦後になって講演会や新聞・雑誌等で発表され、明治四十二年（一九〇九）に博文館と東京堂から発兌された『大役小志』のなかに収められた。また、江戸時代に樺太探検に従事した間宮林蔵については拙著『書生と官員』（二〇〇二年、汲古書院）に収録した「間宮林蔵と志賀重昂」（初出は一九九九年）で取り上げた。

なお、満州丸には三宅雪嶺はじめ内外の多くの政治家・ジャーナリストが乗船した。この人々はその後永く「満州丸の会」を結成し定期的に会合していた。野上喜雄著刊『満州丸観戦紀念』(一九〇五年)および三宅雪嶺「満洲丸記念会」(『我観』第一四号、一九二五年、口絵写真には志賀も写る)参照。

(9) 生駒は、明治四十一年(一九〇八)呉海軍工廠で竣工、基準排水量一万三七五〇トン、主砲は三〇センチ連装砲二基、最大速度二〇・五ノットという性能をもつ巡洋戦艦で、前年やはり呉で完成した筑波とともに、それまで英国等に頼っていた大型艦の建造を我が国で初めて行なった、その意味で画期的な軍艦であった。福井静雄『日本の軍艦』(一九七〇年、ベストセラーズ)参照。

(10) 志賀の世界旅行については、長坂一昭「志賀重昂　世界旅行の行程と活動」(『岡崎市史研究』第二四号、二〇〇二年)が丁寧に足取りをたどっている。

(11) 志賀重昂『世界山水図説』(一九一一年、冨山房)五一〜五二頁。初出は『国民新聞』明治四十三年四月十七日付。

(12) 年賀状なのに三月十七日の消印になっているのは不思議だが、余白に墨書された訪問日程を知らせるために、手許に残っていた印刷済み(未発送)の年賀状を使用した可能性もある。

(13) このブラキストンについて志賀は、「ブラキストン線の発見者」(志賀冨士男編刊『志賀重昂全集』第四巻、一九二八年、二五六〜二五七頁。初出は『東京日日新聞』明治四十三年十二月二十日付〜連載の「眼前万里」第五二回)を書いている。

(14) 衆議院・参議院編『議会制度百年史』衆議院議員名鑑(一九九〇年、大蔵省印刷局)によれば、大岩は慶応三年(一八六七)生まれ、東京法学院卒の弁護士で、愛知県会議長や名古屋市長も歴任している。当選はこのときの一回のみ。ただし、所属は憲政会となっており、志賀がかつて属した政友会とは違う点は注目される(同書一二二頁)。

(15) 志賀重昂『国民当用世界当代地理』(一九一八年、金尾文淵堂)では、「大陸を生産地、日本を加工地、亜細亜方面を市場とする三角法」と表現している(同書六〇頁)。なお、同書には全篇にルビが施されているが、引用ではそれを省略した。

(16) この図は、同右五一頁より引用した。

(17) 同右二八〜三二頁。

(18) 志賀重昂著刊『知られざる国々』(一九二六年)一頁。

(19) 同右八七頁。

(20) 同右一一八頁。

〈翻刻〉小田忠吉宛志賀重昂書簡

＊発信年月日順に掲げた。特記以外はいずれも活版。字体は現在通行のものに直してある。封筒や表書の／は改行を示す。

①（明治三十九年一月一日ヵ消印）小田忠吉宛志賀重昂書簡（葉書―年賀状）

謹賀新年

東京赤坂区霊南坂の上　志賀重昂

◎新年の河（（宮中御歌））

今年中に起るべき河の問題はポロナイ河の問題にて、即ち樺太に於ける日露境界問題に有之候、ポロナイ河は上流は露領、中流以下は日領なれば、公法上の『国際河』と可相成、然らばダニューブ、セント・ローレンス、コンゴ諸河の如く万国の公航河となるべきかと被存候、陸上にて外国と境界するは建国以来の事なれば此義には御注意願上候

◎午の歳（（明治三十九））

日露戦役中に内外国人の斉しく感じたるは日本馬の劣等なる義に有之候、劣等は尚ほ可なりとするも馬疋の欠乏は寒心すべき事と存候、露国は皇帝直轄の馬政局あり、局長はドミトリ親王、顧問は各皇族なり、随て露国にては人口毎百に付馬二十六頭に上り候へ共、日本は三頭しか無之候、馬の改良及増加と国民の愛馬心とに御注意願上候

（葉書表墨書）
和歌山県新宮町／小田忠吉殿

②（明治四十四年三月十七日消印）小田忠吉宛志賀重昂書簡（葉書―年賀状）

謹賀新年　　　　東京赤坂区霊南坂の上　志賀重昂

旧年末より旅行中に付遅延の義御詫び申上候

◎新たなる歳に対する希望

曰く四十七士、曰く何先生何百年祭、曰く報徳宗、曰く自然小説の禁止、曰く漢学復興、何れも可は可なれども、旧を懐ひ、去る年を偲び、過去慕へる幾微（ママ）より発し、其伝統は同一にして、要するに新たなる年に対する希望、大なる光輝を将来に認めんとする希望とは存ぜられず候、漢学の復興よりは

一　実用的外国語の奨励

こそ急務中の急務なれと存候、馬来（マレー）半島のゴム事業は熱火の如くに起り馬来語の必要は急に迫り居れども日本には此語を実用までに操る人殆ど無之、又南米の発展と共に西班牙（スペイン）語葡萄牙（ポルトガル）語の必要は迫り居れども是亦実用までに操る人極少なるは事実に有之候、此の如くして日本国民の世界的発展を期する抔とは木に據（よ）りて魚を求むるが如しと被存候、又自然小説を禁止して男女学生の堕落を済（すく）ふよりは

二　衛生以上の体育法の奨励

を謀り、学生の堕落、所謂社会主義の蔓延を根本より救治するこそ急務なれと存候、不分なる肉欲将た社会に対する不平煩悶は生理的不健全者の間に最も多く発作すとは生理学者の唱ふる通りに候に付衛生以上の体育法即ち天幕生活、野宿、ヨット競争、荒馬の御法（ぎょほう）等奨励致度、又何先生何百年祭よりも

三　日本に縁故ある欧米何先生の祭

を挙行致度、靖献遺言の著者浅見絅齋（けいさい）先生二百年祭も本居宣長大人（うし）故宅の保存会も其反響は日本の島部に限られ居候

へ共、本年はブラキストン線の発見者として世界の学界に貢献せしブラキストン氏が函館に客死したる二十年に相当致候に付、其二十年祭旁々其故宅（函館）保存の方法相立ち候へば、小は以て日英同盟の継続、大は以て日本人の識見を世界に宣揚するに資する義と存候、又報徳宗よりは

四　世界の記録を破る発明の奨励

を謀り、日本の富力を根本より増加せしむる道を取り度、現に完全燃焼の装置を完成せし結果、石炭を絶対的に煤煙なく燃焼せしむる世界的発明者の如き、東京の去る下宿屋に沈吟し居る次第に候はずや

（余白墨書）日変更及宿泊せず　二十一日正午福江町より汽船にて蒲郡着、午後四時蒲郡発西行

（葉書表墨書）愛知県蒲郡町／（東海道鉄道駅）／小田忠吉殿／至急

③　（明治四十五年一月七日消印）小田忠吉宛志賀重昂書簡（葉書—年賀状）

謹賀新年　　東京市赤坂区霊南坂の上　志賀重昂

旧年末より旅行中に付年賀遅延の儀御詫び申上候

今や社会は寄付金攻の為めに困殺せられんとす此時に当りて容易に楽善的資金を得る方法如何

名所旧跡の保存方法　単に貴族名士学者が往訪せられなば夫れ丈けにて可なり、東京飯田町河岸の薪屋の裏に馬琴が八犬伝を起草せし硯の水に用ひたる古き井あり、地主之を毀（こぼ）たんとす、頃日曰く徳川御三家様始め御尋ね下されたれば今更毀はせませうかと、名所旧跡は貴紳が脚を運ばるれば夫れ丈けにて何等資金を要せずして保存するを得。

文士遺族の保護方法　ヂツケンス・スタンプの方法を取るにあり、例へば紅葉山人著述に『紅葉文庫』なるスタン

プ（十五銭乃至二十銭）を貼付し来れば、逍遥露伴鷗外等諸詞宗（しそう）が之に署名せらる、にあり、此くせば一は紅葉の紀念の為と一は諸大家の正確なる自署を得んとするより、紅葉遺著の需要も頓に増加し、且つスタンプを購ふ者殊に多かるべく、而してスタンプ売上高一切は紅葉の遺族に贈るにあり。

学術資金の寄附方法　著者が出版者と合議し著述の収益一切を寄附するにあり、例へば南極探検後援会長として大隈伯が其講演集なりを新に出版し収益を南極探検費に投ぜらるとのことなれば四方は翕然（きゅうぜん）として購ふべく、此くて定価壱円の書籍とすれば期月の間に三万部を売上げ壱万幾千円の資金を得べし。世界写真図説、世界山水図説は此方法に依り地理調査費への寄附の為め会計監督を置きて出版せしもの。

（上段横書）
楽善的資金を得る方法

（葉書表墨書）
愛知県宝飯郡／蒲郡町／小田忠吉殿

④（大正四年一月一日消印）小田忠吉宛志賀重昂書簡（葉書—年賀状）

東京市赤坂区霊南坂の上　志賀重昂

旧年末帰宅仕候処旅行中の所見にして新年度に関係するものは敢て不遜を顧みず左に陳述仕候に付御参考の万一だに供するを得ば幸甚此事に奉存上候

◎独逸頑強の教訓

独逸人が欧亜八国を敵として頑強なるは（一）過度なる国家主義（二）科学的頭脳（三）不衛生に抵抗し得る身体に因る（一）は世界より敵を招きたる独逸今回の覇道の出たる所因なれば取る可らず（二）と（三）は列国将来の教育

方針とせざる可らずとの輿評に有之日本将来の教育方針も是に出ざる可らずと存候

◎排日問題の今後

加州再選知事ジョンスンは弱を扶け強を挫ぐ（ママ）労働党の親分なり米国大統領ウィルスンは純然たる学者にして学者たる見地より日本人帰化権の付与を決慮し居れり又一般米人は是より以上排日挙動に出るの不可なるを悟り加州新州会の形勢も昨年よりは好望なり然れば日本は此際沈黙するこそ良策と存候

◎墨西哥（メキシコ）の将来

墨国は革命又革命、第五革命を経るも土崩瓦解せざるは愛国的自負心熾（さか）え排米には挙国一致するを以てなり墨人が日本人を歓迎するは此間の消息に存す然れば日本人が墨国に企業するは最も可なり但し企業以上の挙に出んか墨人の自負心を傷け米国の二舞を演じ排日となるは火を見るより明なりと存候

◎加奈太（カナダ）と日本

加奈太の太平洋岸五百五十浬防備何の状ぞ日本軍艦の太平洋上の遊弋（ゆうよく）は加奈太人の意を強ふする所又極東に於る日英同盟の実行は加奈太人の喜ぶ所随て加奈太人の対日本人感情は今後良好と可相成と存候

▲狐の養殖　目下一会社は五十割一会社は四十割の配当致居候日本千島に興起すべき新事業と被存候

◎玖馬（キューバ）と日本

巴奈馬（パナマ）運河開通後の対太平洋隣国は玖馬なり布哇（ハワイ）は面積我か四国より少なれ共玖馬は四国に台湾を合併せしより大に且つ布哇の糖業は既に余地無きも玖馬は未だ九分の余地を存せり同国大統領も日本との修好を希望せられ候に付新年度に入り玖馬と日本との関係を御考究被下度候（玖馬砂糖産額五億円）

（葉書表墨書）
愛知県／蒲郡町／小田忠吉殿

⑤　（大正四年三月二日消印）小田忠吉宛志賀重昂書簡（封書）

謹啓愈々御多祥慶賀此事に候然れは御承知の通り昨夏以来欧洲に於ける未曾有の戦乱は其余波延て極東に及び平和の克復未た何れの日にあるかを知る能はす此時に方り吾人は須く挙国一致国威の宣揚と民族の発展に尽瘁せさるべからさるにも拘はらす李牛党争の弊は為めに国家を忘れて徒に政権の争奪のみ是れ事とし遂に帝国議会解散の不祥事を見るに至りたるは吾人の最も遺憾とする処に御座候随て近く行はるへき総選挙に際しては常に公明正大の見地に立ち専ら国利民福の為め奮闘努力するの人士を挙け真誠なる六千万同胞の意思を代表せしむるは目下の急務と奉存候へ共我か愛知県就中三河を代表せる従来の代議士中には乍遺憾彼是共に党弊の渦中に沈淪して国家の大本を忘れたるかの人物少からず随て堅実なる吾人の意思を代表せしむるに足らさるを覚へ候勢斯くの如くんば其昔元亀天正時代に於ける三河武士の光輝ある成績は亦何の日を以て輓回するを得んやの感有之此点は他郷殊に帝都輦轂の下に在りて常に全国各地方人と接触する者の平素深く慨嘆する処に御座候

然るに今回幸にも多数なる在郷有力諸君子の推薦に依り衆議院議員候補者たるを承諾せられたる大岩勇夫氏は其識見と云ひ其経歴と云ひ将た其人格に於ても吾人の代表者として現時最も適当なる人物と相認め候に付吾人は一致団結同氏を推薦致候間何卒同氏の為め千万御配慮の上是非共当選相成候様御尽力被成下度切望の至りに堪へす候先は此段御願まで

敬　具

在京浜三河出身者有志

（墨書）追々前件の次第に付貴下の御援助相煩度何れ大岩氏よりも直接御願可申上候へ共特に小生より御願申上候

志賀重昂

小田忠吉殿

（封筒表墨書）愛知県宝飯郡／蒲郡停車場際／小田忠吉殿

（封筒裏墨書）東京市赤坂霊南坂の上／志賀重昂

⑥　大正五年一月一日付（二日消印）小田忠吉宛志賀重昂書簡（葉書―年賀状）

謹賀新年　大正五年一月一日　志賀重昂

昨年中内地及植民地一万二千哩を旅行仕候処其間の所見にして新年度に渉るものは敢て不遜を顧みず開陳仕候に付御参考の万一に供するを得ば幸甚に奉存候

◎人口増加率の甚少

日本人口の増加率は僅に一・一三にてバルカン列小国と比ぶべく候処此甚少なる増加率を以てするも尚年々六七十万人宛（ずつ）増加致候即ち毎一年高知一県丈の人口増加致候に付毎一年に土佐一国宛の新陸地を加へざる可らず否人の一人も居らざる土佐一国宛加へざる可らざる義に有之候処此の如きは出来ざる相談と存候

◎地力の逓減

土旧く人多く此くて地力は逓減し来り之を主因として農村の疲弊聞く所よりも甚敷家資分散は恐らく六千戸滞納処分

六万戸に上るべき哉と被存候此滞納額も二十余銭に過ぎざる者有之候加之日本一の名産の称ある河内木綿、会津蠟燭、南部駒、野州麻、阿州藍、紀州蜜柑は絶滅若くは沈淪し而も前途の光明闇澹に見受候

◎大陸の圧迫島国に来る

以上は島国たる英吉利が早く既に経歴したる行程に日本も亦上り来りたるものに有之即ち土旧く地狭く人多く地価高く生産費嵩み而も生産額少き島国なるものが夫の土新しく地広く人少く地価廉く生産費を多く要せず而も生産額多き大陸なるものに圧迫せられんとする現象にして早晩島国落下すべき運命に有之候

◎前途運命の防止（来るべき年の曙光）

英国は早く醒覚して鋭意海外に植民地を拓開致候日本も満蒙の大陸を獲たる以上之を拓開して大陸を原料の大産地となし又国民の教育を数学理化学に傾注し以て原料を廉く早く化工し之を四億の人口ある支那に溢出するを以て此の年々六七十万宛増加する生霊を永久に衣食せしむる方法即ち前述運命の防止法と存候

◎目出度き大正五年以後

内地を旅行し到る処目出度からぬ感想を抱き頗る煩悶致候処最後に満蒙朝鮮を旅行し大陸の汽車内如上の解決を悟り得茲に来るべき年の曙光を認め欣求措く能はず此上も目出度感じ候に付大正五年以後は倍旧の奮発を以て此解決に向ひ勇猛精進する心得に御座候間何卒倍旧の御鞭達を受け度此段願上候　　匆々拝具

（葉書表墨書）
愛知県／蒲郡町／小田忠吉殿

⑦（大正六年一月三日消印）小田忠吉宛志賀重昂書簡（葉書―年賀状）

謹賀新年　東京市外　代代木四七六（京王電車代代木停留所　南西三丁）（電話番町九〇四番）　霊南坂より移転

志賀重昂

大正四年一月元旦『独逸頑強の教訓』と題し其頑強なるは㈠過度なる国家主義（遣っつけると云ふ意気込の淵源）㈡科学的頭脳（組織的に国富を致す根抵）㈢不衛生に抵抗し得る身体（海外雄飛の資本）に因り随て教育将来の方針も之に則らざる可らずとは列国の輿評なる旨申上候処英国の教育社会は独逸嫌ながらも之に則るべしと先づ主張し次で『ジェントルマン〱』『シー・エンド・ウェート』てふ冷温意想の為めに独逸（突進主義）に輸したりとの自覚心一斉に起り其効果は客臘の政変となりクロンメルの再生を以て自任するロイド・ジョージ氏の首相となり茲に『麤豪（そごう）進取』を以て英人の思想に新紀元を劃（かく）せんとするは我同盟国の活躍今より見るべしと大正六年元旦に先づ以て御同慶千万に存候、尚左の義御参考の万一迄に申上候

▲独　逸

◎面積　三万五千里
◎人口　六千七百万（戦前）
◎人口増率　一人五（死亡一〇〇ニ付生産一〇一・五）
◎過去及現在　二千年来の日耳曼（ゲルマン）民族は老皇帝の英威の下に五十年前に統一し又三回外国と戦ひ皆大に勝ちて世界の権威となれり
◎将来　印度、濠太利、加奈太、南阿は何れも英領にして世界に於るパンの身は英人の喰ふ所となる、独逸の領土はパンの殻（阿弗利加の独逸領）に非ずんば屑のみ、独逸人口は将来如何にして其生命を繋ぐべきや（トライ

チゥケの語、今回の大戦争の源因）

▲日　本

◎面積 ｛本部　三万方里／朝鮮　一万四千方里｝

◎人口　六千七百万

◎人口増率　一人五

◎過去及現在　二千六百年の日本国民は先帝の御英威の下に五十年前に維新し又三回外国と戦ひ皆大に勝ちて世界の権威となれり

◎将来　パンの殻にても世界に所有すれば未だ可なり、殻は愚か、屑の屑、否屑の粉（マリアナ、カロリン、マルシァル諸島）を拾ひたるのみ、日本人は将来如何にして其生命を繋ぐべきや（三諸島合して神奈川県よりも小、而して二千浬の大洋上に粟散（ぞくさん）す）

（葉書表墨書）
愛知県／蒲郡町／小田忠吉殿

⑧（大正七年一月二日消印）小田忠吉宛志賀重昂書簡（葉書―年賀状）

謹賀新年　感謝旧年の御厚情

東京市外代々木四七六　電話番町九〇四番　志賀重昂

▲敵味方の占領地積

独逸方占領	伊太利内	一〇、〇〇〇方基米	樺太
	白耳義（ベルギー）	三〇、〇〇〇	
	羅馬尼内（ルーマニア）	一〇〇、〇〇〇	台湾及朝鮮半島
	黒山国	一四、〇〇〇	
	塞爾維（セルビア）	八六、〇〇〇方基米	（北海道）
	露西亜内	二八〇、〇〇〇	（本州及九州）
	仏蘭西内	二〇、〇〇〇	（四国）
	合計	五四〇、〇〇〇	（約日本全国）
連合軍占領	アルサス内	一、〇〇〇方基米	
	合計	一、〇〇〇	（日本の一郡）

▲日本は連合国に尽しに尽くせり

（一）独逸の亜細亜に於る根拠地を討滅し、英仏をして東洋に後顧の患なく欧洲に敵と交戦せしめ得たる事
（二）独逸の南洋に於る領土を討滅し、太平洋の交通を保障し、豪洲、加奈太及仏領の安全を保障したる事
（三）独艦ガイヤア号を布哇に武装解除し、豪洲と加奈太と、巴奈馬と東洋の交叉洋上の交通を保障せし事
（四）独逸の貿易破壊艦二隻の跳梁せる間、日本の海軍は防御無き加奈太太平洋岸五五〇浬を防御したる事
（五）独艦の跳梁せる間、紅海の入口（事実上の欧洲入口）迄印度兵、豪洲兵及び新西蘭（ニュージーランド）の義勇軍を護送せる事

（六）独艦の跳梁せる間、亜細亜に於る英仏領土より欧洲戦場への軍需品を紅海の入口（同上）迄護送せし事
（七）露西亜に軍需品を供給し、露は頼て以て東方に戦ひ、英仏連合軍をして西方戦場に交戦せしめたる事
（八）露西亜の極東領土及び北満洲に於る兵備の軽減を保障し、同国をして後顧の患なく交戦せしめたる事
（九）日本の海軍は日英同盟条約範囲以外の地点、即ち欧羅巴阿弗利加両地の中の海（地中海）に交戦せる事
（十）五億六千万円、即ち日本としては大金を與国の軍事公債募集に応じたる事。尽すに尽くせる哉日本や

▲戦後の大局（三ＡＢＣ〱と御題目の如くすべし）

世界の『八大強国』中、露は解体、仏墺は尽瘁、伊は試験に落第、残るは英独米及び日本なり、而して英国の経綸は三Ｃ即ち喜望峰（Cape）よりカイロ（Cairo）に到る阿弗利加縦貫鉄道を東折し印度カルカッタ（Calcutta）に達して此三Ｃの間を包括し、独逸は国都伯林（Berlin）よりビサンチゥーム（Byzantium 即ち孔子坦丁（コンスタンチノープル））を経バグダード（Baghdad）に到る三Ｂの間を包括し、米国は亜米利加（America）アラスカ（Alaska）より亜細亜（Asia）に通ずる鉄道を敷設して三Ａの間を包括し、以て各々雄張せんとするにあり、即ち戦後の大局は英は三Ｃ、独は三Ｂ、米は三Ａ、而して日本は三ＡＢＣの間に立てり、実に油断も隙もあつたものに非ず、然らば大正七年元旦より日本人をして『三ＡＢＣ〱』と居常御題目の如く唱へしめ度と存候

（葉書表ペン書）
愛知県／蒲郡町／小田忠吉殿

⑨（大正八年一月七日カ消印）小田忠吉宛志賀重昂書簡（葉書―年賀状）

謹賀新年　　　　東京市外代々木四七六　電話番町九〇四番　志賀重昂

世界大戦役も結了し世界的江戸ッ子の時代と相成候折柄不相変田舎策士を以て自ら居り候へばナンデー最早おメイさん達の出る幕じやネーゾ引ッ込め〳〵此のお国者メと世界よりヒッスせられ日本は全く孤立すべしと存候に付世界的江戸ッ子の春には景気好く他人の申分をも聴ざる可らずと存候間此段貴意を得度候

◎一　日本に対する支那人の申分

日本人は支那人に対し口を開けば同種同文と唱ふ、即ち日本へ留学する者一時一万三千に上つた。然るに下宿屋の主人は暴利を貪り学校の当事者は学校を以て商売となし市街にてはチャン〳〵坊主と呼び日本人に売るよりも高く品物を売付ける、要するに日本人は吾々に対し一点『愛』の認むべきものが無い。米人は支那の労働者こそ排斥すなれ留学生に対しては好情至らざるなし、又西洋各国は利権を獲得せんと支那を圧迫するとても日本の如く同種同文を口にしつゝ利権獲得に腐心する者に非ず、吾々が今回こそはと極力日本貨を排斥するは偶然に非ず、世界戦役後の今日此開歳以後は真の開心を以て支那を待たれんことを望む

◎二　日本に対する西比利亜人の申分

オムスク政府首脳コルチァック提督は祖国興復の念去らず真に武士の典型なり、惜哉好漢時勢に通ぜず吾々西比利亜人は露西亜より分離せる自治国を期するに当り提督は統一的露西亜を興復せんとす、然れば吾々は提督の下に過激派と戦ふことを欲せざるなり。然るに英仏日本は此オムスク政府を当初承認したるこそ時代錯誤で今日日本が手も足も出ざる究境に在るは偶然で無い。かくて日本人も大悟一番せし以上は西比利亜救済を呼号して一平方露里に一粒宛に

当る麦など送ること勿れ、又汚い外套を脱げば我露西亜と戦争して貰つた勲章を是れ見よがしにブラ下げて来る様な軍隊を送ること勿れ、請う西比利亜の人心を理解せられよ

◎三　日本に対する米人の申分

世界大戦役は欧洲の巴爾幹（バルカン）問題より発し吾々米人の関係すべきもので無かつた。然るに兵を出す二百万、一日費す所殆ど一億円、而して人道擁護の外に吾々は何を求めたるぞ、何物を求めざるのみかアルメニア将（は）た君子坦丁（コンスタンチノープル）の委任統治すら強ひられ居るも承諾せぬでは無いか。然るに英仏は亜細亜阿弗利加に領土を拡張し伊太利は其『未回復地』を回復したる上にフィウメをも獲んと腐心し日本は之と東西相呼応して山東を云々す、旧世界に居る者は何たる我利〳〵亡者ぞや。想へ山東は固と独逸が暴を以て弱き支那よりねぢ取つたるもの、之を取返したる日本は無条件にて支那に手渡するも可ならずや、請う米人を誤解する勿れ

（葉書表ペン書）
愛知県／宝飯郡／蒲郡町／小田忠吉殿

⑩（大正九年一月六日消印）小田忠吉宛志賀重昂書簡（葉書―年賀状）

謹賀新年　　東京市外代々木四七六　電話番町九〇四番　志賀重昂

旧年末より尾道市に滞在中に付遅延の段御詫び申候偖又新年度に関係するもの御参考の万一迄に陳述仕候

ブハラ王国	一四、〇〇〇方里（日本里程）	一、三〇〇、〇〇〇人	支那西域の捕喝（ママ）なり、常備兵一万一千施条銃を具す
ヒワ汗国	四、〇〇〇〃	六五〇、〇〇〇〃	帖木児（チムール）帝国の故土に立つ、常備兵二千多くは新式也
カフカズ	三〇、〇〇〇〃	一四、〇〇〇、〇〇〇〃	民族雑多合同困難にして南北両国に分るゝも知れず

新に興るべき国

国名	面積	人口	備考
アルメニア	八、〇〇〇〃	一、五〇〇、〇〇〇〃	八百五十年前土耳其(トルコ)族に亡されたる国也、今回再興
猶太(ユダヤ)	一、一〇〇〃	四〇〇、〇〇〇〃	二千年前の亡国、今回英仏伊国は其再建国を批准す
ウクライナ	三二、〇〇〇〃	三三、〇〇〇、〇〇〇〃	
リトワニア	一〇、〇〇〇〃	八、〇〇〇、〇〇〇〃	
芬蘭(フィンランド)	二〇、〇〇〇〃	三、五〇〇、〇〇〇〃	
タウリダ	一、六〇〇	六〇〇、〇〇〇	欧羅巴露西亜
クールランド	二、〇〇〇	八五〇、〇〇〇	欧羅巴露西亜
リヴォニア	三、〇〇〇	二〇、〇〇〇、〇〇〇	欧羅巴露西亜
波蘭(ポーランド)	一四、〇〇〇〃	一七、〇〇〇、〇〇〇〃	露墺普三国に分割せられたるもの合同して再建国す
ボヘミア	五、〇〇〇〃	一一、〇〇〇、〇〇〇〃	チェヒ族は中世墺太利に併合、今回ボヘミア国再興
南スラヴ連邦	一五、〇〇〇〃	一二、〇〇〇、〇〇〇〃	クロアチア、スラウォニア(前匈牙利(ハンガリー)領)ボスニア、ヘルゼゴウィナ(前墺匈帝国領)黒山(モンテネグロ)国は塞爾維族なれば塞爾維を中心とし連邦を造る

国体の

国名	面積	人口	備考
匈牙利共和国	一四、〇〇〇方里	一一、〇〇〇、〇〇〇人	各民族独立して面積人口戦前の四割を失ふ
独逸人墺地利	一二、〇〇〇〃	一七、〇〇〇、〇〇〇〃	共和国となる、面積人口戦前の四割を失ふ
			戦前の墺匈国
南独逸共和国	七、七〇〇〃	一三、〇〇〇、〇〇〇〃	
中独逸共和国	二、五〇〇〃	七、五〇〇、〇〇〇〃	

変化すべき国

エルベ共和国	二、七〇〇〃	四、五〇〇、〇〇〇〃	バワリア、ウュルテンベルヒ　バーデン、ヘッセ、
普魯西(プロシア)共和国	一七、〇〇〇〃	三〇、〇〇〇、〇〇〇〃	サクセン、チュリンゲン八国、中央独逸五国、エル
ラインランド	一、七〇〇〃	七、二〇〇、〇〇〇〃	べ河の流域、ハンブルヒ其他五国二州共和国となる、
			面積人口戦前の三割を失ふ普魯西内なるも思想容れ
			ざれば分離すべし　戦前の独逸
ルクセンブルグ	一七〇〃	三〇〇、〇〇〇〃	大公国なれども共和政体となるか又は白耳義に合同
リヒテンスタイン	一一〃	一二、〇〇〇〃	公国なれども瑞西(スイス)に合同し瑞西連邦の一州とならん

（葉書表墨書）愛知県／蒲郡町／小田忠吉殿

⑪　（大正十年一月九日消印）小田忠吉宛志賀重昂書簡（葉書―年賀状）

謹賀新年

東京市外代々木四七六　電話番町九〇四番　志賀重昂

旧年末より愛媛、三重、岡山三県旅行に付遅延の段御詫び申候新年度に関係するもの御参考の万一迄に申候

◎大正十年の外交及戦争の温床

欧洲大戦役に終れる近代期の戦役は巴爾幹半島を以て其温床となし、此処よりして世界的軍事問題も外交問題も発芽致候、然るに戦役の温床としての巴爾幹は欧洲大戦役の終焉と共に茲に終焉を告げ、今後は高架索(コーカサス)地峡こそ世界的

外交上及び軍事上の温床となるべきものと存候
旧年末の情況は、御承知の通り、希臘(ギリシア)に於ては英仏連合軍側の与党は根本的に覆滅し、南露西亜に於ては英仏側最後の根拠たるウランゲル将軍は全く廃亡に帰し、連合軍側の公敵たる土耳古国民党は意気弥々揚がり、連合軍側が擁立したるアルメニアの国都は土耳古軍に奪取せられ、為めに連合軍側の擁立したるジョルジア国との連絡を破られ、英軍は連合軍側の擁立したるアゼルバイジァンより撤退致し、之が為めに英、仏、日本がアゼルバイジァン、アルメニア、ジョルジアの三共和国の独立を急ぎて批准したる目的も全く水泡に帰し申候、即ち此地方は土其古国民軍と其一味同類たる露国過激派の欲する儘に一任せざるを得ざる儀に有之、大正十年度に於ける最も重要なる外交上軍事上の問題は必ず茲に発芽すべしと存居候
巴爾幹は欧羅巴洲の内に有之候処、其一治一乱は直ちに我日本に影響し来りたるは今日迄の事実に御座候、然るに高架索方面は近く我が亜細亜洲に有之候に付、苟くも吾人日本人たる者、殊に大正十年以後の日本人たる者は西部亜細亜方面の現勢に通暁せずして可ならんやと存候、依て甚だ失礼をも顧みず此儀陳述仕候　匆々拝具

大正九年後半期世界当代地理　（地図十八個入　実費十銭）

全国の有ゆる公共団体（会、倶楽部、学校、其他一切）へは御寄贈可申上候
御遠慮無く御申越願候、但し端書にて要求せらるゝ如き士礼を弁へざる向へは不差上候
日本のサムライは未知人に対し開書を以て物事を要求するを不作法と認む
欧米の紳士淑女は未知人に対し端書を以て物事を要求するを不作法と認む

（葉書表墨書）
愛知県／蒲郡町／小田忠吉殿

⑫（大正十一年一月一日消印）小田忠吉宛志賀重昂書簡（葉書—年賀状）

謹賀新年　　東京市外代々木四七六　電話番町九〇四番　志賀重昂

新年より出雲旅行中に付年賀遅延御詫び申上候、尚僭越を顧みず左記列挙仕り御参考の万一に供し奉り候

太平洋近代の毎十年観（向後は経済も外交も軍事も太平洋、日本教育の第一義は太平洋）

・一八五四年（安政元年）日本の開国＝日本の世界的発展の発端△旭日旗章の始◎蘇士運河開鑿の始＝世界海上政策の革命の発端◎独逸ゴデフロイ家（ビスマルクの親交）南洋経営の始＝独逸の太平洋経略の始

・一八六四年（元治元年）横須賀造船所の始＝日本の世界的発展の動力◎独逸丁抹の戦＝独逸のキール獲得＝キール軍港及キール運河の発端＝独逸の世界的発展の大動力◎奈破崙第三世の墨西哥経略の全敗＝米国の汎亜米利加主義の発端◎英国フィジー諸島経管の始＝英国の南太平洋中心占領の発端

・一八七四年（明治七年）日本の台湾征伐◎英国ヂスレーリ内閣の組織＝対外発展主義＝蘇士運河株券の大買収＝英国の世界海上雄飛の大動力△フィジー諸島の占領＝英国の南太平洋中心の占領

・一八八四年（明治十七年）横須賀鎮守府の始△国製の軍艦欧洲回航の始△朝鮮への海底電線敷設◎独逸の太平洋飛躍＝皇帝ウィルヘルム国及ビスマルク諸島創立△明年ヤップ島の占領◎明年加奈陀太平洋鉄道落成

・一八九四年（明治廿七年）日清戦役の始＝日本の世界的雄飛の発端◎布哇王国の滅亡、米人の布哇共和国創立＝米国の太平洋中心の占領◎巴奈馬運河開鑿の始

・一九〇四年（明治卅七年）日露戦役の始＝日本の世界的大邦となる発端◎米国大統領ルーズヴェルトの就任＝対外発展主義＝巴奈馬運河の買収＝米国太平洋雄飛の発端

•一九一四年（大正三年）世界大戦役の始＝欧洲列国の経済的悲境の発端＝米国の世界的号令者となる発端◎巴奈馬運河の落成＝米国の太平洋雄飛の大動力◎キール運河の大成＝独逸の世界的発展の大動力

（朱線抹消）~~•一九二四年（大正十三年）米国大艦隊の完成△ダッチ港の経管（軍港？　商港？）＝米国の大飛躍~~

大正十年後半期　世界当代地理（地図十八個入）

全国の有ゆる公共団体（会、倶楽部、学校、其他一切）へは御寄贈可申上、御一個人へは名義的代価十銭

御遠慮無く御申越願候、但し端書にて要求せらるゝ如き士礼を弁へざる向へは不差上候

日本のサムライは開書を以て未知人に物事を要求するを不作法と認む

欧米の紳士淑女は端書を以て未知人に物事を要求するを不作法と認む

⑬（大正十四年十一月四日消印）小田忠吉宛志賀重昂書簡（封書）

（葉書表墨書）愛知県／蒲郡町／小田忠吉殿

謹啓　外国在留の日本人は政府最近の調査の如く六十万人に上り候へ共印度の境上より　君府（コンスタンチノープル）土耳其（トルコ）に到る直線にして二千五百哩（日本一千里）の間には過去現在二代に渉り一人も在住せざるのみか、其間には大正十三年まで日本人の旅行さへしたることも無き部分も有之、即ち

日本に最も知られざる方面（亜細亜洲に在りながら）に有之候、然るに

（一）欧米最々近の外交問題の伏魔殿（巴爾幹（バルカン）が伏魔殿たりしことなどは十年前即ち世界大戦役の前なる昔々大昔の太古史とな

り了った）として、

（二）　欧米列強の石油々田の争奪地（最新の帝国主義）として、

（三）　世界的関ヶ原（所謂有色人種殊に回教徒が西洋人即ち白人閥に対抗せんとする）として

（四）　日本貿易の新販路（未だ曾て指だに染めたることも無き）として

日本人の最も知らざる可らざる処（殊に亜細亜州のうちにもあれば）と存候に付、此等地方にて蒐集したる材料（木石、土沙に至るまで）を以て一堂及展覧所を建立し、聊か以て此等地方に対する邦人の注意を喚起致度と存居候処、今回郷里岡崎市の知人等より同市内に十二万坪の敷地及準備費として一万円提供致候に付、此上は建築費は小生にて負担、拙著知られざる国々　定価　金一円西部亜細亜、回教の国々、阿弗利加、中南米の内にて未だ多く邦人に知られざる方面に於ける実地踏査の利益を以て補充致度と存候間何卒御購読の栄を得度此段奉願上候　拝具

東京市外　代代木四七六　志賀重昂

（墨書）
小田忠吉殿

二伸　勝手なる申分には御座候へ共、一冊以上御求め被下御縁故の学校生徒なり又は青年団体などへ御分配被下候はゞ幸甚千万と奉存候

（封筒表墨書）
愛知県／蒲郡町／小田忠吉殿

（封筒裏墨書）
東京市外代代木四七六／志賀重昂

（知られざる国々目次同封―省略）

付論二　志賀重昂の朝鮮観

今日の「日韓関係」は、韓流ブームや竹島問題などの表層的・尖鋭的な現象や事件としてまず目に飛び込んでくるが、それらを文化接触と相互理解、あるいはナショナリズムと歴史認識などをめぐる対立と融和の諸相であると解釈してみせるだけでは、なお問題の本質からの距離が大きいように思われる。国民意識や民族感情まで掘り下げて「日韓関係」を再考するためには、どうしたらよいのか。

この小論では、明治期のナショナリストで多様な顔をもつ一人の知識人・志賀重昂の朝鮮観を取り上げ、それが現代に語りかけてくるものを探ってみたい。およそ一〇〇年という時間のフィルターで濾過されたあとに残った素材（史料）から見えてくるものは何か。私たちが直面する複雑な問題系の本質を理解しようとするとき、歴史学はそのための有力な方法の一つとなろう。

明治のナショナリスト・志賀重昂

志賀重昂は、幕末の文久三年（一八六三）に三河国岡崎で同藩士の家に生まれた。明治十七年（一八八四）に札幌農学校（現在の北海道大学）を卒業、同十九年には海軍練習艦筑波に便乗して南洋を巡航し、太平洋の島々をめぐって展開する欧米諸国の「殖民政略」を目の当たりにしながらも、翌年著した『南洋時事』で志賀自身は「殖民政略ヲ唱道スルモノニ非ズ」と述べ、さらに、そのようなかで日本が独立を維持していくためには、アジア（清国）人との「協同連盟」が必要であると説いていた。

明治二十一年には三宅雪嶺らと政教社を結成して雑誌『日本人』を発行、主筆として当時の「欧化主義」の風潮に対抗する「国粋主義」の論陣を張り、思想界に大きな影響を与えた。志賀は「国粋」に英語の Nationality を対応させ、「国粋なる者は、日本国土に存在する万般なる囲外物の感化と、化学的反応とに適応順従し、以て胚胎し生産し成長し発達したるものにして、且つや大和民族の間に千古万古より遺伝し来り化醇し来り、終に当代に到るまで保存しけるもの」（『日本人』第二号）だと論じた。明治日本に近代ナショナリズム思想が誕生した瞬間である。

その後志賀は、政治の世界に活動の舞台を求め、日清戦争前後の時期には対外硬運動から進歩党結成に関わり、明治三十年（一八九七）に第二次松方内閣の下で農商務省山林局長、翌年の第一次大隈内閣では外務省勅任参事官（現在の政務官に相当）に就任、同三十三年に伊藤博文を総裁として立憲政友会が結党されるとその幹部となって、同三十五年には衆議院議員に当選している。

志賀重昂の朝鮮視察

右のような経歴をたどった志賀が、初めて朝鮮半島の地に足を踏み入れたのは、意外と遅く明治三十七年（一九〇四）、日露戦争の最中であった（以下の引用で特記ない場合は、志賀の著書『大役小志』明治四十二年による。なお、当時の国号は韓国）。

このときの観察では、「韓人の滔々（とうとう）として自卑自屈に陥る」様子を見て、「数百年の間、事大主義を遺伝し来りたる韓人をして、独立自主の民たらしめんとするは、遂に六ケ敷事と存候」と記し、日本の膨張の行き先をはっきり韓国と見定めた。そして、日本の採用すべき具体的方策としては、①一流の人材を派遣すること、②日本の警察官を各地に配備すること、③日本が軍備を肩代わりし、韓国政府の支出を民業に振り向けること、を挙げている。これらが、三次にわたって「締結」され、韓国併合への段階的準備となった日韓協約の路線を先取りするものであったことは明らかであろう。

志賀が二度目に朝鮮半島に渡ったのは、日露戦後の明治四十年のことであった。周知のように、戦後韓国に渡航する日本人は急激に増加したが、志賀はそれを「日本勢力の健全なる膨張」と見て、一人でも多くの日本人が定住することを希望した。しかし、「日本人の小社会が韓半島の深き内陸に自治自立し、可憐なる小日本を造くり居れり」と書くとき、彼の視野に土地を奪われ生活が圧迫された韓国の人びとの姿が入っていただろうか。

翌年志賀は三度目の視察を試みる。彼の一行は、武装した巡査を含め七、八人から、多いときで二〇人に及ぶというものであった。そのような旅行を続けながら、志賀は各地で日本風の生活（家屋、食事、教育など）が営まれていることを喜び、「国威隆昌の余蔭は此の一老書生にまで及ぶ」ことに感激しているのである。

朝鮮観の特質

以上のような経験をふまえた日露戦争前後の時期における志賀重昂の朝鮮観には、どのような特質がうかがえるだろうか。

第一に、朝鮮人に対する抜き差しならない蔑視感と、それと表裏する日本人としての優越感である。そのような民族観の背景には、「欧米の先進国に対しては先輩として尊敬し、韓国に対しては後進国として愈々補育し益々啓発し、以って我が神武天皇以来なる祖宗の遺志を大に奮揚せざるべからず」という意識があった。こうした意識に基づく朝鮮観は、日露戦後から昭和戦前期まで、一部の知識人だけでなく多くの日本人を捕えて放さなかったものである。

第二に、そのような意識から、朝鮮半島への「膨張」は日本人にとって「健全」な「進歩」だという論理が導かれることである。明治期の知識人のなかで、日本の四囲への「膨張」を明確に方向づけたのは、志賀とは同年のライバル・徳富蘇峰の『大日本膨張論』（明治二十七年）であったろう。同時に志賀は、韓国内にも「国権、祖国などと呼号する新式の学生」がいることに気づいていたが、それを朝鮮民族のナショナリズムとして理解することはできなかったようである。雑誌『日本人』誌上で「大和民族」の「国粋」を謳い上げた彼は、同じ論理を朝鮮民族には適用しなかったのである。

第三に、志賀は当時の世界を「優勝劣敗の競争」状態と把握しており、そのようななかで勝ち抜くためには「腕ヅク」すなわち軍事力の行使も躊躇なく是認されることである。「腕ヅクと云ふ神ほど大利益あるものは復たとあらじ」と述べているように、志賀は力の福音への帰依者なのであった。その後の著作『世界山水図説』（明治四十四年）にも、「世の大勢に順ふべしなどと云ふ者あれども、腕ヅクは大勢を製造するものなり、又た大勢を制裁し得るものなり、腕ヅクなる哉、腕ヅクなる哉」とある。

ナショナリズムの陥穽を超えて

志賀重昂の朝鮮観とその特質を概観してみると、同じ時期の有力な思潮であった「帝国主義」との類似性を指摘することは容易である。実際に志賀は、外務省勅任参事官在任中の連続講演筆記である『内外地理学講義』（発行は明治三十二年）のなかで、世界の大勢を「独立と繁殖」だと見て、「世界ノ大勢ハ、気随勝手ニ国民自分ノ独立ヲ擁護スルコトト、一ハ国利国権ヲ拡張シテ同一ノ種族ヲ繁殖スルコトト、此二ツニ過ギナイ」と断じていた。さらに「一体正義道徳ナゾト云フコトハ大変宜シイ事デアルガ、是ハドウ云フ処ヨリ出ルカト云フト、多クハ弱イ奴ノ口カラ出ルコトデゴザイマス」と説明していたのである。

従来歴史学の分野では、「帝国主義」への変貌をもって、ナショナリズムの陥りやすい落とし穴として厳しい糾弾を加えてきた。とりわけ併合から日本統治時代の朝鮮に関する論評は、近代の知識人にとっては躓きの石とも、評価の岐かれ道ともなっている。

しかし、この小論は、志賀のナショナリズムを批判するために準備したものではない。むしろ重要なことは、志賀の朝鮮観やその特質を、より深いところで規定していた思考方法の摘出とその形質検査であろう。私はそれを、志賀の思想を生涯にわたって貫いている進化論と地理学に依拠した発想ではないか、と考えている。

志賀の朝鮮観に見るような、民族や国家を「先進」「後進」という一定方向への進化の段階として序列化し、「腕ヅク」すなわち軍事力の行使を基準にする世界観から、現代の私たちはどれほど自由な地点に立っているといえるだろうか。今日の「日韓関係」を見たとき、私たちが無意識に依拠しているそのような発想の危うさを志賀の朝鮮観から読み取ることことそ、意義あることなのである。

かつて丸山眞男氏は、アジアでは日本のみがナショナリズムの処女性を失った国であると述べた。二〇〇五年春以来の「日韓関係」における日本側の対応は、新聞が「右翼」による若干の嫌がらせ行為を報じた程度で、概して平静であったように思われる（最近はまた対応の形態が変わりつつあるようだが）。これが歴史の経験化をふまえたナショナリズムの成熟を示すものなのかどうか、「ぷち・ナショナリズム症候群」などと呼ばれている現象も含めてすこぶる興味深く、慎重な考察を続けていく必要があると思う。

第三章　井上円了における「哲学」と「日本主義」の模索

――東京の書生社会のなかで――

はじめに

仏教改良運動家・教育者として知られる井上円了は、明治二十一年（一八八八）に結成され雑誌『日本人』に拠って「国粋主義」を主張した政教社の「同志」メンバーでもあった。「護国愛理」という思想に集約される円了の思想は、先行研究でも近代ナショナリズムの一潮流という文脈で相応に取り上げられてきたが、そうした研究動向が共通に抱え込んでいる問題点について、私はすでに論及したことがある。[1]そのうえで、政教社で活動した時期の井上円了を、進化論に依拠する立場から仏教改良論を展開し、「国粋（Nationality）」理論化の一翼を担った論客と位置づけた。しかしながら、この拙稿は公開研究会の報告筆記だったこともあり、行論に史料的な裏づけが弱いところも残った。

そこで本章では、以前の拙稿の補遺的な意味合いももたせつつ、改めて明治二十年前後の時期に焦点を絞って、井上円了の思索と行動の軌跡を解明していくことを課題としたい。いまだ正伝の書かれることのない井上円了に関しては、仏教思想や教育理念の内質を問う以前に、こうした基礎的な作業の積み重ねが、なお必要であろう。その際、かねて私が提唱している「書生社会」という視角を意識しながら考察を進めてみたい。

政教社に関する前著では、「同志」たちの思想内容と支持基盤の形成を解明する鍵が、明治十年代に成立したと考えられる書生社会に潜んでいたのではないかという仮説に立って、三宅雪嶺、志賀重昂、内藤湖南らについて分析し、また『日本人』読者層の特定を試みた。(2) このような視角は、ひとり政教社だけでなく、同じ時期に展開した徳富蘇峰を中心とする民友社、陸羯南を主筆とする新聞『日本』、内村鑑三や海老名弾正らのクリスチャン、岡倉天心による日本美術の復興運動など、「明治ノ青年」たちに共通するナショナルな思想動向の形成過程を解明するのに有効な方法であろうと考えている。本章では、これを井上円了の場合に応用してみたいのである。

具体的には、東京大学文学部を井上円了よりも一年早い明治十七年（一八八四）に卒業した二人――棚橋一郎と阪谷芳郎――の日記を中心に、そのほか円了の周辺に位置した人物の日記等によって、彼の動静を明らかにしていくことにしたい。明治二十年前後の円了を扱った最近の清水乞、(3) 三浦節夫両氏の研究でも、(4) 東京大学時代（明治十一～十八年）については、旅行記である「漫遊記」のほかには、『開導新聞』『東洋学芸雑誌』等の新聞・雑誌に掲載された三〇編ほどの論説を取り上げるのみであり、この時期の円了の動向は明瞭になっているとはいいがたい。大学卒業後の円了に関しては、東洋大学図書館が平成四年度に購入した「実地見聞集」(5) が注目されるが、同史料も日記とは性格を異にする。また、当該期に円了が発信した、あるいは受信した書簡もほとんど残っていない。要するに、若き日の円了に関しては基本となる一次史料がごく限定されるのであり、さしあたり新たな史料を用いて年譜の行間を補っていく作業が必要なのである。

以下本章では、右のような問題設定に基づき、まず、検討対象となる日記史料の概要を示し、ついで、大学卒業を区分点にして、前後それぞれの時期における井上円了の動静を、「哲学」と「日本主義」の模索を中心に探っていきたい。

一　周辺人物の日記について

棚橋一郎の「日記」

棚橋一郎（一八六三～一九四二）は、大学で和漢文学を専攻したあと、井上円了とは政教社設立の「同志」として名を列ね、設立当初の哲学館と深い関係を有する私立郁文館（現在の郁文館夢学園）を明治二十二年（一八八九）に創立、一時期は衆議院議員も務めた人物である。父・大作は美濃出身の儒学者、母・絢子も女子教育者として知られる。(6)

棚橋の「日記」については、かつて私が修士論文執筆のための調査をする過程でその存在を知り、一郎令孫で当時は郁文館学園の理事長・校長であった棚橋嘉勝氏から閲覧利用の許可をいただいた。全部で八点が残存し、現在は同学園図書館二階の図書ゼミ室の一角に保存・展示されているが、従来の井上円了研究においては、参照されることのなかった史料だと思われる。八点の全容は次のようになっている。

「日記」第一号　明治十五年七月一日～同年十月十二日
「日記」第二号　同年十月十三日～同十六年二月七日
「日記」第三号　同年二月八日～同年五月二十七日
「日記」第四号　同年五月二十八日～同年九月十四日
「日記」第五号　同年九月十五日～同年十一月十一日
「日記」第六号　同年十一月十二日～同十七年一月十日
「日記」第七号　同年一月十一日～同年三月十日（四月二十三日）

「日記」第九号　同年十月十五日～同年同月二十三日

いずれも無罫の和紙に墨書された竪帳形態（表紙とともに紙縒で和綴にされている。第一号は二四・〇×一六・二センチメートル）の漢文日記である。第七号の巻末には、故あって三月十一日以降の記述を欠く旨が、四月二十三日の日付で記されている。第九号は他と較べて極端に記述が少ない（八日分だけ）。この二冊の間に、本来「日記」第八号が存在していたはずで、そこには明治十七年七月十日に行なわれた大学の卒業式の様子なども書かれていたに違いない。総じていえば、棚橋一郎の「日記」は、大学時代後半期の受講記録と読書記録を中心とした行動記録だと位置づけられよう。

なお、「日記」の伝来について付言すると、第二～九（第八号は欠本）号は戦禍を免れ学園内に眠っていたところを八十年史編纂に際して「発見」(7)されたもの、第一号は九十年史編纂のときに古書店から購入(8)したものだという。

阪谷芳郎の「日記」

阪谷芳郎（一八六三～一九四一）は、大学で政治学・理財学を専攻したあと、大蔵省入省。主計局長、次官と累進し、明治三十九年（一九〇六）には大蔵大臣に就任。その後も東京市長、貴族院議員などを務め、死の直前には子爵に叙せられた人物である。美作出身の父・素（しろし）（朗盧）は、儒学者として知られると同時に、洋学者たちの結社である明六社の一員でもあった(9)。後述のとおり妻は渋沢栄一の次女・琴子である。

この阪谷の「日記」は、その他の史料とともに国立国会図書館憲政資料室で「阪谷芳郎関係文書」として保存・公開されている。全体は、明治十七年四月一日から昭和十六年十月一日まで、合計で六七冊（同文書六六七～七三三番）に及び、それ以外にも「東京市長日記」(10)（全六巻）や幾多の旅行日記がある。伝記によれば、生涯にわたって間断なく日記を書き続けた阪谷にとって、「日記の意義は、亦た実に子（阪谷のこと―引用者）の生涯の（中略）人格形成の手段であり、自己表現の実践でもあつた」(11)とされる。このような阪谷の「日記」も、従前の井上円了研究では参照されることがなかった。

全体のなかで本章の考察範囲と関係が深いのは、最初の二冊である。

「日記」第一号　明治十七年七月一日〜同十九年十二月三十一日（六六七番）

「日記」第二号　同二十年一月一日〜同二十四年七月三十一日（六六八番）

二点ともＢ５判のノートにペン書きされているが、①の表紙に「原本読ミ難キニ付昭和九年再写ス文字如元」とあることから、晩年に筆写されたものであることが分かる。内容については次節以降で触れるとして、この「日記」は、すでに大蔵省入省が決まっていた卒業式の一〇日前から書き始められているので、既述の棚橋一郎の「日記」とは対照的に、阪谷にとって大学卒業後の行動記録だと位置づけられよう。

その他の人物の日記

本章では以上二つの日記を順に取り上げていくが、その他にも井上円了の周辺にいた人物の日記を比較検討していきたいと考えている。

それは、いずれも円了が東京大学または同予備門時代の教員あるいは先輩・後輩という関係になるが、今回検討したのは、加藤弘之[12]（一八三六〜一九一六。東京大学総理、元老院議官）、中村敬宇[13]（一八三二〜九一。東京大学文学部教授、元老院議官）、小中村清矩[14]（一八二一〜九五。東京大学文学部古典講習科教授、宮内省制度取調局御用掛）、杉浦重剛[15]（一八五五〜一九二四。東京大学予備門長、文部省専門学務局次長）、井上哲次郎[16]（一八五五〜一九四四。東京大学文学部助教授、帝国大学文科大学教授）、清沢満之[17]（一八六三〜一九〇三。帝国大学文科大学卒業、京都府尋常中学校校長）の日記である（＊経歴は本章の考察範囲のうち主なもの）。

これらのほか、勝海舟[18]など政治家、尾崎三良[19]など官僚の日記のなかにも井上円了の名前は確認できるが、今回改めて憲政資料室の各個人文書や国立公文書館所蔵の公文書などを検索してみても、円了関係の書簡や文書を新たに見出すことは思いのほかできなかった。これはやはり、円了が大学卒業後官途に就かなかったからであると考えられる。

二　大学時代の井上円了

井上円了は、明治十一年（一八七八）九月に東京大学予備門に入学、同十四年には文学部に進学して、同十八年七月十日に卒業した。[20]既述のように、この間つまり大学時代の円了の動静を探ることのできる一次史料は不足しており、周辺人物の残した記録からそれを復元していかなくてはならないが、その際まず注目されるのは棚橋一郎の「日記」ということになる。

棚橋「日記」に現れる井上円了関係の記事には次のようなものがある（「日記」に出てくる井上姓の人物は四人いるが、フルネームの二人を除くと、「井上生」「井上子」が円了を、「井上氏」が哲次郎を、それぞれ示していると判断できる）。

①　明治十六年一月四日——「今日井上生来賀」（第二号）
②　同年同月十六日——「四時半出散歩与井上日高坂倉三生共六時帰而雑談」（同）
③　同年二月十一日——「八時帰而与井上生談孔孟学」（第三号）
④　同年同月十二日——「五時半与井上生出散歩途過勧工場」（同）
⑤　同年八月二日——「午後不在中自井上生逓中至報筑波行」（第四号）
⑥　同年同月十日——「偶井上円了子至時正九時也則相接雑談慈君為饗素麺及午餐並芭茛杏酒与之論進化之事三時前相与出訪川崎子円了子先去」（同）

⑦　同年同月二十四日―「至中川子途逢平沼子之井上子曰昨日井上子来訪約今日往其寓子則以逓中招君々見之否余曰僕昨夜有故宿可金井子寓未知逓中至否雖然今日固有訪井上子之意偶至此依欲先訪中川子而後及之耳子曰幸甚矣雖然若無大用於中川子請共可往余曰幸従言則雇腕車相共至井上子談数刻子誘余等至四谷鞭ノ湯饗酒飯（中略）不在中所至逓中数通（中略）自井上至者則所先謂招余等之簡也」（同）

⑧　同年九月十五日―「十二時前托井上子書告今日至三時不霽則観月会書掲之」（第五号）

⑨　同年同月二十三日―「至池上本門寺（中略）余与井上子語曰山則似東献門与堂似増上寺就堂休息」（同）

⑩　同年十月十九日―「四時半起而休息与三原井上有森三子出散歩六時過帰而雑談」（同）

⑪　同年同月二十八日―「井上氏招余及井上子等話昨夕事件之果請余等告自書其行為之事於知己諸友余等答曰告之則聴命至其書否不知也四時半帰舎」（同）

⑫　同年十一月四日―「七時帰訪井上子病八時過帰室」（同）

⑬　同年同月六日―「八時前帰舎訪井上子病床雑談九時前帰」（同）

⑭　同年同月十日―「帰而雑談及其事井上氏曰今夕坂谷子亦有此難余俄然而悟」（同）

⑮　同年同月十四日―「帰後読新聞与井上子雑談」（第六号）

⑯　同年同月十五日―「与井上子雑談書日記十時就床」（同）

⑰　同年同月十九日―「与坂谷中川井上林四子各定分可相告質之人員」（同）

⑱　同年同月二十一日―「面井上子話願書之事（中略）与井上子出往神田川食鰻飯飲酒」（同）

⑲　同年十二月十二日―「与井上子共書逓中報文学会開会於学士学生」（同）

⑳　同年同月十七日―「与井上子出小酌於松月帰後雑事雑談為洋牌戯」（同）

㉑同年同月二十一日――「与井上円了子小談」（同）
㉒同年同月二十九日――「自日高子来翰報余及井上子点数（中略）書贈井上子翰及昨今日記」（同）
㉓明治十七年一月六日――「今日自坂谷井上二子年賀逓中至謝遅緩之罪」（同）
㉔同年同月十日――「与井上平沼二子出行松本酒飯」（同）
㉕同年同月二十二日――「四時与井上子出而於中川喫酒飯転訪原先生告哲学会開設之事請為会員先生諾之雑談小時七時帰舎雑談」（第七号）
㉖同年同月二十六日――「三宅雄次郎氏来訪則雑談与子及井上子共出一時過趣哲学会於華族学校（日学習院）待諸老諸子至雑談三時過集合則議規則等及五時半散会与井上子行松本酒飯七時半帰」（同）
㉗同年同月三十日――「与井上子出別於芝松本町」（同）
㉘同年二月八日――「可出席送別会否直託井上子書逓中答之」（同）
㉙同年同月十一日――「十一時半出赴哲学会聴島地黙雷井上哲次郎両氏之演説以当書記任与井上円了子共担当会計其他事務（中略）井上斯波両氏送別会於開花楼与井上円了子共周旋事務」（同）
㉚同年同月十二日――「午前余致送別会費金残余於井上円了子」（同）
㉛同年同月十五日――「至新橋送井上氏之独国五時過与井上日高坂倉三子共帰過松本晩餐」（同）
㉜同年同月二十日――「出而散歩途逢井上子則共一週招魂社」（同）
㉝同年同月二十九日――「井上子誘余散歩則賞梅於招魂社」（同）
㉞同年三月二日――「与井上子出観梅於銀世界（中略）与井上加藤長崎三子出食餡羹菓買木履七時過帰」（同）

書生社会のいわば頂点に位置する東京大学の学生の生態を髣髴とさせる記事が溢れている。棚橋が後年、円了との関係を「同窓に起臥して眠食を与にしたる間柄[21]」と回想しているように、同じ文学部で一学年違いの二人は「雑談」「散歩」「小酌」などに時間を共有することも多かったようだ。そのようなときの話題として、③の「孔孟学」と⑥の「進化之事」は、円了の思想形成につながる知的関心の所在を示しているという点で注目されよう。円了初期の著作で明治十七年一、二月に『東洋学芸雑誌』第二八、二九号に連載された「排孟論」その他の論説や、明治二十年十二月に上梓された『仏教活論本論』（哲学書院）で展開されているキリスト教批判の論拠としての進化論も、そうした議論のなかで準備されたものであることが確認できる。この際、明治十五年に理学部を卒業し、その後進化論普及に大きな役割を果した石川千代松（一八六〇～一九三五）が、「専門の学問は違つて居たが在学中でも能く話をした事は君もよく覚えて居られたでせう。其話の多くは進化論に関係した事であつたとも覚えて居ますが、（中略―その後哲学館で）一寸議論が起つた時にも君は事実だから誰れが何んと云はうとも進化論は今日では最早や動かす事の出来ない真理であるだらうと述べられて私の説に加勢して下さつた[22]」と回想しているのも、円了の進化論への傾倒ぶりを証言するものである。

⑪以降、頻繁に会合しているのは、記事中にある「昨夕事件」すなわち明治十六年事件の事後処理に従事していたからであった。この事件は、十月二十七日に行なわれた同年の学位授与式――三宅雪嶺・坪内逍遥らが受領――の運営方法に不満をもった大学および同予備門の学生・生徒たちが、飛鳥山への遠足のあと飲酒のうえ学内の設備や器物を破壊し、一四六名の退学者を出したが、半年後までには全員が復学を許されたというものである[23]。円了は翌日には棚橋一郎とともに助教授であった井上哲次郎に呼ばれ、報告書の提出を求められている。東京大学史史料室所蔵の「明治十六年十月廿七日事件書類」（M六、二四）に編綴されている学生・生徒の「口供」のうち、円了のものは次のようになっている。

口　供

一、二十七日ハ臨場セズ当日ハ風邪ニテ病室ニ居リタリ、
一、日暮食堂ニテ飯ヲ食フコトガデキナイト云フコトヲ聞キ、牛肉店ニ行キタリ、
一、七時頃帰校セリ、初メノ騒ギノ跡ナリ、腹ノフトキユヘアチコチアルキ廻ハリタリ、石ヲ投ゲ牆（かき）ヲ破リタルコト抔ハコレナシ、
一、八時半頃臥牀セリ、
（自筆）「右之通無相違候也

井上円了

井上円了」㊞
（東京大学罫紙）

これによれば、円了は風邪だったこともあり、事件には関係していなかったらしい。円了が体調を崩していたことは、⑫⑬によっても確かめられる。その後円了は、棚橋や阪谷らとともに、退学処分を受けた学友たちの復学運動に熱心に取り組んでいる。のちに「周旋」家といわれる性格の一端はすでに発揮されていた。
最後に、⑲で文学会、㉕以降で哲学会の結成へ向けた動きが記述されていることにも、着目しておく必要がある。文学会は、東京大学に文学部が設置された明治十年直後から、同学部の教員・学生たちによって続けられてきた親睦会的な会合であったが、同十六年秋頃からその内容を一新して毎月演説会を行なうようになったものである。第一回の会合は同年十月六日に開催された。「阪谷芳郎関係文書」中にある「文学会第二年報」（書類の部八七三）によれば、円了は明治十七年十二月七日に東京大学講義堂で開かれた第十四会で「支那哲学起原論」という題で演説をしているほか、翌十八年二月一日の第十五会で幹事に選出され、同年五月三日開催の第十八会まで、阪谷と二人で同職を務め

ている。円了の前任幹事が棚橋であり、「日記」には本章で掲出した部分の他にも文学会関係の記事が散見される。

一方、すでに論じたこともあるが、㉖によれば円了のほか三宅と棚橋の三人が中心となって哲学会は設立された[24]。㉙によれば最初の演説会で会計その他の事務を担当したのは円了と棚橋の二人であった。後年の座談会で、棚橋が「哲学雑誌といふもの、起つた原因を云へば、矢張り私、円了君、三宅君などが本なんです[25]」と回顧しているのは、正確な記憶といえよう。円了は、明治二十年二月に創刊された『哲学会雑誌』の第一号と翌三月刊行の第二号に「哲学ノ必要ヲ論シテ本会ノ沿革ニ及フ」を投じている。

以上のような棚橋の「日記」からは、学生中の「周旋」家として活躍する円了の姿が浮かび上がってくる。同「日記」には他にも三共社、成器社、相愛社といった結社の名が頻出することなどを加味すると、東京大学内で教員・学生の知的交流が活発化していた様子がうかがえる。円了自身は、濃密な人間関係のなかで生活しつつ文学会の運営や哲学会の創立に深く関わっていたわけだが、彼が属した書生社会とは、まさに近代日本における揺籃期のアカデミズム社会そのものであったといえよう。

三　大学卒業後の井上円了

前節で紹介した棚橋の「日記」は、残念ながら第八号が所在不明となっているため、明治十七年四月以降の井上円了の動静をうかがうことはできない。それをちょうど補ってくれるかたちで残存しているのが阪谷芳郎の「日記」ということになる。阪谷は円了没後の追悼文のなかで彼を「有数の知人[26]」といい、また「至つて温和な社交家で学生の談話会にはいつも話の中心となつた人であつた[27]」と回想している。阪谷の「日記」に現れる井上円了関係の記事には次のようなものがある。

① 明治十七年九月二十七日―「訪井上円了氏」（第一号）
② 同年十月二十五日―「学位授与式アリ文学士ノ学位ヲ授カル（中略）文学会々費五円ヲ井上円了氏ニ渡ス」（同）
③ 明治十八年十月三十一日―「午後一時東京大学文学部卒業式ニ臨ム」（同）
④ 同年十二月十二日―「井上円了氏ヲ訪ヒ四聖ノ画幅ヲ見ル」（同）
⑤ 同年同月十三日―「井上円了、金井延二氏来訪」（同）
⑥ 明治十九年十二月十九日―「井上円了氏来訪」（同）
⑦ 明治二十年一月九日―「午前井上円了氏ヲ訪ヒ新婚ヲ賀ス」（第二号）
⑧ 同年同月十六日―「哲学書院ニ於テ文学会雑誌発行ノ評議アリタル由ナレドモ余ハ成器社ニ行キシ故ヘ会セズ」（同）
⑨ 同年同月二十三日―「井上円了氏祝餅堅魚来ル」（同）
⑩ 同年二月九日―「哲学書院ニ於テ国家学会ノ相談アリ」（同）
⑪ 同年四月一日―「夕哲学書院ニ行ク」（同）
⑫ 同年五月二十五日―「井上円了土子金四郎二氏ヲ訪フ」（同）
⑬ 同年六月十三日―「哲学書院ヲ訪フ」（同）
⑭ 同年七月五日―「夕井上円了氏来ル」（同）
⑮ 同年同月十四日―「渡辺国武氏井上円了氏山成哲造氏ヲ訪フ」（同）
⑯ 同年同月十六日―「井上円了氏ヲ訪ヒ金五十円ヲ渡ス」（同）

⑰同年同月三十一日―「天野魯井上円了ニ氏来ル」（同）
⑱同年八月二日―「井上円了隣宅ニ転居ス」（同）
⑲同年同月六日―「哲学書院ニ七十六円余ヲ払込ム」（同）
⑳同年同月十六日―「井上円了来ル」（同）
㉑同年九月一日―「哲学書院ニ於テ国家学会雑誌ノ相談アリ」（同）
㉒同年同月十六日―「次雄君急ニ吐血シテ没ス（午後一時）余ハ大蔵省ヨリ哲学館ノ開校式ニ臨ム急使来ル急ニ帰ル不及ナリ」（同）
㉓同年十一月三日―「哲学書院ニ行キ経済学史九月、十月売捌代金受取」（同）
㉔明治二十一年二月一日―「哲学書院ニ行ク」（同）
㉕同年十月一日―「哲学書院ニテ国家学会相談」（同）
㉖明治廿二年五月十日―「哲学書院ニ行ク」（同）
㉖同年同月十七日―「哲学書院西脇今太郎来ル」（同）
㉗同年六月一日―「哲学書院」（同）
㉘同年十月二日―「哲学書院」（同）
㉙同年十二月十七日―「鈴木千吉井上円了ニ氏夜食ニ会ス」（同）

（＊なお、「日記」第一号の末尾に「友人氏名宿所」があり、井上円了は「本郷台町二十四鈴木」方に馬場愿次郎、小川幸太郎とともに居住していたことになっている。ただし、⑱の「隣宅」が同所を指すかどうかは不明である。）

①②は、円了在学中の記事である。③の授与式は、円了たちの学年のもので、この日円了は新学士総代として謝辞

を述べ、そのなかで「朝ニアルモ能ク其力ヲ竭シ、野ニアルモ能ク其身ヲ致シ、進退顕晦一ニ唯世道文運ヲ興起シテ大ニ国家ニ為ス所アランコトヲ務ムルノミ(28)」と宣誓した。卒業に際して、森有礼から文部省入りを慫慂されたものの、それを断ったというエピソードは円了研究では周知のことに属する。なお、動静が不明な⑤と⑥の間の明治十九年一月二十四日、二月二十八日、三月二十八日には、円了が主宰して不思議研究会を開催した記録が、東洋大学が所蔵するノート類のなかに残っている(29)。のちにメイン・テーマの一つとなる妖怪研究を、円了はこの時期に開始していたのである。

記事のなかでは、やはり哲学書院と哲学館に関する部分が注目される。

まず、明治二十年一月に設立した哲学書院に関して興味深いのは、⑧でその直後に『文学会雑誌』の発行計画が話し合われていることであろう。前節で紹介したように、円了は当初から文学会の活動の中心に立っていたが、このときの機関誌発行計画は実現しなかったようだ。その後も阪谷が頻繁に哲学書院を訪ねているのは、一つは㉓にある彼の専修学校（現在の専修大学）における講義録『経済学史講義』が、同年七月に哲学書院から刊行されたため、もう一つは⑩㉑㉕などに見られるように、国家学会の打合せが哲学書院で開催されることがあったためである。

これに対して、明治二十年九月に開校した哲学館に関する記述は少ない。やはり、現職の大蔵官僚である阪谷と哲学の普及を目指すために哲学館を開設した円了との接点は限定されたということだろうか。㉒が唯一の事例となるが、この日は職場（大蔵省）から回って哲学館の開校式に臨席していたところ、急報があって次兄・次雄の容態が急変したことを知り帰宅したものの、臨終には間に合わなかったという。九月十六日は、井上円了にとってはもちろんだが、阪谷にとっても忘れえぬ日となった。

以上のほか、伝記的な事実を補完する記事がいくつかある。④にある「四聖ノ画幅」とは、その約二ヵ月前の十月二十一日に円了が主宰して開催された第一回哲学祭の際に掲げられた釈迦、孔子、ソクラテス、カントの肖像を指している。また、⑦によれば、前年十一月一日に結婚した円了と敬子（金沢藩士吉田淳一郎の娘）の披露は、年を越してから行なわれたようである（⑨は祝儀に対するお返しである）。この時期の円了は、結婚そして哲学書院の開業と、公私ともに多忙であった。

ところが、㉔以降はそれまでと較べ二人の関係は疎遠となり、明治二十三年以降は全く途絶えるようになる。この理由については推測に頼るしかないが、明治二十一年二月二十六日に阪谷は渋沢栄一の次女・琴子と結婚式を挙げ（披露宴は三月四、五日）、渋沢家の婿となっていうなれば棲む世界が違ってきたこと、他方、円了も同年三月には政教社を結成して四月三日に雑誌『日本人』第一号を発行したのも束の間、同年六月九日には一年間に及ぶ欧米旅行へ出発するという慌しさであったこと、などを考慮に入れる必要がある。

阪谷の「日記」から円了が退場した後を補い、欧米旅行から帰国後の彼の動静を比較的多く記録しているのは、前述した小中村清矩の日記（註(14)参照）である。関係記事の一部を挙げてみよう。

① 明治二十二年九月十八日――「六時兼約ニ付井上円了のあるじせる富士見軒饗宴へ行加藤島田黒川島地高島三宅岡本辰巳棚橋松本関根萩野他の人々三十人斗(ばかり)来会日本大学を起すべきニ付講師依頼の談なり九時前散席」

② 同年同月二十一日――「午後一時哲学館行館主頼により歴史国語の話といふ題にて一時間演説す」

③ 同年十一月十三日――「黒川同道駒込曙丁哲学館郁文館開業式ニ行ニ時より之催なれば遅刻す榎本大臣加藤議官演説有之候由谷中将辻次官重野矢田部其他ニ面会能囃子同狂言等有」

④ 明治二十三年七月五日（欄外）――「井上円了入来留守中不逢当年来講義謝物として絹単物地一反恵る帰後郵報あり哲学研究会起立ニ付特別委員加入頼なり」

⑤　同年十月十四日―「両三日已前井上哲二郎帰朝ニ付哲学館主井上円了の催にてこゝに宴を開けり」

①にある「日本大学」とは、帰国した翌七月に円了が発表した「哲学館将来ノ目的ニ関シテ意見」および八月に明らかにされた「哲学館将来ノ目的」にある、史学・文学・宗教学など「日本固有ノ学問ヲ基本トシ之ヲ補翼スルニ西洋ノ諸学ヲ以テシ其目的トスル所ハ日本国ノ独立、日本人ノ独立、日本学ノ独立ヲ期セサルヘカラス此ノ如キ大学ニシテ始メテ真ノ日本大学ト謂フヘシ(30)」という「日本主義ノ大学」のことを指している。②では、そのような方針に沿って、国学者である小中村に「歴史国語の話」という題で講演を依頼したのである。円了は同じ時期の『日本人』誌上にも「生か将来の目的事業に就て一言を述へ以て知友同志に告く」を四号にわたって連載していた。同年九月には「哲学館ニ専門科ヲ設クル趣旨」を発表し、十一月からは資金獲得を目指した全国巡講が開始される。

なお、③は哲学館と郁文館の新築落成式について、④は哲学館内に置かれ雑誌『天則』を発行した哲学研究会（会長加藤弘之、副会長井上円了）について、⑤は相変わらずの「周旋」家ぶりについて、それぞれ記録している。

以上のような阪谷の「日記」および「小中村翁日記」からは、大学を卒業して文学士となった後も、引き続き前節で明らかにしたような書生社会の紐帯を維持しながら、学校経営や出版事業、研究会や学会活動に活躍する井上円了の姿が浮かび上がってくる。この間、「国粋主義」を標榜する政教社の一員としても活動するわけだが、とくに約一年に及ぶ洋行から帰国後の円了の立場は、神道、儒教とともに我が国固有の宗教とされた仏教の改良と、百科の学の「中央政府(31)」（純正哲学が「内閣」で哲学中の諸科が「諸省」）とされた哲学の普及を企図して設立した哲学館・哲学書院の経営に軸足を置くものであった。それに対して、同時期の他の政教社のメンバーが積極的に関与していた政治活動(32)――明治二十一年から翌年にかけての大同団結運動そして大隈条約改正反対運動――に円了が関心を示した形跡は見られない。円了の場合、前著でも指摘したような当時の書生社会に顕著だった強烈な政治志向とは縁遠いように思われるのである。これは何故なのか、最後にこの問題について触れて、本章をむすびたい。

む す び

井上円了の手に成る「坐右録(33)」と題するノートのなかに、次のような書き込みがある。

（甲）哲学ノ流行
（乙）日本主義ノ拡張
此二点ニ小生大ニ力ヲ尽セリ
哲学ノ方ニテハ
最初　哲学会ヲ組織シ　十七年一月二十六日発会
次ニ　哲学書院ヲ開設シ　廿年一月
次ニ　哲学雑誌ヲ発行シ　廿年二月五日初号発行
次ニ　哲学館ヲ創立シ　廿年九月十五日
次ニ　哲学研究会ヲ組織ス　廿三年七月六日発会式ヲ行フ
日本主義ノ方ニテハ
政教社ヲ起シ日本人ヲ発行ス　廿一年四月三日開場式ヲ行フ
日本主義ノ大学論　廿二年七月其旨趣ヲ発表シ
廿三年九月其規則ヲ発示ス

前後の内容を合せて判断すると、これは明治二十六年（一九九三）の二月末か三月初め頃に哲学館で行なわれた談話の構想メモと推定できる。彼自身によって既往のおよそ十年が、仏教再興のため「哲学ノ流行」と「日本主義ノ拡張」に尽力した日々と回想されている点で、右の記述は見逃すことができない。さらに、「哲学」と「日本主義」を模索しながら、哲学会の組織から「日本主義ノ大学論」の規則発表まで、すなわち本章では棚橋一郎と阪谷芳郎の「日記」を中心に追跡してきた、明治二十年前後の書生社会のなかで井上円了が取り組んだ諸問題が、本人の手によって整理されて位置づけられている点で、非常に重要であると思われる。

このときの講談を一冊にまとめて刊行したのが『教育宗教関係論』である。同書の序論には「余は大学にありて自ら哲学を専修せしのみならず、世間に哲学を普及せんことに力を尽くせり。（中略）日本主義の拡張につきては、余は初め二、三の友人と相計り、同志相合して政教社を起こし、『日本人』なる雑誌を発刊したり（二一年四月三日）。こは単に政治上の主義なるも、余は更に学問上の主義を日本風に化せんと欲し、西洋より帰朝後ただちに日本大学設立論を草して、その主意書を天下に発表せり[34]（二二年七月）」と書かれている。右によれば、政教社での活動は「政治上の主義」に関するもので、哲学館拡張の延長線上に構想された「日本大学設立論」は「学問上の主義」に関することなのである。

そして、「わが国今日の急務は教育宗教の二者を同時に振起するにある[35]」と断言する。発言の背景に、明治二十四年（一八九一）一月に発生した内村鑑三不敬事件に端を発する教育と宗教の衝突論争があることはいうまでもないが、井上円了の課題は「政治」ではなく「教育宗教」へと収斂されていったのである。これに対して、政教社の中心にいた志賀重昂や三宅雪嶺は、スタンスは異にしながらも、その後、対外硬運動や進歩党合同運動に深く関わっていく。この年以降、井上円了の『日本人』への寄稿がなくなり、政教社との関係がしだいに希薄になっていく原因は、「政治」か「教育宗教」かという志向の違いが顕著になってきた点に求められるのではないだろうか。

三宅雪嶺は円了を追懐して、「回顧するに、井上氏が大学を出てから数年間の活動振りと云ふものは、前後幾多の卒業生中にも敢て追随する者有るを見ぬ所、其れ以来の事業として挙ぐるに足るべきものは、之れ多くは隠退後に属するものと見て然るべし(36)」と語っている。本章での検討によれば、井上円了は明治二十年前後の書生社会にあって、とりわけその頂点部分をなす東京大学文学部（帝国大学文科大学）の関係者を糾合する幾多の団体や組織のオーガナイザーとして最も活動的な「周旋」家であった。そうしたなかにあって、彼は「政治」とは距離を保ちつつ「教育宗教」を自分の課題に据え、その課題を支える方法と理念として「哲学」と「日本主義」を模索していたことが明らかにできたのである。換言すれば、「哲学」と「日本主義」に依拠した「教育宗教」思想が井上円了の中心課題としてここに定位されたわけだが、それらの構造連関の解明についてはなお再考を期したい。

註

（1）拙稿「井上円了と政教社」、『井上円了センター年報』第八号（一九九九年、東洋大学井上円了記念学術センター）参照。後に拙著『書生と官員』（二〇〇二年、汲古書院）に収録。
（2）拙著『政教社の研究』（一九九三年、思文閣出版）第一～三章参照。
（3）清水乞「修学期における井上円了の座標（報告）」、『井上円了センター年報』第一五号（二〇〇六年）所収。
（4）三浦節夫「井上円了の初期思想」、『近代仏教』第一三号（二〇〇七年）所収。
（5）『井上円了センター年報』第二号（一九九三年）および同第三号（一九九四年）所収。
（6）母・絢子の伝記に中村武羅夫『伝記棚橋絢子刀自』（一九三八年、婦女界社）がある。
（7）三木正枝「棚橋一郎先生の日記から」、『郁窓』第一三号（一九六九年、郁文館生徒会）所収。三木氏は昭和二十年から同五十五年まで同学園の国語教諭であった。

(8) 同右「初代校長の日記を通して思う」、『郁文館学園九十年史』(一九七八年、郁文館学園) 所収。
なお、「日記」第一号に挟んである値札によれば、購入した古書店は秦川堂書店 (当時は下谷、現在は神保町) だったようだ。

(9) 父・素については、阪谷芳郎編刊『贈正五位阪谷朗廬事歴』(一九一六年) および同書を補訂した阪谷芳郎編刊『阪谷朗廬先生五十回忌記念』(一九二九年)、最近では河野有理『明六雑誌の政治思想』(二〇一一年、東京大学出版会) がある。

(10) 櫻井良樹編『阪谷芳郎東京市長日記』(二〇〇〇年、芙蓉書房出版) として刊行されている。

(11) 故阪谷子爵記念事業会編刊『阪谷芳郎伝』(一九五一年) 八三頁。
なお、阪谷がその姓を「坂谷」から「阪谷」に正式に変じたのは、明治二十年十一月七日に分家したときであるといい (同書一〇五頁)、確かに棚橋一郎の「日記」でも「坂谷」と書かれている。しかし、混乱を避けるため、本章では「阪谷」で統一する。

(12) 加藤の日記は、東京大学史史料室所蔵。明治十一〜十八年の分は、『東京大学史紀要』第一〇〜一三号 (一九九二〜九五年) に中野実氏他による翻刻が連載されている。ただし、明治十二、十七年分は原本を欠く。なお、二人の関係については、松岡八郎「加藤弘之と井上円了」(『井上円了研究』第三号、一九八五年) を参照。

(13) 中村の日記「敬宇日乗」は静嘉堂文庫所蔵。円了と関係する部分に関しては、小泉仰「『敬宇日乗』における中村敬宇と井上圓了」(『井上円了センター年報』第七号、一九九八年) がある。

(14) 小中村の日記は、国立国会図書館ほか所蔵。以下本文では、大沼宜規編著『小中村清矩日記』(二〇一〇年、汲古書院) から引用。

(15) 杉浦の日記「備忘録」は、日本学園高等学校資料室所蔵。明治教育史研究会編『杉浦重剛全集』第六巻 (一九八三年、思文閣出版) に翻刻があるが、利用にあたっては原本との照合作業を要する。

(16) 井上の日記のうち、本章の考察範囲に該当する分の「懐中雑記」(全二冊) は、東京都立中央図書館所蔵、「井上文庫」収録。『東京大学史紀要』第一一、一二号 (一九九三、九四年) に福井純子氏の手に成る翻刻と解題が掲載されている。

(17) 清沢の日記は、愛知県碧南市西方寺所蔵。ただし、本章の考察範囲に関わる部分は原本の所在が不明のため、法蔵館版の『清沢満之全集』第一巻 (一九五五年) に拠る。二人の関係については、三浦節夫「井上円了と清沢満之」(『井上円了センター年報』第一二号、二〇〇三年) を参照。

(18) 三浦節夫「勝海舟と井上円了」、『井上円了センター年報』第七号 (一九九八年) 参照。

(19) 前掲註(1)拙稿「井上円了と政教社」のなかで両者の関係に触れた。なお、公刊『尾崎三良日記』全三巻（一九九一〜九二年、中央公論社）に関する書評（『史学雑誌』第一〇一巻第九号、一九九二年）も「法制官僚の日々」と改題して前掲註(1)拙著『書生と官員』に再録してある。
(20) この間の伝記は、『東洋大学百年史』通史編Ⅰ（一九九三年、東洋大学）第一編参照。
(21) 三輪政一編『井上円了先生』（一九一九年、東洋大学校友会）二六二頁。
(22) 同右七六〜七七頁。
なお、円了と進化論の関係に関しては、鵜浦裕「明治時代における仏教と進化論」（『北里大学教養部紀要』第二三号、一九八九年）、同「近代日本における進化論の受容と井上円了」（『井上円了センター年報』第二号、一九九三年）および針生清人「井上円了の進化論」（『アジア・アフリカ文化研究所研究年報』第三五号、二〇〇〇年）参照。
(23) 『東京大学百年史』通史一（一九八四年、東京大学出版会）六三三頁以下参照。
(24) 前掲註(2)拙著『政教社の研究』一〇四〜一〇五頁。哲学会については、桂寿一「「哲学会」と「哲学雑誌」」（『日本学士院紀要』第四〇巻第三号、一九八五年）参照。
(25) 座談会「井上円了博士を語る」、『思想と文学』第二巻第三冊（一九三六年）八八頁。
(26)(27) 前掲註(21)三輪編『井上円了先生』七八頁。
(28) 『学芸志林』第一七巻（一八八五年）五〇八頁。
(29) 「妖怪学」第二（東洋大学井上円了記念学術センター所蔵）。各回の出席者については、三浦節夫「井上円了の妖怪学」（『井上円了センター年報』第一〇号、二〇〇一年、七七頁）参照。
(30) 「哲学館将来の目的」、『東洋大学百年史』資料編Ⅰ上（一九八八年、東洋大学）一〇二頁。
(31) 井上円了「哲学ノ必要ヲ論シテ本会ノ沿革ニ及フ」、『哲学会雑誌』第一号（一八八七年）六頁。
(32) 「同志」たちの政治活動に関しては、前掲註(2)拙著『政教社の研究』の第四〜六章参照。
(33) 東洋大学図書館所蔵（E092・81-IE-3）。表紙には「和漢諸書抜草　坐右録　第三　哲学年生　井上円了（以上朱書）附希臘哲学　宗教ト教育トノ関係」と墨書され、ポケット版（一五・四×一〇・九センチメートル）、和綴で本文には縦罫紙が使用されている。

(34)(35)　『教育宗教関係論』（一八九三年、哲学書院）は『井上円了選集』第一一巻（一九九二年、東洋大学）所収。引用部分は同選集四五・～四五二頁。

(36)　前掲註(21)三輪編『井上円了先生』二〇九～二一〇頁。

付論三　井上円了による哲学館の創立

「先進国として恥ずかしい」

ある日の朝、いつものように新聞に目を通していて、「使える英語　大切」という記事の一節が少し気にかかった。それは、文部科学省が中学・高校の英語教育を見直すために、有識者を集めた懇談会を発足させたという紹介の後で、遠山敦子文科相（当時）が「すべて英語で講義をしている大学がないのは、先進国として恥ずかしい」と語ったというのである（『朝日新聞』二〇〇二年一月二十二日付三四面）。

もとより新聞記事のことであるから、気に留めることはないのかもしれないが、大学改革が叫ばれている昨今では、大臣や担当局長の漏らした片言隻句をめぐって戦々恐々、右往左往。トップ30や国立大学の法人化、大学生の学力低下や入試方法の改善……と、大学が対応に四苦八苦しているなかで、今度は「先進国として恥ずかしい」とは？

遠山文科相の発言はおそらく、国際競争力の強化や産業界との連携、留学生の一層の受け入れという大学改革論の課題が、英語による講義と結びついてなされたのであろう。しかし、日本近代史を専攻する私がこの発言を聞いて思ったのは、今からおよそ一三五年前の日本の、発足したばかりの大学の姿であった。

一三五年前の大学

およそ一三五年前の一八七七年すなわち明治十年、文部省が所管する唯一の大学として東京大学が設立された。当時の東京大学は、法・理・文・医の四学部からなり、教授陣のほとんどが外国人で、なかでも英米人の教師が多く雇い入れられ、明治十一、二年には法理文三学部と予備門（教養学部に相当）を合計すると二〇名を超えていた。したがって、わずかに在職する日本人教官も含め講義の多くは英語で行なわれていたのである（医学部はドイツ語）。

そのような東京大学の状況は、改革されるべき課題として意識されていた。同十二年、文部少輔（次官補に相当）の神田孝平は、東京学士会院（現在の日本学士院）で「邦語ヲ以テ教授スル大学校ヲ設置スベキ説」を演述しているが、これに対して東京大学法理文三学部総理の加藤弘之は、「東京大学ニ於テハ、方今専ラ英語ヲ以テ教授ヲナスト雖モ、此事決シテ本意トスル所ニアラズ」と応答している（『東京学士会院雑誌』第一編第三冊）。

設立直後の東京大学では、欧米の先進的な学術を早急に導入するため、外国語ことに英語による講義が主流であった。だがそれは、当局者によっても、やむをえない措置であり、改革の必要性があると認識されていたのである。明治十七年（一八八四）二月二十一日には文部卿から東京大学に宛てて「教授上用語ノ儀自今主トシテ邦語ヲ用ヒ英語ヲ止ムルノ内達」（『重要書類彙集』東京大学史史料室所蔵、M8）が下され、同十九年に帝国大学と改称された頃には、日本人教官の数も増加し、外国語による講義はしだいに減少していく。

井上円了と哲学館

そのような初期の東京大学を明治十八年に卒業したのが、東洋大学の創立者で政教社設立「同志」の一人・井上円了であった。卒業に際して、初代文部大臣となる森有礼から文部省入りを勧められたというエピソードも残っている彼が、それを断って取り組んだのが東洋大学の前身哲学館の設立であり、設立の目的の一つが、外国語に通じない者に日本語で哲学を教授することであった。

明治二十一年から翌年にかけて欧米視察に赴いた井上は、帰国後、次のように述べている（「哲学館目的ニツイテ」）。

欧米諸国ニテハ、非常ニ自国ノ言語ヲ愛シ、他国ノ人ト対スルトキハ、仮令（たとい）他国ノ言語ヲ知ルモ先ヅ自国ノ言語ヲ以テ談話ス。（中略）我邦人ノ情態ヲ顧ミルニ、人々皆西洋語ヲ知ラザルヲ以テ恥トナシ、西洋語ヲ解セザレバ学者ニ非ズ、又上流ノ交際ヲ為ス能ハザルガ如シ。

洋行によってナショナリストとしての面目に磨きのかかった井上は、新たに「日本主義」の大学を創設する運動に邁進する。井上の生涯の課題の一つに、学問の欧米からの自立があったことは明らかである。

近代化の転換点か

一三五年前に誕生した東京大学では、英語をはじめ外国語による講義を減らし、日本語による講義に切り替えていくことが課題であった。井上円了による「日本主義」の大学（東京文学院）構想は結局成功しなかったが、哲学館の経営はそのような動向と同じ線上で行なわれたのである。これらはいうまでもなく、西欧文明の圧倒的な影響力のもとにある日本の近代化を早く自前のものにしていこうという、時代の要請を受けたものであった。

このように見てくると、遠山文科相の発言が一三五年前とは逆の方向を示唆していることは確かなようである。それが単に英語力の問題として、米国中心のグローバル化や、インターネット社会への対応を求めているだけならば、あまり気にしなくてもよいのかもしれない。しかし、少なくとも一〇〇年単位で考えたとき、日本が近代化の転換点にあることを視野に入れてなされているのだとすれば、真摯に受け止める必要があろう。せめてそのあたりを見極めながら、大学改革の末端の〝雑務〟に従事したいものだ。

第四章　内藤湖南のアジア論

はじめに

私の場合、これまで約三〇年にわたって政教社の研究を続けるなかで、若き日にそのメンバーの一人であった内藤湖南の著作や、そこからうかがえる思想に関心を抱いてきた。前著『政教社の研究』では、湖南に関しても政教社との関連において少しく取り上げた。生誕地の鹿角市毛馬内を訪ね先人顕彰館に伺ったのは、一九八九年晩秋のことであった。

政教社は、明治二十一年（一八八八）に三宅雪嶺や志賀重昂ら「明治ノ青年」たちによって結成され、雑誌『日本人』や『亜細亜』（明治四十年からは新聞『日本』と合併して『日本及日本人』）その他の書籍を発行した出版社であるが、同時代には単にそれにとどまらず「国粋主義」を唱える思想結社であり、ときには政治結社であると見なされることもあった。湖南がこの政教社初期の一員であったことは、周知のことに属するであろう。正確にいえば湖南は、明治二十三年十二月から同二十六年一月までのおよそ二年間を、同社の編集部員としてすごしたのである。

内藤湖南に関しては、完備した全集が刊行されているうえに、数多くの先行研究が蓄積されている。しかし、私の見るところ、政教社員であった時期の湖南が同社の人々、なかでも三宅雪嶺からいかなる影響をどの程度受けているのかという点に関しては、相反する評価が併存するままであるように思われる。以下本章では、アジア論に焦点を絞ってナショナリズムの観点から右の課題について若干の考察を加えてみたい。その際、明治二十三年の雑誌『日本人』に社説として三回連載された「亜細亜経綸策」に注目する。

一　定まらない評価

のちに京都大学「支那学（シノロジー）」のファウンディング・ファザーズの一人として東洋史学の泰斗と見なされると同時に、『支那論』（一九一四年、文海堂）や『新支那論』（一九二四年、博文堂）などの時事的な評論も執筆した内藤湖南が、そのアジア論、とりわけ中国認識をどのように形成していったのかは、そもそも興味深い検討課題であるといえる。それゆえ、先行研究も必ずそれに触れているが、政教社員であった前後の時期に三宅雪嶺から受けた影響となると、その評価が大きく二つに分かれているようだ。

たとえば三田村泰助氏は『内藤湖南』（一九七二年、中央公論社）のなかで、三宅や志賀だけでなく、陸羯南、杉浦重剛、高橋健三などの人脈と結ばれたことが、「湖南にいろいろな形で影響を与え、さらにその運命をきめることになった」（一一七頁）と述べている。そして、政教社における湖南の役割を、志賀と三宅、それに杉浦の論説の「代筆」をするとともに、自身の時評や随筆を書くことであったとしている（一三四頁）。

一方、J・A・フォーゲル『内藤湖南』（井上裕正訳、一九八九年、平凡社、原著は一九八四年）では、この時期の三宅雪嶺と内藤湖南には考え方に「共通性」が見られるとしながらも、それは二人の邂逅以前から「酷似した認識に到達していた結果」（六六頁）だとし、「湖南が雪嶺から受けた思想的影響は、従来の研究で指摘されてきたほど大きくはなかった」（六七頁）と論じられている。ここでいう「従来の研究」としては、前出の三田村氏の著作や、次に紹介する増渕龍夫『歴史家の同時代的考察について』（一九八三年、岩波書店、湖南を論じた章の初出は一九六三年）などが念頭にあるのだろう。

その増渕氏の著書では、湖南と雪嶺の関係はさらに踏み込んで論及されている。すなわち、湖南は「その二〇代において、明治ナショナリズムの論客、三宅雪嶺の主宰する、雑誌『日本人』『亜細亜』に拠って、三宅の「亜細亜経綸策」に耳をかたむけ、やがて、大阪朝日新聞論説記者となるや、日露戦争の積極的な開戦論者として、満州経略の論陣を布き、さらには日本の中国内部への経済進出を積極的に主張して、天下の与論を指導して行くのである」（五四頁）と断じられ、加えて「その政論をつらぬく基本的視点は、前述の三宅の「亜細亜経綸策」を支える視点の延長の上にあることをよみとることができる」（五九頁）と指摘されているのである。

最近出版された粕谷一希氏の『内藤湖南への旅』（二〇一一年、藤原書店）でも、湖南の文化史的方法を論じるくだりで、増渕氏の右の所論を引きながら、「それは彼（湖南―引用者）が身を寄せた三宅雪嶺と同質な、明治の文化ナショナリズムであり、日本の天職を東西文化の咀嚼融合と東方学術の新生面の創造にありと考えているのである」（一四三頁）との評価が下されている。

以上のように、内藤湖南が若き日に所属した政教社の、とりわけその中心メンバーであった三宅雪嶺から受けた思想的影響に関しては、大きいと見るのか、小さいと見るのか、今なお評価が分かれているといえよう。ことが湖南の専門に深く関わるアジア論をめぐるものだけに、この問題には再検討を試みる意義があるように思われるが、解決のための一つのヒントは雪嶺の著作とされる「亜細亜経綸策」にあるといえよう。そこで、節を改め、「亜細亜経綸策」の内容と著者について順に考察を加えていきたい。

二　「亜細亜経綸策」の内容

「亜細亜経綸策」は、政教社の機関誌『日本人』（第一次）の第四三、四四、四五号の巻頭「日本人」欄（目次では「社説」となっている）に三回にわたって分載された無署名の論説で、それぞれの発行日は明治二十三年（一八九〇）三月十八日、四月三日、同十八日となっている。はじめにも述べたように、実はこの時期、内藤湖南はまだ政教社の編集部に入っていない。「亜細亜経綸策」全体の分量は、およそ二万二〇〇〇字以上、四〇〇字詰の原稿用紙に換算すると約五五枚となる。著者に関する考察は後節にまわすとして、とにかく三回分の内容を簡単にまとめてみよう。

第一回分ではまず、「島国」＝日本の未来は「多事」が予測されるが、我が国が「亜細亜の東端」に位置することを考慮すれば、欧米の動向よりも「四十倍の領地と、十余倍の人口とを有せる隣国」＝清朝中国に警戒しなければならない。日本の現状を見ると商業、工業ともに発達は不十分で、いずれも中国が競争者となろうが、商業について同国は「東洋の中心市場」であり、工業についても「世界未来の工業地」であることを考えれば、我が国が「愛国勇武」や「東洋の盟主」を誇っても容易に取って代わることはできない。しかし、中国は「停滞腐朽の極」にあり、日本がこの間に「後進者を圧倒」しようとするならば、中心産業である農業のなかでも製茶と生糸の改良・振興を図るべきである。まとめとして、「我国前途の運命は、一に西隣怪物の制する処ろに係ると断言するを憚からざるなり。（中略）宜しく心胆を雄大にして、志向を外方に転ずべし」と結ばれる。

第二回分では、外交政略について論じられる。開国・維新を経るなかで、我が国では二つの「流派」を生み出した。一つは征韓派、一つは内治派である。この論説の著者は、西郷隆盛ら征韓派の「雄図」が実現されていたら、「魯英の先鞭を着けて東洋の運命を制せんこと、決して難からざりしなり」と述べ、征韓派に親近感を寄せる。したがって、西南戦争とその後の明治十年代以降の政府の対外政策に批判的であり、「内部の不合は常に外人の乗ずる所となり。鎖国の遺弊は外交の不熟無能を示し、世界の蔑視せる老翁（中国─引用者）に対して、権利を正当に争ふ能はず。何ぞ欧米の条約満足の改正を得ざるを怪しまんや」と手厳しい。一方、中国も内憂外患にさいなまれながら、「神系遅鈍の巨体は著しく刺激を感ずるに足らず」、政府、人民ともに「自動の活力」に乏しい清朝は、いずれ外国の勢力か国内の革命によって転覆されるであろうと予測する。

最後の第三回分では、はじめに中国の実情が「政治に無頓着なる人民と、積弱死病の主権者」からなるゆえ、彼らをして「亜細亜の中原に二十世紀の新帝国を創設し能はざるや亦た明か」だと断定される。ついで、外国勢力の情勢が英、仏、独、露の順に検討され、それぞれが中国に専念できない事情が語られるが、「欧人の侵略は、深く配慮を煩らはすに足らざるか、否、決して然らざるなり」とされ、各国政府よりも「冒険浮浪の徒」が活躍する可能性があるという。そして、「支那の経営に任ずる者は、文明の精神と野蛮の身体とを兼有すること最も緊要」だとしてその適任者に日本を擬し、「如何んぞ久しく故山の風景に恋々として、早く絶望の岸を離れ、長風以て多望の洋に航せざる」と、日本人の奮起を促している。

以上が「亜細亜経綸策」の大概である。総じて内外の情勢分析は的確であるが、対処法は中国の風雲に乗じて一躍雄飛を図る、大陸浪人型（著者のいう「冒険浮浪の徒」）の経綸策だといえよう。もしこれが雪嶺の著作であるとすると、政教社の主張は当初からアジア（清朝中国）への積極的な進出意図を孕んだナショナリズムだったことになる。内藤湖南のアジア論は、右のような「亜細亜経綸策」の主張から影響を受けているといえるのだろうか。

三　若き湖南のアジア論

全集第一四巻所収の「著作目録」を見ると、実はこの時期の内藤湖南はアジア論といえる論説を数多く書いているわけではない。そのなかで注目すべき論説の一つは明治二十三年十二月二十三日付発行『日本人』第六三号に執筆した「亜細亜大陸の探検」（ただし無署名。全集第一巻所収）であろう。同論説では、「嗚呼亜細亜洲裡の事物は亜細亜人宜しく之れを支配すべし、欧羅巴洲裡の事物は欧羅巴人宜しく之れを処理すべし、是れ実に自己が天職を全尽せるものと云ふべし」と述べ、「日本人の天職」として「欧人の湿せざるに先だちて鞭を亜細亜大陸の探検に着くる是のみ」と主張し、政府や議会に探検の政策化を提議する。

アジアに対する日本・日本人の「天職」といえば、日清開戦後の明治二十七年（一八九四）八月二十五日付発行の雑誌『二十六世紀』第七号に執筆した「所謂日本の天職」（ただし上のみで中絶。全集第二巻所収）における論調との連続性が注目される。この論説で湖南は、当時朝野を席巻していた日清戦争を文明（日本）と野蛮（清朝中国）の衝突と見る義戦論に与しない立場を明らかにしたが、彼の論じる「天職」は、「亜細亜経綸策」の主張と現状認識では共通点を有しながらも、「日本の天職は日本の天職なり（中略）我が日本の文明、日本の趣味、之を天下に風靡し、之を坤輿に光被するに在るなり、我れ東洋に国するを以て、東洋諸国、支那最大と為すを以て、之を為すこと必ず支那を主とせざるべからざる也」と結論する対処方法では、大きな差異を示しているように思われる。

もう一つ注目される論説が、『日本人』第六九号（明治二十四年三月二十四日付）と第七二号（同年五月二十六日付、いずれも全集第一巻所収）に連載されて中断した「今日」である。同論説では冒頭「国是といふは其の体の名くる乎、経綸といふは其の用に名くる乎、斯に国是なかるべからず、為政家ある、斯に経綸なかるべからず」と述べ、これを執筆している湖南の発想が「国家」や「為政者」のそれであることをうかがわせる。続けて志賀重昂の「昨夏函嶺(かんれい)より帰り、愕然として曰く、往く日葛(くず)を衣る、帰る日未だ葛を脱がざるなり、而してサハラの南、喜望峰の北、皆白人の有となる」との発言——「昨夏」とあるのは、湖南が志賀の紹介で新聞『みかは』記者として赴任する前の明治二十三年夏になされた対話の一節であろう。ちょうど同じ年(一八九〇)七月十七日には、セシル＝ローズがケープ植民地の首相となり、英国のアフリカ植民地化が進捗した——を引いて、国際情勢の加速度的な推移に読者の注意を促している。

同じ論説で湖南はいう、「今日に当りて為すべきは今日の事のみ、鑑みるべきは今日の形勢あり、慮るべきは今日の計あり」。要するに、政教社員であった時期の湖南の関心は、「過渡の時代」に際会している「国家」の「今日」だったのであり、アジアをめぐる現状認識において『日本人』に社説として掲げられた「亜細亜経綸策」の論調、すなわち政教社の主張と共通の地点に立っていたといえよう。しかしながら、「今日」の後段中で湖南が実際に行なっていることは、「東西の史蹟に就きて、何をか過渡の時代と謂かを見ん」という作業なのである。要するに湖南のアジア論は「国家」を基点に発想されている点と、「日本の文明、日本の趣味」をアジアに展開していくことを「日本の天職」とする点で、特色あるナショナリズムの主張となっているのである。後年の歴史家にして時事評論家である内藤湖南の本領も、若き日のアジア論のなかに、すでにほの見えているといえよう。

四　「亜細亜経綸策」の著者

最後に、前々節では保留にしておいた「亜細亜経綸策」の著者について考察を加えてみたい。すでに紹介したように、増渕龍夫氏は特段の根拠を示すことなく、同論説の著者を三宅雪嶺と見なして議論を展開していた。なるほどこの前後の雑誌『日本人』には雪嶺の署名論説は掲載されておらず、目次だけを見るとこれを雪嶺の作としたい衝動にかられる。

実は、三宅雪嶺の著作特定によく参照される改造社版〈現代日本文学全集第五編〉『三宅雪嶺集』（一九三一年）巻末掲載の八太徳三郎作成の「年譜」でも、「亜細亜経綸策」を雪嶺の著作としている。八太が明治期からの政教社編集部員であり、大正十二年（一九二三）の雪嶺の政教社退社に殉じ、口述筆記も担当していたいわば雪嶺股肱の臣であるから、その特定には無視できない重みがある。さらに、本山幸彦氏が編集した〈近代思想大系5〉『三宅雪嶺集』（一九七五年、筑摩書房）では、八太の「証明」を根拠に、「亜細亜経綸策」はその他五編の無署名論説とともに雪嶺の著作として全文翻刻されているのである。

この間私も、右のような状況を確認する材料を得ないまま、しかし、特定することには躊躇を覚えていたので、「亜細亜経綸策」を雪嶺の著作として議論することを避けてきた。ところが、その後、流通経済大学の三宅雪嶺記念資料館に寄託されている「三宅雪嶺文庫」の調査をする過程で、明治三十二年十二月二十二日付の雪嶺宛西松二郎書簡のなかに、尾本寿太郎なる人物の「履歴概要」が同封されており、たまたまその一節に「（明治―引用者）二十年六月再ビ清国ニ航シ（中略）翌年秋帰朝ス此時亜細亜経綸策ノ著アリ載セテ雑誌日本人ニ在リ二十三年八月三タビ清国ニ航シ（中略）此時東亜細亜論ノ著アリ載セテ雑誌亜細亜（第一号）並ニ日本人ニ在リ」と書かれているのを見て一驚を覚えた。西松二郎は尾本と同じ肥前出身、東京大学理学部を明治十三年に卒業した理学士で、東京高等師範学校教授などを歴任した教育者として知られる人物であるが、尾本寿太郎とはいったい何者なのか。

同じ「履歴概要」によれば、尾本は文久二年（一八六二）に大村藩侍医尾本涼海の嗣子として生まれ、明治五年（一八七二）上京して外国語学校に入学し、東京大学医学部に進学したが退学、陸軍士官学校への転学が果たせず、同十八年に初めて清国に渡り東洋学館で学び、以後は前引のとおり両国の間の往復を繰り返しながら「亜細亜経綸策」や「東亜細亜論」を執筆、投稿していたのである。ちなみに「東亜細亜論」は、『日本人』第七三号（明治二十四年六月二日付）から『亜細亜』第一巻の第八号（同年八月十七日付）まで九回にわたって、澄台（ちょうだい）仙士の筆名で連載された論説であり、「日本の志士」に向かって「我が国の外交政略」を論じようとしている。内容は「亜細亜経綸策」と重複するもので、日本は「退縮政略を棄却して、豪胆敢進て衝を大陸の中原に争」い、「四億の人民を制御して之が主権を握る」べきだと主張している。

尾本は、三度目の清国渡航後、上海で現地の中国人を殺傷する事件を起して有罪・服役、日清開戦とともに特赦により陸軍通訳官となって従軍、明治二十九年（一八九六）に除隊後、栃木県で鉱山経営に乗り出すが、同三十二年四月脳充血で突然死去したという。私たちがイメージしている大陸浪人の先駆的で典型的な足取りをたどった人物といえよう。黒龍会の編纂になる『東亜先覚志士記伝』下巻（一九三六年）は、その列伝で尾本寿太郎を立項している。だが、政教社の雑誌に投じられた二本の論説に関しては触れるところがない。

右のような経歴をもつ尾本が書いたのだとすれば、前節で概観した「亜細亜経綸策」の中国大陸の現状に関する豊富で詳細な知識や、中原に鹿を逐う式の思考方法も宜なるかなと納得できるであろう。世代的にいえば、尾本は湖南の四歳年長、雪嶺の二歳年少であり、同世代の「明治ノ青年」であった。まだ中国を実見していない湖南や雪嶺にとって、尾本の語るアジア論は説得力をもち、彼らの初期の立論に少なからぬ影響を与えたと考えることが自然であろう。

むすび

以上、本章では、政教社から発行されていた雑誌『日本人』の無署名社説「亜細亜経綸策」をめぐって、内藤湖南のアジア論が示すナショナリズムの論理と時事的な関心について考察を加えてきた。湖南が政教社の編集部員であった時期は、シベリア鉄道が起工されるなど、東アジアをめぐる国際情勢は流動化し、稲垣満次郎の『東方策』（一八九一年、哲学書院）が刊行されると、世界における東方問題にまで視野が広がって、アジア論が「明治ノ青年」たちの中心議題の一つに競り上がってきたのである。逆に見れば、そのような議論の場として、政教社の雑誌『日本人』や『亜細亜』はあったといえよう。『東方策』の版元哲学書院も政教社員である井上円了の設立した出版社であった。

はじめに立てた課題に即して考察の結果を整理すると、次のようになろう。まず、従来三宅雪嶺の著作とされることも多かった「亜細亜経綸策」の著者についていえば、それは大陸浪人ともいえる尾本寿太郎の著述であったとして間違いなかろう。したがって、それをもって、湖南のアジア論が雪嶺のナショナリズムの影響を受けて形成されたとする議論には修正が必要になった。しかしながら、当時の『日本人』には一定のエディターシップが存在したと判断できるので、「亜細亜経綸策」は機関誌の社説として掲載されたのであるから、その内容は政教社のアジア論の公約数的なものであることは確かであり、湖南が生涯にわたってアジア論を紡いでいくうえで、とくに中国の現状認識という面で最初に影響を蒙ったものであることは、同時期に書かれた二、三の論説の内容との共通性を見れば疑いないであろう。

内藤湖南のアジア論については、政教社や三宅雪嶺、志賀重昂の思想との関連で今後とも考察を続けていきたいと考えている。とくに、湖南と雪嶺の関係となると、本章では検討しなかったが、雪嶺初期の重要な著作である『真善美日本人』（明治二十四年）や『我観小景』（同二十五年）を、湖南は「代筆」したのか「口授」されたのかという問題に関しても、改めて本格的に考察を加えていく必要があろう。

＊その後、関連する論考として「湖南と三宅雪嶺」（『湖南』第四〇号、二〇二〇年）を執筆した。

第二部　三宅雪嶺

第一章　「国粋主義」と伝統文化
――「美術」と「遊楽」を手がかりとして――

はじめに

今日、日本の伝統文化と称される芸能や美術・工芸などの多くが、実は近代になってから改めて意味づけられ確立されたものであるという所説は、歴史学のなかでもかなりの程度認知された枠組みとなっている。その背景には、ホブズボウムの「創られた伝統 the invention of tradition」という分析概念の導入や、国民国家論における文化統合・国民文化形成といったイシューの立て方があると思われる(1)。

右のような研究動向に先駆けて、茶道の場合も、同じような経路をたどって「近代茶道」となったことを指摘したのは、熊倉功夫氏であった。熊倉氏は、「伝統文化とは前近代に生成されながら、近代文明に接触し、これに対応する自己変革に成功した文化(2)」であるとの視点から、〝総合芸術〟として今日ある茶道の成立を詳細に跡づけたのである。その具体的な足取りは、茶の湯を遊芸から離脱させようとした裏千家第十一世千宗室（玄々斎精中）や、秘伝開放・流儀否定を唱えて明治三十一年（一八九八）、大日本茶道学会を設立した田中仙樵（せんしょう）の試みのなかにうかがえるという。そして、このような「近代茶道」誕生を促し、追い風となって後押ししたのがナショナリズムであったとされる。熊倉氏は、「明治時代中期以降のナショナリズムの昂揚のなかで、茶道を国粋ととらえる視点は強められる(3)」、また、

「国粋文化への注目と、茶の湯の復興は、手をたずさえて展開するのである」[4]と述べている。田中仙樵が大日本茶道学会の「旨趣書」[5]のなかで、「茶道の本旨」を「国粋」の「保存」をもって「国家」に報いることだと主張しているのは、その明確な証左であろう。『茶の本』*The Book of Tea*, 1906を書いた天心・岡倉覚三が、英語による執筆の背後に「東洋」の側に属する「日本の愛国心」[6]を潜ませていたことも、改めて述べるまでもない。

江戸時代までに一応の完成をみた「伝統文化」が、明治維新の諸変革と文明開化の風潮のなかでいったんは衰退するものの、明治二十年代におけるナショナリズムの勃興を契機に新たに伝統文化として再生するという見取図は、維新前後における能や歌舞伎あるいは日本画のたどった浮沈を見たとき、確かな説得力をもっている。しかしながら、ナショナリズムと伝統文化の復興を結びつける論理回路は、思うほどに自明なことだろうか。冒頭に挙げた研究動向においても、伝統文化はいわば国民国家の〝備品台帳〟に登録されるだけで、思想史学の問題としてナショナリズムとの内的な連関構造の解明にまで踏み込んでなされてはいないように思われる。

そこで本章では、明治中期のナショナリズムを代表する思想運動を展開したとされる政教社とその中心メンバーであった三宅雪嶺の所説を取り上げて、右の問題を検討してみたい[7]。私にとっては、年来の研究課題の重要な部分を占める問題設定であり、具体的には、彼らが抱いた「美術」観の論理レベルにおける解析を、以下の検討課題の中心に据える。当時「美術」と表現された世界[8]は、伝統文化の復興といかに結びつくのか、とくに三宅雪嶺に関しては、後年の著作にうかがえる「遊楽」観にも着目するなかで、この問題について考えていきたい。

一　「国粋主義」と「美術」

明治二十一年（一八八八）四月三日、政教社から雑誌『日本人』が創刊された。同人として名を列ねたのは、前述の三宅のほかに加賀秀一、今外三郎、島地黙雷、松下丈吉、辰巳小次郎、菊池熊太郎、杉江輔人、井上円了、棚橋一郎、志賀重昂の一一名である。彼らは、雑誌劈頭に掲げられた「創刊の辞」とでもいうべき文章のなかで、「眼前ニ切迫スル最重最大ノ問題ハ、蓋シ日本人民ノ意匠ト日本国土ニ存在スル万般ノ囲外物トニ恰好スル宗教、教育、美術、政治、生産ノ制度ヲ選択シ、以テ日本人民ガ現在未来ノ嚮背ヲ裁断スルニ在ル哉」(9)という抱負を述べ、それまでに修得した「学術」を応用して積極的に社会的発言をしていく覚悟を示しているが、ここではまず、政教社の言論活動の対象として「美術」の領域が挙げられていたことに注目しておこう。

こうして開始された政教社の中心に立って「国粋主義」の理論化を担当したのは、雑誌の編集者を務める志賀重昂であった。志賀は、『日本人』創刊の祝宴の席で演説し(10)、「国粋」＝Nationalityとし、「国粋と生物進化の大法と縁故する」という前提に立って、「国粋」に根拠を置いた「日本の開化」＝近代化の方向性を明確に指示したのである。進化論と「国粋」の連関は、次の一節に明らかであろう。

蓋し這般の所謂国粋なる者ハ、日本国土に存在する万般なる囲外物の感化と、化学的反応とに適応順従し、以て胚胎し生産し成長し発達したるものにして、且つや大和民族の間に千古万古より遺伝し来り化醇し来り、終に当代に到るまで保存しけるものにしあれば、是れが発育成長を愈よ促致奨励し、以て大和民族が現在未来の間に進化改良するの標準となし基本となすハ、正しく是れ生物学の大源則に順適するものなり(11)。

志賀は『日本人』誌上の一連の論考において、主として「生物学の大法」「数理学の大則」「重学の大理」など、自然科学の法則から「国粋保存」の妥当性を説こうとしているが、また一方では、「国粋とハ、大和民族が固有特立の精神と、其最長所たる美術的の観念を唱道するものなり」[12]と述べ、抽象的な「固有特立の精神」や「美術的の観念」から説明される場合もある。このような一見矛盾する志賀の「国粋」の概念は、「大和民族」のポテンシャリティを論じる文章では次のように定義される。

既に然り大和民族の美処、長処、粋処ハ美術的の観念に在り。故に紫式部の小説となり、狩野流の絵画となり、陶器製造となり、漆塗となり、刺身と云ひ、口取と云ひ、事々物々皆是れ美術的の空気を包含せざるものなし。然れども、其極端に到れば、淫猥なる和歌となり、逸楽なる気象となり、或ハ茶の湯に沈溺し、挿花に拘執し、保守となり、放浪となり、怠惰となり、睡眠となるの傾向なきにしもあらざるなり。

予輩ハ、敢て告白す。所謂日本の国粋ハ、美術の観念に存在すと。[13]

当時の茶の湯や挿花は志賀の眼にもあまり推奨できるものでなかったようだが、それらも含めて刺身や口取まで(盛り合わせの美しさをいうのであろうか)、「美術的の観念」「美術的の空気」こそが「日本の国粋」だと述べられているのである。ここで列挙されている文学、絵画、工芸から茶の湯、挿花などの「美術」が、今日伝統文化と呼ばれる領域で主要な部分を占めていることは言を俟たない。

志賀は以上のように、進化論をはじめ最新の自然科学の法則と「美術的の観念」が交錯する地点において、「国粋」概念の構築を模索していた。進化論を人間社会に応用したとき、民族集団固有の発展への注目が導き出され、それが一八九〇年前後の日本では「美術的の観念」に帰着したのである。「眼前ニ切迫スル最重最大ノ問題」の解決方法を「美術的の観念」に求める迂遠さを指摘するのは容易い。しかし、志賀の場合も、シベリア鉄道の建設をはじめとする当時の日本が置かれた対外的危機を十分に意識しながら、[14]あえて「美術」に注目したのである。それは一面で、科学技術や軍事力では当面西洋列強と比肩できないという見通しのうえに立った悲痛な選択とも取れるが、一方では、ナショナリティの保護や顕彰を掲げた思想運動にとって、民族や国家の本質と深く関わる領域の発見を意味していた。

『日本人』誌上では、志賀と札幌農学校で同期だった菊池熊太郎が、「国粋主義」の理論化に熱心に取り組んでいた。学生時代から、口を開けば「マッター（物体）、フォールス（力）、ヒート（熱）」[15]と言っていたという菊池は、この当時杉浦重剛と一緒に理学宗（自然科学の法則を規範とする道徳原理）[16]を唱えており、そのなかで「進化説」を根拠にして「無限ノ星霜ヲ通過スルニ至ラバ終ニ完全無欠ノ人類ヲ造成スルコト」が「人類究竟ノ目的」[17]だと述べている。このようなユニークな観点から「国粋」とは何かを模索した菊池は、志賀の「美術的の観念」から一歩踏み込んで、「無形的の元気」「一国の特有」「他国に於て模擬すること能ハざるもの」が「国粋」すなわちナショナリティであり、蒔絵や奈良の大仏や陶器などは「国粋」とはいえないとする意見を表明した。[18]では何をもって「国粋」とするかといえば、菊池はそれを「我が帝室に対する国民の感情即ち是のみ」[19]と断言する。

帝室と「美術」との結びつきをいうならば、同じ時期のたとえば帝国博物館の設立（明治二十二年）などに顕示的だが、そうした制度的な次元ではなく、むしろそのような動向を促した「国民の感情」に言及している点で、右の菊池の発言は重要であると思われる。

以上のように、政教社の「国粋主義」においては、「美術」が「眼前ニ切迫スル最重最大ノ問題」の一つとして認識され、とくに『日本人』の主筆と目されていた志賀重昂にあっては、「国粋」は「美術的の観念に存在す」とされた。ここでいう「美術的の観念」は伝統文化全般を視野に入れたものであったが、そのような「美術」への注目を促したのは進化論など自然科学の法則に依拠する思考方法だった。菊池熊太郎の場合、「国粋」は「帝室に対する国民の感情」だとされたものの、その根拠とされたのも進化論をはじめとする「理学」の諸法則だった。こうした自然科学の発想に依拠した「美術」観の一つの結実が、明治二十七年（一八九四）志賀によって書かれ政教社から刊行された『日本風景論』[20]ということになる。

では、こうしてナショナリティの模索の過程で見出された「美術的の観念」は、伝統文化の復興とどのように結びついていたのだろうか。そのような接合の端緒は、すでにE・フェノロサの著書『美術真説』のなかにうかがうことができる。明治十五年（一八八二）五月十四日に龍池会の主催により上野の教育博物館で開催された演説会の翻訳筆記である同書は、進化論的発想を背後に潜ませながら、「今余ハ漸ク進ンデ、日本ニ於テ其固有ノ美術ヲ振起スルノ緊急ナルト、其之ヲ振起スルノ方案トヲ論述セントス[21]」との目的で書かれた。この演説のなかでフェノロサは「美術ノ本旨」を「妙想（idea）」に置き、とくに絵画に関して「自由且ツ簡易」に「妙想」を表現している日本の美術が西洋のそれに勝るものであることを明言している。

しかしながら、ここでもフェノロサは、日本在来の美術をそのまま顕彰しているのではない。当時の彼の立場は「自然発達論」と呼ばれ、それは岡倉覚三の言葉を借りれば、「自然発達とは、東西の区別を論ぜず、美術の大道に基き、理のある所は之を取り、美のある所は之を究め、過去の沿革に拠り現在の情勢に伴ふて開達するものなり[22]」というものであった。このような論理は、志賀を中心に模索された「国粋主義」の理論化の方向と軌を一にするものであった。志賀の『日本人』誌上での発言のなかには、「予輩ハ徹頭徹尾日本固有の旧分子を保存し旧原素を維持せんと欲する者に非ず。只泰西の開化を輸入し来るも、日本国粋なる胃官を以て之を咀嚼し之を消化し、日本なる身体に同化せしめんとする者なり[23]」とあり、フェノロサや天心らによる日本画復興の主張と連動する契機を内包していたのである。

実際活動の面でも「国粋主義」と「美術」の連関は見て取ることができる。フェノロサの先の演説は「美術」の振興策の第一として美術学校の設立を挙げていたが、これがやがて九鬼隆一や岡倉天心による東京美術学校の開校（明治二十二年）に繋がり[24]、そこから近代日本画が成立していくことは周知のことに属するであろうし、明治三十一年（一八九八）、天心が東京美術学校を辞職して日本美術院を結成すると、志賀はその名誉賛助会員に名を列ねている[25]。

二　「美術」の哲学的基礎

では、志賀重昂とともに初期政教社を代表すると目される三宅雪嶺は「国粋主義」をどのように定義し、そのなかで「美術」をいかに位置づけていたのだろうか。ところが、晩年になっても雪嶺は、「国粋主義ともいひ、日本主義ともいひ、とくに解釈しなくて以心伝心、人が了解するに苦しまない[26]」と述べ、正面からそれに答えるような論説を生涯をとおして書いていないのである。

そこで雪嶺の場合、雑誌『日本人』とは別のところで独自の思索を結実化し、「国粋主義」の理論化に哲学的基礎を与える著作を発表していたことに注目していく必要がある。その第一が明治二十二年に文海堂から刊行された『哲学涓滴（けんてき）』、第二が同二十四年に政教社から出版された『真善美日本人』『偽悪醜日本人』の二著、そして第三が翌二十五年にやはり政教社から上梓された『我観小景』である。雪嶺初期思想の完成を画し、生涯にわたる思想的営為の基本構造を示したのがこれらの著作だと見なされるので、それらの諸書で「美術」はどのように論じられていたのかという問題に引き続き焦点を合わせて、「国粋主義」と伝統文化の関係について考察を加えてみたい。

『哲学涓滴』は、前著『政教社の研究』ですでに指摘したが、雪嶺が自己の「哲学」の出発点を探るために書いたいわば習作であった。「凡例」によれば、A・シュヴェーグラーとK・フィッシャーの『哲学史』に材料を採ったものとされるものの、これらは東京大学時代にフェノロサが講義テキストに使用していたものであり、デカルトからヘーゲルに至る西洋近代哲学史を重視する全体構成をはじめ、翻訳的な作品になっているのである。加えて雪嶺は当時、井上円了の創立した哲学館で「哲学史」の講義を担当しており、両者の訳出は講義ノートの作成という意味も有していた。

そのような性格の同書においては、たとえば、カントの『判断力批判』にある美的判断力の分析論の二つの部分、「美 das Schone」と「崇高 das Erhabene」を紹介するところでは、「『美妙断定の批判』美妙の断定に移りて分解法に依るに、先づ美麗に属するものと宏壮に属するものとを区別せざるべからず[27]」としている部分、また、ヘーゲルの「絶対精神」の第一段階として「芸術」を説明するところでは、「『純全精神』純全精神は技芸、宗教、哲学の三段に開発す。而して最初に現はるゝを技芸即ち美術と為す[28]」とし、建築、彫刻、絵画、音楽、詩賦という順序で「美術」を論じる部分など、シュヴェーグラーの著書とはほとんど直訳といってもいいような相即関係が認められる。要するに、この時期における雪嶺の「美術」観は、カントからヘーゲルに至るドイツ観念論の成立過程を重視する哲学史の概説書を『哲学涓滴』として翻訳するなかで形成されていったものであるといえよう。

ついで出版された『真善美日本人』『偽悪醜日本人』の二著は、雑誌『日本人』が発行停止の処分を受けている期間に書き下ろされたもので、とくに『真善美日本人』については、「フィヒテのそれにも比すべき『日本国民に告ぐるの書[29]』」、あるいは「真に明治二十年代ナショナリズムの遺した古典[30]」という高い評価が与えられている。同書の表紙には、「自国の為に力を尽くすは世界の為に力を尽くすなり民種の特色を発揚するは人類の化育を裨補するなり護国と博愛と奚(なん)ぞ憧着すること有らん[31]」とある。

両書における雪嶺の主張を、まず『真善美日本人』から見ていくと、社会有機体説の立場から「日本人の本質」を捉え、「日本の国家」が偶然に形成されてきたのではなく、「大有機体」の一機関として歴史的に形成されてきたのであるから、日本人の「特能」を伸長することによって人類全体の「円満幸福」＝真善美を極めていかなくてはならないとする。史乗に照らして、「日本人の能力」は決して欧米人に劣るものではなく、「蒙古人種」の代表として「アリアン人種」に当たるべきだという。このような雪嶺の立場は、すでに東京大学の学生時代に石浦居士のペンネームで書いた「日本人民固有ノ性質[32]」でも、その素形が見られるものである。

続いて雪嶺は、「日本人の任務」として真・善・美の追求と拡充を順に挙げ、それと対句をなす偽・悪・醜の剔出と排除が『偽悪醜日本人』において説かれる。これらのうち、美と醜に注目すると、まず『真善美日本人』において、美は「日本の国や、山水の美に於て更に欠く所あらざるなり[33]」と、その根拠が自然環境に置かれ、ついで「我が国古来の美術たる、敢て甚しく希臘の下風に立たざるに似たり[34]」として、建築、彫刻、絵画、詩、さらに音楽や工芸品の有する「特有の美質」が称揚され、「若し之を発達せしむるに其道を以てせば、将来の運命大に好望を満たし居ることと疑ふへからさるなり[35]」と結論される。

しかしここで、雪嶺は自ら「毅然として我国の特色を表明するハ果して何者なるか[36]」という疑問を呈する。要するに、当時の美術そのままの状態では、世界で十分に通用しないのではないか、という懸念の表明である。そのような懸念は「我国の美術や固より偉大宕壮なるものありと雖も、概するに手軽くさら〳〵として軽妙に捗るの風ありとす[37]」と分析される。こういった状況を、『偽悪醜日本人』では、「現今我国の美術たるや、徒（いたず）らに外形の装飾に馳せて、内外の情致協和一貫せず、乃ち美の根本たるべき観念に至ては、作家も観者も省みざるもの、如し[38]」と批判しているのである。

美―醜の側面だけでなく、真―偽と善―悪を含めて、この二書で雪嶺が繰り返し主張しているのは、欧米の表面的な模倣を廃し自国の固有性を発達させることであり、ナショナリズムの基本的な理念を示すものである。それは、右に概観したように、建築以下の具体例を挙げることで伝統文化の復興を促す場合の論拠となるものであった。ではいったい、雪嶺にこのような主張をさせた思想的根拠は何であったのか、『真善美日本人』では明快な社会有機体説の立場が表明されていたが、それだけではない。この時期の雪嶺思想の根幹をなし、さらに生涯にわたる彼の思想世界の原形を示す著作が『我観小景』であった。

同書は、はじめて哲学に関する雪嶺の私見を開陳した著作で、「夢幻」と「身体」という最も「己れと直接せる所(39)」からの類推により、前半では人類にとっての真善美の理想について、後半では心意を有する絶大な機関である宇宙の存在について、それぞれ論証しようと試みられている。このうち美は「美麗」と「宏壮」の二面から考察され、究極の美は宇宙と一体化することが説かれる。『我観小景』におけるこうした美の位置づけは、『哲学涓滴』で素描されていたカントからヘーゲルに至る観念論的美学の系譜に連なるもので、ショーペンハウエルの影響を指摘する同時代の書評もある(40)。しかし同時に、有機体説に基づいた宇宙論に見るように、H・スペンサーの哲学体系からもまた大きな影響を受け、これら二つの潮流を融合して新たな哲学体系を構想しようとした点にこそ、彼の思想的営為の特質が存するのである。

以上のように、その「美術」観に着目するかぎり、三宅雪嶺は東京大学時代に受講したフェノロサの講義から意外に大きな影響を受けていたことが明らかである。フェノロサは当時、哲学史の講義の終わり近くで「もし、スペンサーの進化論とヘーゲルの哲学の統一ができたなら、私たちは完璧な哲学を獲得することができる」と述べ、「それは今後三、四十年の間に成し遂げられるだろう(41)」という見通しを示していた。後年雪嶺はフェノロサを評して、「実力は別とし、影響は確かに著しかつた」[42]と回想しているが、やがて大著『宇宙』に結実する雪嶺哲学は、フェノロサによる示唆の延長線上に構想されたという側面は否定できない。

そのように考えると、前節で検討した志賀重昂を含めて、政教社の「国粋主義」と伝統文化の関連は、フェノロサ・岡倉らによる東京美術学校→日本美術院を場とした日本美術、ことに日本画の復興運動と、ある意味では同じ思想圏に属していたというべきかもしれない。明治三十三年（一九〇〇）雪嶺が日本美術院の活動に期待を寄せて「我国の絵画に就きて」を書き、「我が従来の画」と「所謂西洋画」の長所を選択し、新たな日本画を創造して世界に寄与するために「大に思想を養成すべし」[43]、と主張している意図も理解することができよう。

三　国楽制定運動への共鳴

ところで、政教社のメンバーによれば、絵画や彫刻だけでなく演劇や音楽、建築まで含めた文化全般を指す「美術」は、『日本人』とその後継誌『亜細亜』誌上にかぎっていえば、それ以後ほとんど取り上げられていない。「国粋主義」の主張は「美術」への注目を促したものの、そこから本格的に伝統文化の復興を説くような展開を示していないのである。

理由の一つには、菊池が「余輩同志多く泰西の文学理学を以て養成せられたるものなり。源氏物語を読むよりはスコットの小説を読むを容易なりとするものなり」[44]というように、若年から学校の寄宿舎に入り椅子とベッドの生活、講義も外国人教師から主として英語で聞いた彼らが、いわゆる伝統文化に親しむ機会が少なかったことは想像に難くない。私には、このあたりに彼らがナショナリストとなった感情的動機の一端が潜んでいるように思われるが、はじめにも書いたように、近代日本におけるナショナリズムの提唱と伝統文化の復興を結びつける論理回路が複雑な様相を示さざるをえない原因もまた、このあたりに伏在しているのではないだろうか。

そうしたなかにあって、ほとんど唯一の例外といえるのは、国楽制定運動に取り組んでいた宮島春松の意見書発表のために『亜細亜』の誌面を提供していることである。そこで次に、両者の接点を探ってみたい。

信州松代藩士の子として生まれた宮島春松（一八四八～一九〇四）は、同藩の武田斐三郎に就いて英仏学を学び、維新後は陸軍省出仕・フランス語翻訳官となった人物である。[45] 明治十二年（一八七九）には、我が国で翻訳されたフランス語文学書として最も早い部類に属するフェヌロンの『哲烈禍福譚（テレマクかふくものがたり）』を刊行している。一方で宮島は、旧藩時代に同藩の金井御楯に就いて雅楽を学び、陸軍出仕中も公務のかたわら研鑽に励み、いつしか本務との関係が逆転するようになった。同二十五年頃には翻訳の仕事から手を引き、翌二十六年に雅楽協会を設立する。同協会は会長に岩下方平（みちひら）を据え、演奏会の開催には大槻如電（おおつきじょでん）や小中村清矩（きよのり）らも協力したという。

そのような宮島が、いかなる経緯で政教社同人と交わるようになったのかは、いまひとつよくわからない。宮島の死にあたって第三次『日本人』に追悼文を寄せたのは、政教社では内藤湖南らとともに第二世代の社員に属する中村木公（奥村千代松）であったが、それによれば三宅雪嶺や福本日南らは宮島の催す雅楽復興を訴える会合にも臨んだという。[46] 宮島の周囲には、帝国大学、第一高等中学校、東京美術学校、国学院等の学生たちが集まり、そのなかには尾崎紅葉や石橋思案らも交じっていた。[47]

志賀は初対面のときの印象を回想して、「一芸に専心なる者、其性や純となり無垢となり、些も毀誉褒貶に管せず、功利の念に至りては水よりも淡し氷よりも冷なり」とし、「初対面に於て感激したるもの亦た氏の如きあるを見ず」[48]と記している。また、中村は、宮島を「稀有の天才者」と見て、雅楽に没頭するさまを「官に在る時と雖、出勤の途次フト胸中に浮び出づるあれば直ちに楽人の家に至りて昼夜管弦舞曲に徹するを例とせり(49)」と紹介している。

宮島春松をしてそこまでにした当時の音楽界の推移は、自身雅楽師から俳優・作曲家に転じた東儀季治（鉄笛）の言を借りれば次のようになる。

明治維新の大変動は一時前代の文物を萎靡沈滞せしめたる中にも、殊に音楽を甚しとす。帝室の祭祀的音楽の雅楽は夙に復興せられ、明治三年雅楽局を太政官中に置かれたりと雖、維新当初に楽界が一般に振はざりしは事実なり。其故を繹ぬるに、雅楽は従来専ら公卿間の芸として行はれ、民間は雲上の声として、因つて専門楽家は旧慣に仍り、只管秘伝として重んじ、而して当時の縉紳は音楽の趣味を咀嚼するの遑なきのみならず、加ふるに欧化主義の潮流など一時其波を揚げしが如き、此れ主なる原由ならずんばあらず(50)。

東儀はまた、明治十五、六年から同二十四年に至る間を、雅楽保存や洋楽普及、俗曲改良などの声が上がり、「我音楽界の勃興期」としているが、宮島による雅楽復興の運動もそのような気運を受けて展開したのである。

さらに続いて、宮島春松が国楽制定運動に乗り出した理由を探ってみよう。宮島は『亜細亜』第二巻第三〜一一号（明治二十六年）に「国楽制定意見」（一）〜（六）を、また、第三次『日本人』第九号（同二十八年）に雅楽協会の名で「国楽制定意見概案」を寄せている。

「国楽制定意見」のなかで宮島は、音楽は国家や人心とも関係する重要なものであると述べ、国楽制定の方途として①欧州楽をそのまま国楽とする、②在来の俗楽を改良して国楽とする、③雅楽を国楽とする、の三つが考えられるとする。①については、「其国民の情態風俗に適し、又且以て国民の国家的頭脳を鍛冶せざる可らず。（中略）欧州中同一揆の楽を用うる国にありても、各々其国味を帯び、旋法を採るに至りては、大に別あり(51)」というヨーロッパ諸国の国楽の現状を見たとき、音色・作楽・財用の三点から日本には適さないとし、また②についても、猥褻・淫奔・怨悲にして改良の余地がないとしたうえで、③こそ「最も当を得たるもの」と主張して次のように述べる。

雅楽は我楽なり、今より振興し、発達の途を計らば、其成果を見るの速かなる、不適の欧州楽を学んで、其結果を求めんとすると同日の論にあらざるべし。又雅楽を用うれば、楽師楽器悉く内国にして弁す。是財政を誤らざるものと云ふべし。(52)

「国楽制定意見概案」では、音楽を「人類の至醇性情を表する美術の一科」(53)とし、「雅正高尚」なものを選んで国楽を制定すべきだとしたあと、明治維新以降、文部省が進めてきた西洋音楽の導入と学校教育での実践とを批判する。雅楽協会の目的は、雅楽そのものを改良するとともに、西洋楽や俗楽からも採長補短の精神で学び、「本然の極致を窮め其の国家教化の用とする」(54)国楽の制定へ向けて、雅楽の教習をはじめ新作の調査研究などをなすこと、とされていた。

「雅楽は我楽なり」という宮島の主張は、西洋楽の一面的な導入を排し、採長補短の原則で日本在来の雅楽を改良し国楽にしようとするもので、それが財用にも適うというのは、宮島の運動が民間の立場でなされていることも含め、政教社が「国粋」＝Nationalityの保存・顕彰を模索する論理と合致するものであった。「美術の一科」である音楽の領域において、共通する論理を内包するがゆえに、政教社のメンバーが宮島春松の運動に共鳴し、『亜細亜』『日本人』の誌面を提供することになったのである。

四　人類生活と「遊楽」

ここまで、明治二十年代を中心に、政教社の「国粋主義」の主張が「美術」＝伝統文化を論じる場合の論理と実際運動との関わりについて考察してきたが、最後に、三宅雪嶺に即して、その後の時期における「美術」観の展開を概観するとともに、彼のいう「遊楽」に注目して伝統文化との接点を探っていきたい。

そのためには、雪嶺中・後期の著作のなかでも、彼の哲学体系の到達点を示しているとされる『宇宙』（一九〇九年、政教社）や、それに続く「東西美術の関係」（没後一書にまとめられて『東西美術の関係』一九五五年、実業之世界社）などが、さしあたり分析の対象になる。だが、これらの著作からうかがえる「美術」観の全体像の解明を目指すとなると別稿を準備しなければならず、すでに後者すなわち『東西美術の関係』については、伝記作者の故柳田泉氏がそれを忠実に祖述する解説を書いているので、ここであえてその内容を繰り返すことは控えたい。[55]

私の見るところ、『宇宙』における雪嶺の「美術」観は、前節で述べたようなカントからヘーゲルに至る観念論的美学を深化させる方向よりも、むしろ独自の進化論思想のなかで意思を有する絶大な宇宙の理想に人類が貢献するための一分野として結実する。そのような宇宙と人生の関係の総合を、雪嶺は「渾一」と表現するのである。「東西美術の関係」では、「美術は狭義に於て建築・絵画・彫刻・音楽及び詩を指す」[56]としつつも、広義の「美術」は鳥獣、昆虫さらなる下等動物にも認められるという立場を示す。したがってここでも、「美術」の発展は「進化」と「開化」の関数として捉えられ、それらの人類における現存形態の諸相が東洋（日本も含む）と西洋の比較のなかで網羅的に説明される。美を包摂した『宇宙』を中心とする雪嶺の思想体系は、著作に即してまとめれば図4のような構造をもったものとして描くことができる。一見してH・スペンサーの綜合哲学体系を意識した構成をとっているといえよう。

そこで次に、右のような展開を示した雪嶺の「美術」観が人類生活のなかでどのように実現されるのか、彼が論じる「遊楽」という観点から考察してみたい。遊芸が「趣味として芸能を楽しむ遊びの世界」[57]、素人が師匠に就いて趣味として諸芸能を習うことであるとすると、後述するような雪嶺のいう「遊楽」とは意味領域に若干の差異があるも

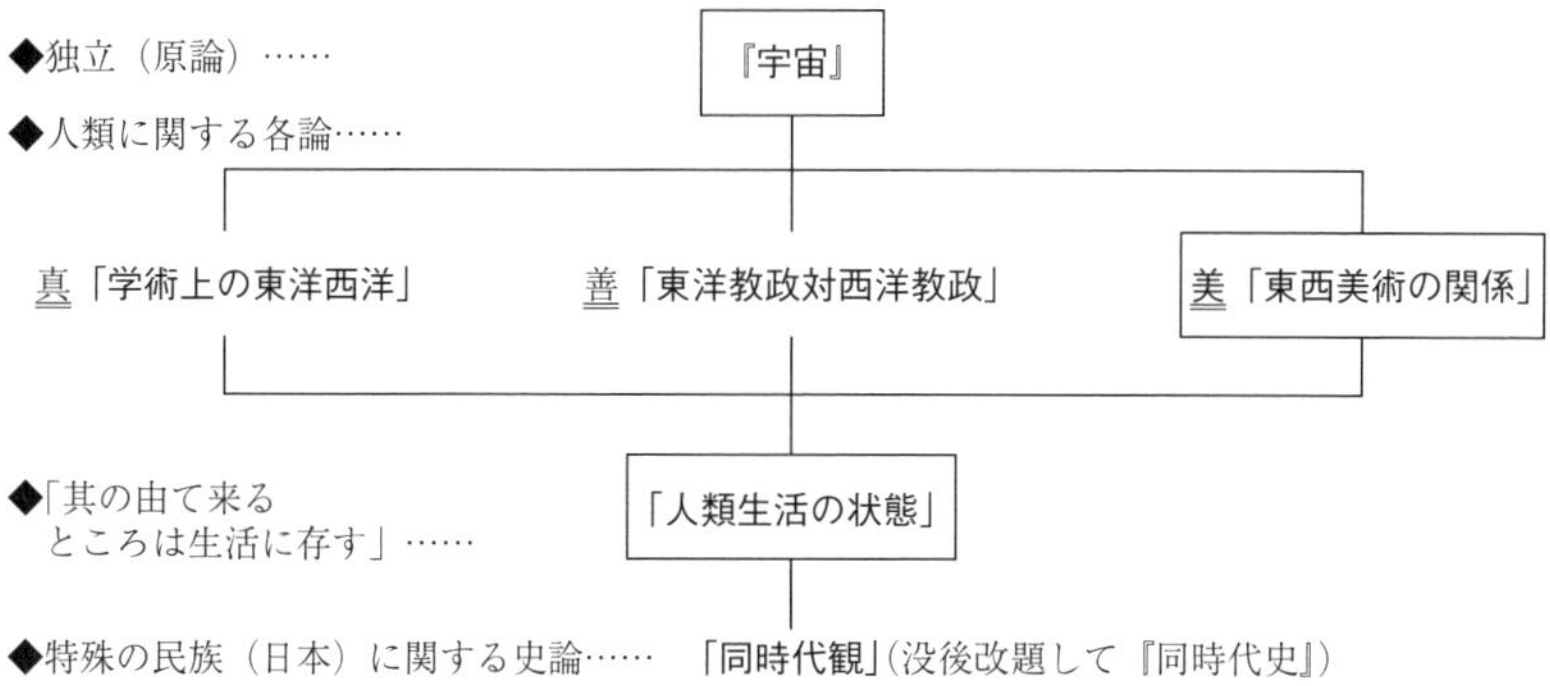

図４　三宅雪嶺の著作と思想体系

のの、それを近代日本における伝統文化の問題と関わらせて考えれば、江戸時代に遊芸化していた諸芸能が近代化の過程で趣味・教養となっていく局面でいかなる変質を遂げるのかという問題を、遊芸という行為のレベルで検証していく場となるはずである。ナショナリズムと伝統文化の関係を生活者である一般の人びとにより近いところで考察することにもなろう。雪嶺において「遊楽」と「美術」はどのような関係にあるのだろうか。

　雪嶺が「遊楽」をまとめて論じているのは、「人類生活の状態」（これも没後まとめられて『人類生活の状態』上・下、一九五五年、実業之世界社）においてである。該当箇所は元来、雪嶺が主筆を務める『日本及日本人』の第八三八号（大正十一年六月十五日）から第八四九号（同年十一月十五日）にかけて連載されたものであった。

　このなかでは、まず「遊楽」を定義して、「生存するに直接の必要なく、即ち金銭を重んずる時代に金銭を得るに関係なく、而して力を使用せざらんとして得ざるは遊楽と為るべき所とす」[58]、あるいは日本では古来「あそび」という言葉で通用したものであるとされる。つまり、生活の必要から練習するようなものは「遊楽」ではない。人間がそのような「遊楽」を求める理由は、「一面に力の足らざる部分の休息に快を感じ、一面に力の余れる部分の活動に快を感ずる者、即ち遊楽を求むる所以とす」[59]と説明されている。そのような「遊楽」

の分類を、雪嶺の整理にしたがってまとめれば次のようになる。

（1）運動の遊楽　①無器械—散歩など
　　　　　　　　②有器械—野球、ヨット、剣術など
（2）食的遊楽　料理、酒、茶など
（3）性的遊楽　後宮など
（4）智的遊楽　①感性—薫香、音楽、絵画、彫刻、建築など
　　　　　　　　②智能—カルタ、碁、将棋など
（5）混成遊楽　①粗雑—祭礼、饗宴など
　　　　　　　　②精緻—演劇（歌舞伎、能）など
（6）散漫遊楽　観劇、旅行、園芸など
（7）変態遊楽　窃盗、殺人など

雪嶺の「遊楽」観が没価値的で羅列的なものであることは、一見して理解されよう。（4）の①と（5）の②がこれまで取り上げてきた「美術」を包含することになろうが、（1）（3）（7）のようにそれとは縁遠いものも列挙される。（2）の「食的遊楽」に分類される茶は生活のなかにおける味覚の嗜好性を述べたもので、茶道についての発言ではない。雪嶺には別に「親類の弔いには香典を惜みながら、利休の作と伝へる竹の茶匙に万円を惜まない。竹の茶匙に何の価値があるか」[60]という発言もあり、名物に大金を費やす数寄者の世界は「遊楽」ではなく「道楽」としか映らなかった。（5）の②の「混成遊楽」では、人類は絵画や彫刻や音楽や舞踊などの一つ一つが最上に達するを望むと同時に、これらを「綜合」することを望むと述べ、演劇にその可能性を見て、ベルサイユ宮殿や江戸時代の遊郭、

劇場などにその典型を見る。

では人類生活における「遊楽」の意義は、雪嶺においてどのように捉えられていたのだろうか。趣味といえば散歩と芝居見物、切手収集くらいであった雪嶺の「遊楽」観が、自己の経験に基づいたものでないことはやむをえないとして、そもそもこの「人類生活の状態」は、衣食住から勤労、休息と論じてきて「遊楽」の説明に入り、「遊楽」に続き優劣、闘争などが取り上げられて、結末の「究極安定」では進化する絶大宇宙のなかで生々流転する人類状態の相対性を述べる。真善美の表現の依拠するところが生活に存するという見地に立って、人類は五官の機能の発現だけでは満足せず、喜怒哀楽などの意識を目的として、原始状態から文明へと進歩していく過程にあり、本能である「自己保存及び種族保続」(61)の必要を超えて、人々の日常生活のなかで事業または遊戯的行為をますます発展させるという基本的な考え方が貫かれているのである。

加えて、「遊楽関係の事が単純より複雑に進み、粗雑より精緻に向へるなり」(62)と述べるところ、スペンサーの社会進化論の原理がかなり直截に参照されているのを見ることができる。要するに「遊楽」観においても、雪嶺は独特の社会進化論的立場から形成された宇宙哲学のなかで、人類全体の発展を念頭に置いた立論をしていたのである。したがって彼の「遊楽」観は、特定の「美術」の奥義を極めることで伝統文化の復興に貢献するというような契機には乏しいものであった。

雪嶺は昭和二十年（一九四五）の日本の敗戦を見届け、その年の十一月二十六日に歿した。死の前日、結果として遺稿となった「文化創造への参照」を口述したが、そのなかでは「自分は何時如何なる位置に置いて(ママ)文化に関係しつゝあるか、これを表明するを要す」(63)という覚悟を示していた。政教社の結成から六〇年ちかくが経過して、日本の敗戦を経てようやく文化の問題が雪嶺の思考の中心に置かれたものの、すでに八十五歳になっていた彼には時間が残されていなかったのである。

同じ時期の別の論説で雪嶺は、敗戦によって外交や軍事など国際政治の面での日本は「四等国」になったが、「国家は永遠といつても、やがて先が知れて居り否でも応でも消滅してしまふ(64)」という国家観に立って、「各自の能力を伸ばすのが何より、それが相集つて人類の成績を促し、人類が現に理想とする世界にやがて到達するの道程と考へられる(65)」と述べ、日本人の能力を示すものとして刀剣、漆細工、絵画、彫刻を挙げている。同じ時期の他の論考では、建築、彫刻、詩歌の分野では欧米に比肩するのは今のところ困難であるから、「日本から世界に押し出すには、差し当つては絵画・音楽よりするでないか(66)」としている。

このような「美術」観が雪嶺若き日の『真善美日本人』の延長線上にあることは疑いなく、緒論だけで終わった「文化創造への参照」の成り行きもある程度予測することが可能である。敗戦で打ちのめされた国民に伝統文化に対する自信を喚起する論法は、「国粋主義」のもつナショナリズムの思想運動としての生命力を示すものであり、これをもって雪嶺思想の一貫性を評価することもできるが、一方で、「美術」の哲学的基礎を推究すべき彼の思想的課題は、必ずしも十全な展開を見せていないことを認めなければならないのではなかろうか。

むすび

本章では、ナショナリズムと伝統文化の関係を政教社のメンバーのなかでもとくに三宅雪嶺の「美術」観に着目することで明らかにしようと考察を進めてきたが、彼らがいうところの「美術」は、絵画や彫刻など今日でいえば視覚芸術に限定されるものではなく、建築や音楽、詩歌や演劇までを包摂した芸術全般にわたり、伝統文化の復興を説くものであった。そのような「美術」＝伝統文化は、初期の志賀重昂らの論説に見るように、生物進化論をはじめとする自然科学の理論に拠って「国粋主義」を構想するなかで発見され、「国民の感情」と深く関わるものであることが意識されていた。こうした「美術」観の一つの結実は、志賀の『日本風景論』に見出すことができる。

これに対して、雪嶺の「美術」観は、ドイツ観念論とスペンサーの社会進化論の影響を受けながら形成され、独自の宇宙哲学を構築するなかで重要な位置を占めるものであった。美の追求は人生の目的の一つであるとともに絶大なる宇宙の意志であり、近代日本においては東西の「美術」を選択的に取捨・融合して人類文化の向上発展に貢献していく使命として、文字どおり生涯にわたって語られ続けたのである。

右のような政教社・三宅雪嶺の「国粋主義」は、「美術」＝伝統文化の復興を促す思想運動としての機能を有するものであった。本文中で紹介した宮島春松による国楽制定運動への共鳴に見るとおり、実際運動と連動する契機を内包していたのである。また、フェノロサや岡倉天心による日本画復興運動、東京美術学校の創立や日本美術院の結成などとも常に連携を保っていたのは、両者の懐抱する「美術」観が論理的なレベルで同じ位相にあったからであることも指摘した。

しかしながら、最後に検討した三宅雪嶺の「遊楽」観を見るかぎり、彼自身が特定の「美術」＝伝統文化の復興を主張することは、その宇宙哲学の論理的帰結としてもありうべからざることであった。また、それが人びとの生活の場における伝統文化の復興という主張とも直結するものではなかった。伝統文化という点からいえば、中・後期の雪嶺の言論活動からは、一般にイメージされるナショナリストとしての発言やいわゆる文化ナショナリズムの主張をうかがうことはできない。では、本章で論じてきた「国粋主義」とさまざまな「美術」との協奏関係が、明治二十年代に固有の一過性のものであったかといえば、日本敗戦後の最晩年の主張などに見るとおり、やはりそうではないであろう。

たとえば、政教社出身の内藤湖南は、日本文化とは何かを論じて、後年次のように述べている。

世界の最も完全なる文化を形作る為には、自分で従来有つて居つた文化の価値を十分に認めて、さうして何処までも其長処を保持して、更に他の長処も十分取入れるといふことが必要であつて、自分の文化に心酔して、他の文化を全く排除するといふことは、決して最良の手段ではないと思ふのであります。(67)

このような文化論を背景に有した湖南の歴史学、あるいは建築家伊東忠太が日本建築の発達の方向性を「模倣」から「同化」に見たこと(68)、岡倉の弟子横山大観が「国粋は尊ばなければならぬことは私の持論で、しばしば機会ある毎に人にも語っていることですが、(中略)外国のことでも範とするに足るところがあれば、これを範とするにやぶさかではないつもりです」(69)と述べていることなど、いずれも本章で論じた「国粋主義」と伝統文化の関係を継承・発展させた人びとの発言として読むことができる。

註

（1）Ｅ・ホブズボウム・Ｔ・レンジャー編、前川啓治・梶原景昭他訳『創られた伝統』（一九九二年、紀伊国屋書店）ならびに西川長夫・松宮修治編『幕末・明治期の国民国家形成と文化変容』（一九九五年、新曜社）所収の西川による序および各論考、さらに『歴史評論』第六〇二号（二〇〇〇年）の特集「近代天皇制と文化による国民統合」など参照。なお、ホブズボウムらの研究発表は一九七七年に行なわれ、英語版の出版は一九八三年のことであった。

（2）熊倉功夫『近代茶道史の研究』（一九八〇年、日本放送出版協会）はじめにⅰ頁。

（3）（4）同右一五六頁。

（5）田中仙樵『茶道改良論』（一九八七年、講談社）、引用は講談社学術文庫版（一九九二年）九一～九二頁。

（6）岡倉覚三著、村岡博訳『茶の本』（一九六一年改版、岩波文庫）二一頁。

（7）政教社を中心とする明治二十年代のナショナリズムに関する研究史の概観は、拙著『政教社の研究』（一九九三年、思文閣出版）の序章および本書の序章を御参照いただきたい。
（8）当時の「美術」については、青木茂・酒井忠康校注〈日本近代思想大系一七〉『美術』（一九八九年、岩波書店）所収の諸史料および解説参照。なお、佐藤道信氏は『明治国家と近代美術』（一九九九年、吉川弘文館）のなかで、明治十年代までは「画学・像ヲ作ル術・音楽・詩学」を意味した「美術」が、その後「美術（視覚芸術）・音楽・文学・演劇」を内容とする「芸術」に変貌していくとするが（同書五四～五五頁）、以下本章での検討によれば、そのような変貌は必ずしも社会通有のものではなく、三宅雪嶺の場合のように大正・昭和期まで前者の意味で「美術」を論じ続けた者もいる。したがって、ここではそれらを包含するより広義の概念として伝統文化を設定し、「美術」＝伝統文化と「国粋主義」思想との関係に注目していく。
（9）「〔日本人創刊の辞〕」、『日本人』第一号（一八八八年）表紙裏頁。
（10）このときの演説が同右第二号（一八八八年）の巻頭論説「『日本人』が懐抱する処の旨義を告白す」である。
（11）同右一頁。
（12）志賀重昂「日本国裡の理想的事大党」、同右第五号（一八八八年）五頁。
（13）志賀「大和民族の潜勢力」、同右第七号（一八八八年）二～三頁。
（14）志賀の対外的危機意識は、たとえば『日本人』第六号（一八八八年）所収の「日本前途の二大党派」では、「西比利亜鉄道にして一哩落成せば、日本国は一哩丈け欧州殖民政略の感化に近寄りたる者なり」（同誌七頁）という表現で示されている。
（15）矧川生「十年前録（一）」、『亜細亜』第六六号（一八九二年）七頁。
（16）理学宗については、大町芳衛・猪狩又蔵『杉浦重剛先生』（一九二四年、政教社）の第六章参照。
（17）菊池熊太郎「行為の標準」、『文』第一巻第四号（一八八八年）四二頁。
（18）菊池「国粋主義の本拠如何」、『日本人』第一六号（一八八八年）二頁。
（19）同右四頁。帝室と伝統文化の関係については、高木博志『近代天皇制の文化史的研究』（一九九七年、校倉書房）参照。
（20）志賀の風景論については、前掲註（7）拙著『政教社の研究』二三二頁以下を御参照いただきたい。
（21）フェノロサ演述、大森惟中筆記『美術真説』（一八八二年、龍池会蔵版）、前掲註（8）青木・酒井校注『美術』三七頁。なお、栗原信一氏は『フェノロサと明治日本』（一九六八年、六芸書房）のなかで、フェノロサの演説の「論理的根拠」を「進化論的哲学」

とする見解を示している（同書三二六頁）。
(22)「鑑画会に於ける岡倉覚三の演説」（初出は『大日本美術新報』第五〇号、一八八七年）、前掲註(8)青木・酒井校注『美術』九一頁。この演説は、明治二十年（一八八七）十一月六日に行なわれたものである。
(23) 前掲註(10)志賀「『日本人』が懐抱する処の旨義を告白す」五頁。
(24) 東京美術学校の設立に関しては、東京芸術大学百年史編集委員会編『東京芸術大学百年史』東京美術学校篇第一巻（一九八七年、ぎょうせい）参照。
(25) 日本美術院百年史編纂室編『日本美術院百年史』二巻下〔資料編〕（一九九〇年、日本美術院）六二三頁。
(26) 三宅雄二郎『人の行路』（一九三七年、実業之世界社）五二四頁。初出は『実業之世界』第三〇巻第一一号（一九三三年）の「日本主義の神髄」と題する論説。
(27) 三宅雄二郎『哲学涓滴』（一八八九年、文海堂）一五三頁。
(28) 同右二一五頁。
(29) 柳田泉『哲人三宅雪嶺先生』（一九五六年、実業之世界社）六〇頁。
(30) 鹿野政直「ナショナリストたちの肖像」、鹿野編〈日本の名著三七〉『陸羯南　三宅雪嶺』（一九七一年、中央公論社）四九頁。
(31) 三宅雄二郎『真善美日本人』（一八九一年、政教社）表紙。
(32)『東洋学芸雑誌』第一、六、一七号（一八八三年）所収。
(33)(34) 前掲註(31)三宅『真善美日本人』六四頁。
(35)(36) 同右六八頁。
(37) 同右七一頁。
(38) 三宅雄二郎『偽悪醜日本人』（一八九一年、政教社）六〇頁。
(39) 三宅雄二郎『我観小景』（一八九二年、政教社）二二頁。同書執筆の経緯に関しては、本書第二部第二章を御参照いただきたい。
(40) 得能文「三宅君の我観を読む」、『亜細亜』第五八号（一八九二年）所収。
(41) 東京大学文学部で三宅の一年後輩だった阪谷芳郎の受講ノート「政治学哲学　1　理財学雑記」（国立国会図書館憲政資料室所蔵、「阪谷芳郎文書」八五五）六頁。このノートについては、前掲註(7)拙著『政教社の研究』七五頁以下および対応註ならびに本書第一部第三章を御参照いただきたい。

(42) 三宅雪嶺『自分を語る』(一九五〇年、朝日新聞社)九三頁。

(43) 三宅雪嶺「我国の絵画について」、『日本』明治三十三年一月二十四日付二面。

(44) (菊池)「余輩国粋主義を唱道する豈偶然ならんや」、『日本人』第二五号(一八八九年)三頁。この論説は無署名であるが、「国粋」の定義づけなどが前掲註(18)菊池「国粋主義の本拠如何」と全く同様であるから、菊池の執筆と断定してよいであろう。

(45) 宮島春松に関しては、大平喜間太編『松代町史』下巻(一九二九年、松代町役場)六五六頁以下、ならびに柳田泉「宮島春松について(一)」(『東京新誌』第一巻第六号、一九二七年)および同『明治初期の翻訳文学』(一九三五年、松柏館書店)他を参照した。

(46) 中村木公「宮島春松君」、第三次『日本人』第二一四号(一九〇四年)所収。

(47) 前掲註(45)柳田『明治初期の翻訳文学』四一五頁。同部分の初出は『明治文化研究』第四巻第六号(一九二八年)。

(48) 志賀生「初対面録(一)」、第三次『日本人』第三号(一八九五年)四二頁。

(49) 前掲註(46)中村「宮島春松君」三六頁。

(50) 東儀季治「音楽小史」、大隈重信撰、副島八十六編『開国五十年史』(一九〇八年、開国五十年史発行所)三一一頁。ただし、このようなかで、宮島の運動がどれほどの意味をもったのかは判然としない。明治三年(一八七〇)太政官には雅楽局が設置されているし、同二十二年には華族らの有志によって絲竹会が結成されるなど、雅楽は確実に近代に引き継がれていた。明治七年から式部寮伶人による西洋音楽の兼修が開始されており、宮島はそのような動向に危機感を覚えたのかもしれない。この点に関しては、塚原康子『十九世紀の日本における西洋音楽の受容』(一九九三年、多賀出版)および同『明治国家と雅楽』(二〇〇九年、有志舎)を参照。山住正己「雅楽と天皇制」(『歴史評論』第六〇二号、二〇〇〇年)もある。なお、前掲註(24)『東京芸術大学百年史』の東京音楽学校篇第一巻(一九八二年、ぎょうせい)にも宮島の名前は登場しない。

(51) 宮島春松「国楽制定意見(一)」、『亜細亜』第二巻第三号(一八九三年)三七頁。

(52) 同右四一頁。

(53) 雅楽協会「国楽制定意見概案」、第三次『日本人』第九号(一八九五年)一四頁。

(54) 同右一六頁。

(55)　柳田泉「日本の「美」というもの」、柳田編〈明治文学全集三三〉『三宅雪嶺集』（一九六七年、筑摩書房）所収。
(56)　三宅雄二郎『東西美術の関係』（一九五六年、実業之世界社）七頁。
(57)　熊倉功夫『生活と芸術』（一九八五年、日本放送出版協会）一二七頁。
(58)(59)　三宅雄二郎『人類生活の状態』下巻（一九五六年、実業之世界社）一頁。
(60)　三宅雄二郎『一地点より』（一九三三年、帝都日日新聞社）一六八頁。初出は『帝都日日新聞』昭和八年一月二十五日付。
(61)　前掲註(58)三宅『人類生活の状態』下巻一六頁。
(62)　同右六三頁。
(63)　三宅雪嶺『同時代史』第六巻（一九五四年、岩波書店）三八五頁。
(64)(65)　三宅雪嶺「各自能力の世界への放出」、『世界』第一号（一九四六年）一〇二頁。
(66)　前掲註(63)三宅『同時代史』第六巻三九〇頁。
(67)　内藤湖南『日本文化史研究』（一九二四年、弘文堂）、引用は講談社学術文庫版上巻（一九七六年）三三頁。大正十年（一九二一）の講演記録。
(68)　伊東忠太『日本建築の研究』上（一九三七年、龍吟社）三五八頁。
(69)　横山大観『大観画談』（一九五一年、講談社）、引用は『大観自伝』（一九八一年、講談社学術文庫）一四六頁。

第二章　明治二十四、五年の南洋巡航

——その思想的意義——

はじめに

三宅雪嶺は生涯で四度の外遊経験を有している。すなわち、明治二十四（一八九一）、五年の南洋巡航、同二十七年の朝鮮半島視察、同三十五、六年の世界一周、同三十七年の日露戦争観戦、である。雪嶺が実見した世界は、南洋、東洋、西洋、という順序となり、最後に東洋と西洋の激突を観戦したことになる。年齢でいえば三十一歳から四十四歳までの壮年期に集中している。

雪嶺の伝記的生涯をたどるなかで、四度の外遊経験に注目することの意義については多言を要しないだろう。雪嶺思想の根幹の一つに東西両文明の融合・発展が意識され続けていたことを思えば、外遊によって東西両文明の特質を直接見聞することで獲得した知見を理解しておくことは、雪嶺研究の重要な課題だと考えられるのである。ところが、雪嶺の外遊経験を論じた研究は、管見のかぎり見当たらないようである。柳田泉氏による伝記『哲人三宅雪嶺先生』でも大きく取り上げられていない。私自身も、前著のなかでは、初期政教社の変貌を促した画期として、雪嶺の南洋巡航に注目するにとどまった(1)。

もっとも、明治三十五、六年の世界一周の見聞は、雪嶺自身によって比較的多く語られている。旅行直後から雑誌

『日本人』に掲載された各地の見聞記は、その後間もなくまとめられて『大塊一塵』（一九〇四年、政教社）として刊行されたし、自伝『大学今昔譚』でも「世界漫遊」「洋行とその後」という章が立項されていたのである。これに対して、雪嶺にとって最初の外遊経験となる明治二十四、五年の南洋巡航については、帰国後の『日本人』『亜細亜』その他の誌紙上にも関連する記事がほとんど見られず、自伝でも大きく取り上げられていないのはなぜだろうか。それは、明治十九年（一八八六）の南洋巡航の経験を翌年『南洋時事』（一八八七年、丸善商社）として上梓し、さらにその翌年には雪嶺らと政教社を結成しナショナリズムを意識しながら「国粋主義」の理論化に取り組んだ志賀重昂の場合と比較しても、著しい対照を示している。

自伝では洋行について、「十台二十台で洋行するのは刺激が強く、見るもの聞くものが珍しいけれど、四十を越してはそれほどのこともなく、殊に自分は十年前にオーストラリヤでいくらか西洋生活を経験したので、欧米へ行つても余り驚くやうなことがない(2)」と述べられており、南洋巡航で訪れたオーストラリアでの経験を、洋行のいわば予行演習のように位置づけていた。しかし、晩年の文章のなかでも、「一八九一年自分はオーストラリアのシドニーでスタンレーの演説を聴いた。その時も矢張りキホチズムの語を持ち出し、前にキホチズムと毒づかれたが今はどうかとて、気焔が頗る高かつた(3)」と回想するなど、雪嶺にとって南洋での見聞は決して忘却の彼方にあったのではないことは明らかである。

そこで本章では、雪嶺自身によっても、その後の伝記や雪嶺研究のなかでも、ほとんど取り上げられてこなかった明治二十四、五年の南洋巡航旅行に関して、史料研究を基礎に以下、出発までの経緯、巡航の経過、帰国後の論調という順序で解明していきたい。換言するならば、雪嶺にとって南洋はいつ、どのようなかたちで視野に入ってきたのか、雪嶺は南洋で何を実見してきたのか、そして、初めての海外経験は雪嶺思想に、とりわけ直前に刊行した『真善美日本人』で「護国と博愛と奚ぞ撞着すること有らん」と述べていたことからうかがえるナショナリズムの主張にいかなる影響を与えたのか、という課題に応えていくことになろう。これらは単に雪嶺が南進論者だったのか否か、という次元の問題にはとどまらないはずである。

一　文学士特派——出発までの経緯——

三宅雪嶺の南洋巡航旅行は、海軍練習巡洋艦比叡（図5）[4]に便乗して行なわれた。明治二十四年九月二十二日付『官報』第二四七一号には「呉鎮守府所轄練習艦比叡ハ一昨十日南洋ニ向ヒ品海抜錨」とあり、翌二十五年四月十二日付『官報』第二六三三号には「呉鎮守府所轄練習艦比叡ハ一昨十日品海へ投錨」とある。この間二〇三日。海上自衛隊の練習航海にジャーナリストなどが便乗することは、今日でも珍しいことではないらしい。便乗者にとっては通常の旅行とは違った経験が期待できるし、一方自衛隊の側でも、洋上で自衛官と〝同じ釜のメシ〟を食い、同じ視線で寄港地を見て回れば、帰国後の発言が自衛隊のシンパのそれとなることは自然と期待できよう。では、明治二十四年という時期に雪嶺と海軍の双方がお互いに期待したものとは、いったい何だったのだろうか。

周知のようにこの年は、第一議会の予算案をめぐる紛糾で幕を開けた。議会の混乱が政府と自由党土佐派の妥協で収拾されると山県内閣は総辞職、成立直後の松方内閣を襲ったのは五月十一日に発生した大津事件であった。折しも来日中のロシア皇太子に対する護衛巡査による刃傷事件は、シベリア鉄道の起工とも相俟って朝野の恐露病を煽り、さらに同時期、大型戦艦定遠・鎮遠を擁する清国北洋艦隊が来航したことは、日本を含めた東アジアの国際的緊張を広く知らしめるものであった。そのような国際情勢を世界的視野から論じ、「東方問題」として概括したのは、この

図5　軍艦比叡

年刊行された稲垣満次郎の『東方策』である。同書のなかで稲垣は、「苟も日本政治家を以て自任する人々は、在朝在野を問はず、東方問題の起源及び歴史、現今の形勢、将来の如何を詳かにせざるべからざるは余が言を俟たず(5)」と主張していた。

こうしたなか、雪嶺はじめ政教社の「同志」たちは、機関誌『日本人』を『亜細亜』と改題した。『亜細亜』第一号の発行は、同年六月二十九日のことで、同誌の巻頭論文「亜細亜」(無署名)では、アジアにおいて「自ら為す所」を「講究(6)」することが課題だとされている。志賀重昂は、日本の周辺情勢を分析した論説「島帝国の四囲」のまとめとして、「地理学の講究稽査は日本国の運命を断定すべき諸問題を解釈するものなり。此学の特に当代の日本人民に必要切須なる知るべきのみ(7)」と述べていた。また、「同志」の一人今外三郎は論説「日本今日の務」で、世界の「競争場裡」に立つために「民力」の充実を図るべきも、「国防上の必要」を優先する方針に理解を示し、「第一に憂ふべきは何ぞ、軍艦の不足なること之なり(8)」と論じていた。彼らの主張を敷衍すれば、南洋に軍艦を派遣し現地を実地に調査することをとおして、日本の採るべき進路を積極的に提言していこうという態度にたどりつくであろう。『亜細亜』への改題は、政教社にとって「国粋主義」の視圏拡大を意味するものであった。

ところが三宅雪嶺に関していえば、南洋巡航出発前の『日本人』『亜細亜』誌上に発表された署名論説等のすべてを見渡しても、南洋への関心はおろか、対外論に及ぶ文章を書いていないのである(9)。はじめにも述べたように、自伝や回想のなかでも雪嶺は南洋巡航の動機に関しては一切記していない。自伝のその部分は次のような記述になっている。

時に海軍で練習艦比叡が南洋に向ひ、探険に志あるものが便乗を許されるといふので、自分はこれに便乗することにした。榎本農相が殖民に意があり、その旨を承けたとかで、依岡・富山等幾人も同乗したが、海軍側と打合せが足らず、聊か喰違ひがあつたらしく、自分は士官室に入り、他は廊下に寄居した。士官中に後の広瀬中佐が少尉として居り、少尉候補生中に今の加藤大将、安保大将等がゐた。(10)

「榎本農相」が実際は外相であったことなど、細かい点は後述するとして、ここで問題となるのは、当時の雪嶺が「探険に志あるもの」だったか否かである。

そのような意味で、まず注目しなければならないのは、出発のおよそ二ヵ月前の明治二十四年七月七日に設立された東邦協会において、雪嶺は評議員の一人になっていたことであろう。このことに関しては、先の拙著でも触れておいたが、(11)改めて南洋との関連で見直してみると、まず「東邦協会設置趣旨」において、「東洋の諸邦、南洋の諸島、凡そ我が帝国近隣の勢状を詳かにして之れを国人の耳目に慣れしむるハ今日当（まさ）に務むべきの急にあらずや(12)」とある。「東邦協会事業順序」でも、「講究」の対象は「東洋諸邦及び南洋諸島」（第一条）、「東南洋」（第四条）とされ、第五条では、「本会は実地視察の為め探験員を諸地方に派遣する事あるべし(13)」と定められていた。本章の検討範囲からは外れるが、雪嶺による明治二十七年の朝鮮半島視察は、実際東邦協会からの派遣というかたちで行なわれたのである。

東邦協会の創立委員には、政教社の「同志」であった杉江輔人も加わっており、七月七日に九段富士見軒で開催された創立総会には雪嶺も参会している。同月二十日と八月二十八日の評議員会にも雪嶺は出席していて、雪嶺の南洋巡航は、『東邦協会報告』を見るかぎり、同協会の「探験員」として行なわれたわけではないようだが、同会との密接な関係のもとで実行されたことは疑いない。たとえば、八月二十八日の評議員会に出席したのは、副島種臣、志賀重昂、星亨、陸実（羯南）、福本誠（日南）、小山正武、杉江輔人と雪嶺の八人であり[14]、この席で雪嶺南洋行の話題が出たことは、想像とはいえ、ありそうなことである。しかし、東邦協会との関係から迫ることができるのは、ここまでである。

次に、この時期の雪嶺の動静で注目しなければならないのは、新聞『国会』との関係である。『国会』は明治二十三年（一八九〇）十一月二十五日に創刊された日刊新聞で「東朝の姉妹紙[15]」であった。そもそも小新聞から始まった『大阪朝日新聞』が東京に進出、『東京朝日新聞』を創刊したのは明治二十一年七月十日だったが、社長村山龍平が「ロンドン。（ママ）タイムスの如き品位ある新聞を造つて見て、他日朝日新聞の到達すべき道程の瀬踏みをしよう[16]」と考えて、帝国議会の開院に合わせて発刊したのが新聞『国会』だったのである。創刊直後の明治二十三年十二月二日、志賀重昂は「特別客員」を依嘱され、翌日から社説を担当した。社友[17]には、政教社「同志」の井上円了、棚橋一郎、松下丈吉、今外三郎、島地黙雷らのほか杉浦重剛、千頭清臣も名前を列ね、辰巳小次郎、菊池熊太郎、宮崎道正らも論説の筆を執っているから、これはもう政教社とは、少なくとも論調のうえでは一心同体といわなければならない。

このような『国会』の明治二十四年五月二十八日付第一五四号劈頭の社告「国会新聞拡張広告」には、「志賀重昂の外、今回更に健筆を以て世間に聞ゆる文学士三宅雄二郎氏を特別客員に請嘱し、論説に従事せらるゝこととなり、（中略）東洋の「タイムス」たるの名に負（そむ）かざらんことを期す」とあり、雪嶺の『国会』入りが明白となる。同紙上の六月二日には署名社説「勲功と爵位」を、六日には同じく「後藤伯は内閣総理大臣か」を執筆している。当時、政教社の機関誌『亜細亜』は週刊で刊行されており、雪嶺の「健筆」も単なる修辞ではない状況にあった。こうした関係を、私はかつて、政教社を基点とした「別働機関[18]」の一つとして論じておいた。

雪嶺を南洋巡航に誘った動機が、同時期の『亜細亜』誌上からはうかがえないとすれば、したがって、『国会』紙上に注目していく必要がある。そのような意味では、同紙八月二十八日の社説「軍艦比叡の遠洋巡航、専門学士の便乗」は止目に値するであろう。この社説は無署名ながら、次のように述べて学士の便乗を促している。

（前略）商況観察の為め二、三人士の便乗せんとする、吾輩之れを稔聞す。而して専門学士の便乗する、未だ知らず。吾輩を以て之れを視れバ、所謂商況観察や利あり、然れども、専門学士の便乗して個々討むる処の学理を実地に就きて稽査・観察するの利、寧ろ測るべからざらんとす。（中略）前後航程二百日、鐃々たる日本理学家中、能く之れに便乗し、以て其の半生学得する処を実地に就きて研究するのに大丈夫児無きか。（後略）

調査項目の具体例として挙げられているのは、貿易風に関する地文学上、気象学上の研究などである。ここで想定されている「専門学士」は、文中にあるように「理学家」のイメージであろう。ところが、九月三日付紙上の無署名社説「軍艦比叡遠洋航路の変換、専門学士の愈々気を吐くべき秋」では、まず比叡の予定航路がオーストラリアにまで及ぶように変更されたことが伝えられ、「便乗の日本学士ハ乃ち日濠間の関係、日本日進の現状等を或ハ演説し、或ハ新聞紙上に寄書せバ、日本国の価値ハ爆として濠太利大陸の南北に轟響せん」と、「専門学士」の役割も少し変わっている。二つの社説の著者はだれか、記事の内容や文体からみて南洋巡航経験のある志賀と判断して間違いないとは思うが、いずれにせよ、出発を二週間後に控えたこの時点で、雪嶺の便乗は決定されていない。

雪嶺の比叡便乗が『国会』紙上で公にされたのは、解纜の四日前、九月十六日の紙面においてであった。この日は第一面冒頭に社告を掲げ、次のように報じた。

今回軍艦比叡遠洋巡航致候に就てハ、本社ハ文学士三宅雄二郎氏を特派致候に付、其途中の紀行、観察、所論等ハ続々本紙上に掲載すべし。

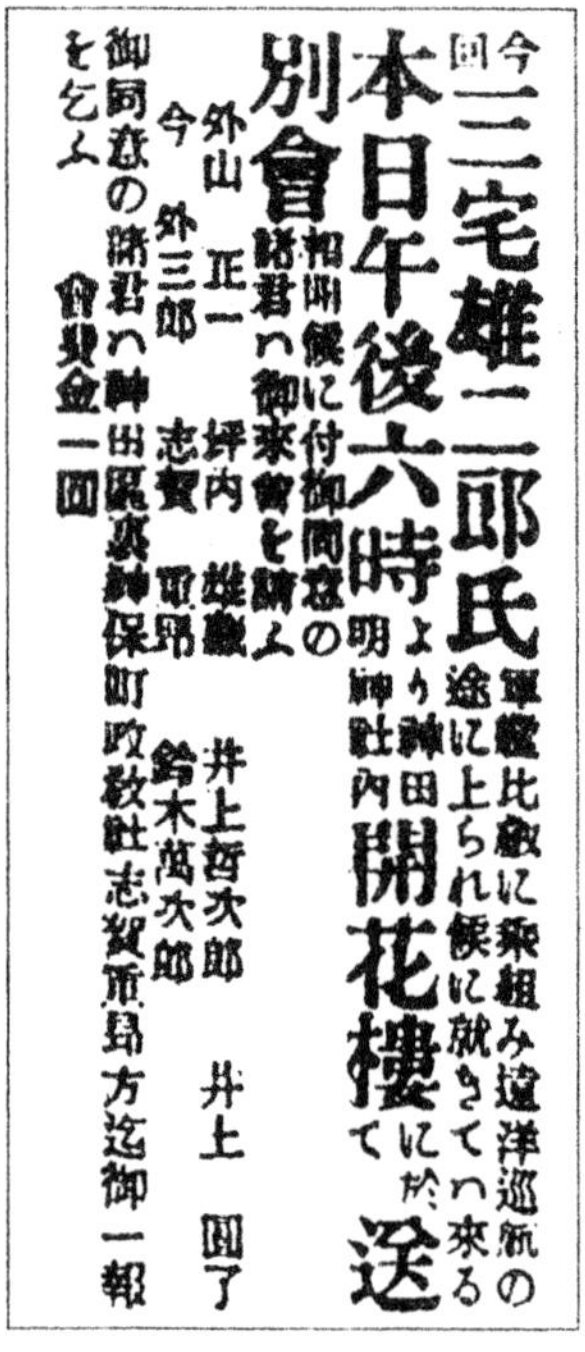
今回三宅雄二郎氏軍艦比叡に乗組み遠洋巡航の途に上られ候に就きて来る
本日午後六時より神田明神社内開花樓に於て送
別會相開候に付御同志の諸君へ御來會を請ふ
外山　正一　坪内　雄藏　井上哲次郎　井上　圓了
今　外三郎　志賀　重昂　鈴木萬次郎
御同志の諸君へ神田區表神保町政教社志賀重昂方迄御一報を乞ふ　會費金一圓

図6　送別会案内広告

さらに社説「軍艦比叡の遠洋万里行を送る」、雑報「軍艦比叡の出発」が続き、雑報「比叡艦の便乗者」では雪嶺は士官室（ガンルーム）に、依岡省三・松岡好一・富山駒吉・安東不二雄・安井万吉・畔上桂策（ママ）・藤井某の七名[19]が、准士官室に配されたことを伝えている。以上によれば、雪嶺は『国会』特派員のかたちで、いわば同紙のキャンペーン事業の一環として比叡に便乗するかのようになっている。このようなキャンペーンを仕掛けたのは志賀重昂であったと私は考えるが、政教社「同志」とは近い関係にあった陸羯南の新聞『日本』は、右の『国会』の社告が掲載された翌九月十七日付の雑報「文学士、特派」で左のような皮肉まじりのコメントを加え、雪嶺の南洋巡航に対する両紙の温度差を示している。

本社特派、是等の数文字は三宅雄二郎君が南航につき、昨日の国会紙上所々に見る所なり。昨日の三宅君は文学士を鼻にせず、特派を殊栄とする男に非ざりしが、今日の三宅君は南航の為めに一変せし歟、少し変なり。何かの間違にはあらざる歟。

雪嶺本人は出発に至るまで黙して語らず、志賀の送り出し方が雪嶺の意向に沿ったものだったのか、あるいは羯南の皮肉が雪嶺の思いを代弁していたのか、にわかには判断しかねる。この間の雪嶺の挙動は、まったく事情は違うけれども、長谷川如是閑が回想する次のような行動パターンに似ていたように、私には思える。

（前略）ある時、記者たちが芝居見物をすることになって、雪嶺にも仲間入りをすすめると、ううといったきりで行こうとはいわない。無駄になったら誰か行くだろうからと、雪嶺の分の切符も買って、当日になって、社に来ていた雪嶺に、一緒に行くようにすすめると、うううといってついて来たが、幕が開くと、袂（たもと）からオペラグラスを出して見ている。先のうううは「するも可」で、初めから来るつもりだったのである。[20]

とまれ雪嶺は、九月十八日には図[21]6のような案内広告によって開催された盛大な送別会に臨み、その翌々日の二十日には南航する比叡艦上の人となっていたのである。

二　「show of "force"」——航路変更の事情——

記者仲間との芝居見物でさえ判断を保留するような雪嶺が、自分自身の南洋航海のために官辺を説得して回ったとは考えにくいとすれば、その間の事情はどのように推移したのだろうか。本節では視点を換えて、軍艦派遣の主務官庁である海軍省、対外政策を主管する外務省の史料を中心に比叡出発までの経緯と雪嶺便乗の関連を探っていきたい。

まず、雪嶺が比叡に便乗したことを証する史料の所在だが、前著執筆のときは防衛研究所図書館、外務省外交史料館の所蔵史料のなかには見出すことができなかった。しかし今回、改めて調査した結果、外交史料館所蔵の『海外旅券下付（付与）返納表申達一件』[22]のなかに、雪嶺の名前を見つけることができた。

旅券番号	発給日	返納日	渡航地
四九〇一〇	明治二十四年九月十七日	同二十九年六月二十七日	比叡艦に便乗南洋地方

旅券の発行日から見ても、雪嶺の比叡便乗が慌しいものだったことが分かる。新聞『国会』紙上に雪嶺特派の社告

が掲載されていた時点で、旅券は発行されていなかったことになる。返納が帰国から四年も遅れているのには深い意味はなかろうが、とにかくこの史料によって、雪嶺が比叡に便乗して南洋航海へ出発したことは公文書のなかに記録として留められていたことになる。

次に、比叡の渡航地が北半球の限定した地域から、オーストラリアを含む南半球にまで広がった経緯について探ってみよう。前節で見たように、この航路変更によって比叡に便乗する「専門学士」が果たすべき役割も変化し、結果、雪嶺にその役が回ってきたのだと考えられる。外交史料館所蔵の記録によれば、はじめに航路変更を促したのは外務省であった。一連の経緯を同館所蔵の自明治二十年『帝国練習艦隊関係雑纂』第二巻からまとめておきたい。このファイルの件名番号六が「濠洲メルボルン領事ヨリ軍艦派遣ニ関スル勧告　付比叡濠洲へ航行ノ件」であり、これは左のような構造をもつ一件書類である。[23]

① 一八九一年七月八日付、メルボルン発、名誉領事A・マークス[24]（Alexander Marks）からの機密信訳文、榎本外務大臣閲了。内容は、オーストラリアでは連邦国家建設の動きがあるが、立法部では「支那人並ニ東洋人」を排斥しようという傾向が見られる。日本人に対する排斥の動きは今のところないものの、この際勧告しておきたいのは、できるだけ速やかに軍艦を派遣し、「幾許カ示威スル所アルハ其得策タルニ外ナラズ」というものであった。

② 右機密信の原文、「機密受第六八一号」、外相、次官、政務局長、秘書課長ら検印。批文、榎本外相「内閣通知、殊ニ九月七、八日頃海軍練習艦南洋へ向ケ起程ニ付、速ニ海軍省へ通知スベシ」、中田敬義秘書課長「八月二十二日海軍大臣へ写ヲ送ル」（いずれも墨書）。なお、「「兵力」示威」の原文は「show of “force”」である。

③ 明治二十四年八月二十二日起草、同日発遣の海軍大臣樺山資紀宛外務大臣榎本武揚申進案、外務省決裁書。内

容は、航路変更は海軍省の専管事項ではあるが、比叡のメルボルン、シドニー、ブリスベーンへの寄港は「至極好都合」だという判断を示したもの。

④　同日起案・発遣の内閣総理大臣松方正義宛外務大臣榎本武揚申進案、政務局長決裁。内容は、マークスの勧告訳文を供覧のため送付するというもの。

⑤　同年九月七日起草、十二日発遣のマークス宛外務大臣榎本武揚回答書案、外務省決裁書。内容は「勧告ノ次第ハ本官ニモ至極御同意之義ニ候間、早速今回帝国軍艦比叡ヲ其地へ派遣致候」と伝えたもの。

⑥　右回答の英訳文、九月十一日訳了。翻訳局長決裁。

⑦　同年九月九日起草、同日発遣、海軍大臣樺山資紀宛外務大臣榎本武揚照会案、外務省決裁書。内容は「風俗形勢等ノ視察ノ為メ」依岡省三外七名の比叡便乗を願うもの。

⑧　同年九月十二日付、外務大臣榎本武揚宛海軍大臣樺山資紀回答。「機密受第七五二号」、外相、次官、政務局長、秘書課長ら閲了検印。内容は「艦内狭隘」のため六名に限って便乗を許可するというもの。

⑨　同年九月十七日起草、同日発遣、比叡艦長森又八郎宛外務大臣榎本武揚通知書案、外務次官決裁書。内容は依岡省三外五名の氏名を報せたもの。別紙参考として、子爵榎本武揚宛依岡省三願書一通（無銘罫紙使用、墨書）添付。この願書には富山駒吉の名はなく、代わりに黒田喜市の名が見える。

⑩　一八九一年九月七日付、ヌメア府ニッケル会社社長および同府知事宛フランス国特命全権公使シエンキヱウヰッツ紹介状訳文、外相以下閲了。内容は、比叡便乗の富山駒吉が日本人労働者の実地調査を行なう際の便宜供与依頼。富山の調査は日本外務大臣の依託により実施される。

⑪　右紹介状の仏文写各一通、外相以下閲了。

⑫　同年九月十七日付、外務大臣榎本武揚宛比叡艦長森又八郎申進書、九月十八日接受、「受第一一一九五号」、次官以下閲了検印。内容は九月二十日抜錨につき便乗者への通告を請うもの。

⑬　九月三日付、外務省宛軍艦比叡通知、九月四日接受、「受第一〇六四三号」、次官以下閲了検印。別紙の「軍艦比叡遠洋航海予定」表を送付。

以上によって、比叡の航路変更が外務省からの申入を起因としていたこと……③、外務省がそのような申入をしたのは、在メルボルン名誉領事のマークスの勧告によること……①②、がはっきりした。いわゆる砲艦外交を現地の名誉領事が求めたことになる。短期間のうちにそのような判断が導かれた背景には、榎本外相が移民問題に熱心であったこと、東洋人の排斥問題が発生しつつあったこと、そして前節で述べた東方問題などが伏在していたといえよう。

一方、民間便乗者は、記録に出てこない雪嶺のほかに、外務省の依託でニューカレドニアのニッケル鉱山で働く日本人労働者の実地調査を行なう富山駒吉……⑩⑪、それと南洋視察を名目とする依岡たち五名……⑦〜⑨、の合計七名となる。[25]雪嶺の名前がなぜ出てこないのか、外務省とは別のルートで便乗が働きかけられたと考えるしかないものの、今回、国立国会図書館憲政資料室の松方正義、榎本武揚、樺山資紀らの関係文書に当たってみたところでは、関連する書簡・書類等は見出せなかった。雪嶺はじめ政教社の面々がこのときまでに親しくしていた政界有力者ということになると、谷干城、佐佐木高行、副島種臣らが想起されるが、いずれにせよ、雪嶺便乗の経緯については継続調査を期したい。

なお、⑬に記されている航海予定を整理したのが表2である。

さて次に、防衛研究所戦史研究センター史料室の所蔵資料によって、外務省から右のような申進……③を受けた海軍省側の対応を瞥見しておきたい。この一件は、明治二十四年『公文備考』四艦船部上に編綴されている。それによれば、海軍省は次のように対応した。

① 明治二十四年八月二十二日付、海軍大臣樺山資紀宛外務大臣榎本武揚申進書。別紙としてマークスからの勧告訳文を付す。

表2　比叡航海予定

地　　名	到着日	出港日	碇泊日数	備　　考
呉		9月21日		
マリアナ諸島	10月 3日	10月 6日	3日	帆走を主とす
ニューカレドニア島	11月11日	11月14日	3日	同　上
メルボルン	12月 4日	12月18日	14日	同　上
シドニー	12月24日	1月 3日	14日？	
ブリスベーン	1月 9日	1月23日	14日	
ニューギニア島	2月 4日	2月 7日	3日	風模様により帆走
スル列島	2月16日	2月19日	3日	同　上
パラワン島	2月24日	2月27日	3日	
マニラ湾	3月 2日	3月 5日	3日	
呂宋北部	3月 8日	3月11日	3日	
香　港	3月14日	3月17日	3日	風模様により帆走
品　海	3月25日			同　上

なお、この申進書には、八月二十四日付の海軍参謀長代理児玉利国の意見が付されている。全文は次のとおり。

本文外務大臣ヨリ照会之趣ニ付テハ至極尤之儀ニ有之、我海軍ニ於テハ希望スルハ勿論ナリト雖モ、此回軍艦比叡ノ航路ヲ変更スルハ到底需求ニ難応、既ニ上裁ノ運ニシテ、殊ニ航海北緯二十度以南（ママ）、北緯五十度以北（ママ）ヲ限リノ経費ニシテ、之ヲ経過スルヲ許サレズ、乍併政略上名誉領事「マークス」氏請求通濠洲「メルホールン」等ニ軍艦派遣スル好都合ニシテ、経費支出スルト云フ閣議ニアツテハ、軍艦金剛、筑波ニテモ繰合派遣セシムルハ敢ヘテ差支無之義ト被存候、此段意見申出候也

八月二十四日

海軍参謀長代理　印（児玉）

右によれば、比叡の航路変更は海軍としても希望するところだが、すでに上裁を得ているため経費の面で変更が難しい。しかし、政略上好都合の勧告なので、閣議で費用支出について決定されれば、比叡とは別に

金剛または筑波などを派遣することは差し支えないであろう、という意見になる。開会後の議会では、海軍の建艦費が政府と民党の争点の一つであったが、児玉の意見は、マークスの勧告と外務省の申入を奇貨として、比叡とは別の軍艦を派遣しようとするものであった。

② 同年八月二十七日付発（起案日不明）、比叡艦長森又八郎宛海軍大臣伝達案および呉鎮守府司令長官宛同大臣通知案、海軍省決裁書。このとき決定された航路は、ハワイ、ニューギニア、ルソン、香港など、なお当初の案（表2以前の原案）のままであった。

③ 同年九月二日付発（起案日不明）、比叡艦長宛海軍大臣伝達案および呉鎮守府司令長官宛同大臣通知案、海軍省決裁書。このときの決定で、航路にニューカレドニア、オーストラリアが組み込まれた。

以上によれば、海軍側では、参謀長代理の児玉利国が対応に当たり、八月二十七日から九月二日までの五日の間に航路変更の決定がなされたことが分かる。この間の閣議の模様が判明する史料の残存は可能性として小さいものの、これまでたどってきたところから推測するならば、榎本外相の強い要請があったことが考えられる。

雪嶺が便乗することになった練習艦比叡の出航までは、外務省と海軍省の間で以上のような駆け引きがあったのである。

三 「マダ何にも書くことがない」——巡航中の日々——

こうして、関係各方面のさまざまな思惑を乗せて出航した比叡の南洋巡航中、三宅雪嶺は何を実見したのだろうか。まず確認しておきたいのは、比叡の航路である。外務省からの申入によって、オーストラリアを含む南半球にまで及ぶものに変更されたことは前節で紹介したが（表2）、実際の航海は、種々の理由によってさらなる変更を余儀なくされた。明治二十五年四月の帰国後、艦長の海軍大佐森又八郎から海軍大臣樺山資紀に宛てて差し出された報告書(26)によれば、表3のような巡航経路をたどったのである。

表3　比叡航海報告

地　名	到着日	出港日	碇泊日数	備　考
品　海		9月20日		
北緯 26°26' 東経 149°2' マリアナ諸島東海域	10月 3日			颶風に遭遇 船体破損
北緯 18°57' 東経 147°50'	10月 5日			グアム島へ向かう
グアム島	10月 8日	10月17日	9日	スペイン領　修理
ニューブリテン島	11月 1日	11月 7日	6日	ドイツ領
ブリスベーン	11月21日	12月 5日	14日	イギリス領
シドニー	12月 9日	12月29日	20日	同上　邦人 30 余
メルボルン	1月 4日	1月21日	17日	同上　邦人 20 余
ニューカレドニア島	2月 5日	2月10日	5日	フランス領 邦人 600 余，広島丸で到着
ニューギニア島	2月22日	2月25日	3日	
スル島	3月 8日	3月11日	3日	
マニラ湾	3月15日	3月22日	7日	スペイン領
香　港	3月26日	4月 2日	7日	
品　海	4月10日			

当初の予定との違いは、第一に、出航二週間後のマリアナ諸島東海域付近で猛烈な颶風（ぐふう）（時期的にみて台風か）に遭遇し、マストが折れたり、短艇が流されたりという被害を受け、ニューカレドニアまで一気に南下する計画を断念し、グアム島で船体を修理せざるをえなくなったことである。第二に、ニューギニアからフィリピンへ向かう艦内でマラリアが発生し、パラワン島への寄港を諦めたことである。このほかにも、燃料である石炭補給の問題などが生じた。

では、これらの洋上および寄港地で、雪嶺はどのような観察をし、それらをどのように伝えようとしたのか、私の知るかぎり、この間に雪嶺によって書かれた日記や知人宛の書簡などの史料は皆無であるうえに、政教社発行の『亜細亜』にも関連記事はきわめて乏しい。そこで、第一節に引き続き、彼と関係が深かった新聞『国会』および『日本』の記事を中心に追跡してみよう。

『国会』はすでに引いたように、「三宅雄二郎氏を特派致候に付、途中の紀行、観察、所論等ハ続々本紙上に掲載すべし」と報じていた。ところが、その後帰国までの紙面を通覧しても、関連する記事は意外と少ない。

明治二十四年

①　九月二十二日付二面（雑報）軍艦比叡の出発

②　十二月二日付三面（雑報）南洋遠航中に於る軍艦比叡の航路変換

③　同月三日付二面（雑報）軍艦比叡の遭難に就て

④　同右（同右）三宅雄二郎氏の状況

⑤　同月十一日付一面（雑報）航海雑録（上）三宅生

⑥　同月十三日付一面（雑報）航海雑録（下）三宅生

明治二十五年

⑦　二月十九日付三面（雑報）南洋遠航中に於ける軍艦比叡

⑧　三月二十三日付二面（雑報）比叡艦の帰期

このうち出発後最初の記事②は、十月三日から比叡が颶風に遭って被害を受けたため、予定の針路（表2）を変更することを伝えたものである。③〜⑥もその関連記事であり、いずれもグアム島からの便船で日本に届けられた。②には「前途の航路如何すべきやを電報を以て海軍大臣に伺い進退を決する由」とあるが、比叡艦長から海相宛の報告は、防衛研究所戦史研究センター史料室所蔵の前掲明治二十四年『公文備考』四艦船部上に編綴されている。[27]

遭難時の雪嶺の様子を伝えてくれるのは④である。それによれば、グアム島発の便船には、比叡乗組員が銘々書簡を託したが、一人雪嶺だけは「其友人達へも何等の消息なく、杳として音もなく香もなき次第」、おそらく便船の船員から聞いたのであろう雪嶺の同島での状況は、次のようなものであった。

彼の十月三、四日の大暴風にて艦将さに沈没せんとしける際にも、平々然として自から居り、乗組士官・水兵が尽力せるを目撃して、其技術の熟練せるを嘆賞し、自分も海軍の事にハ悟る所ありなどゝ評言し、夫れより艦のグアムに到着するや、上陸して土人の茅屋（ぼうおく）に入り、只管（ひたすら）土人と交際して、打ち笑みながら此輩もヅルキ奴になりたる哉と謂ひつゝ、且つ日に椰子の実の汁を啜（すす）り、檸檬其他の柑類を喰ひ、余念なき様にて、日本に便船の出航するを聞くや、人々皆思ひ思ひに航海中の紀事、島中の状況など日本に通信したるに、氏ハマダ何にも書くことがないなどゝて、別段何等の事をも言ひ送らざることなりと云ふ。(28)

雑報記事であるから無署名だが、あるいは志賀重昂あたりの潤色が加えられているかもしれない。「マダ何にも書くことがない」と言っていた雪嶺の最初の――結果としては最後の――報告記事が⑤⑥となる。⑤の前書で雪嶺は、「思ひ出だせバ数限りも無く、罷めに致セバ何もなし、去とて軍艦は小世界、なかなか込みに込入りたること有り、一途の感情に任せて書き降せバ軍人の冷笑ハ愚か、益も無き間違を世上に播き散すやも測られず」と述べ、書くことに対する慎重な態度を示していた。⑥によれば、艦内に生息するのはネズミ、アブラムシ、クモであるが、十月三日の夕方には二羽の鳥が比叡の舷側に飛来したという。颶風の前兆である。以下、艦内の対応が記されるなか、後の軍神広瀬武夫中佐（このときは少尉として乗船）の行動への注目は、やはり慧眼といえるであろう。

四日午前五時、水兵帆を収めんとして檣綱に攀（よ）づ。広瀬少尉、衆に先んじて登る。彼等皆、士官に先登せられたるを悔ゆ。少尉、怒浪を侵して舳（へさき）に立ち、詩を作る。

怒濤百尺似山堆　千里船飛呼快哉
誰識此間一杯酒　児曹（じそう）元気百倍衆

終日左右に二大浪を視るのみ。一浪飛鳥山より大なり。

広瀬の漢詩をどうやって書き留めたものか、それはともかく、この航海を機に雪嶺と広瀬武夫の交誼が続いたことは、明治史の一点の景物といえよう[29]。後年『武将論』のなかに、「広瀬中佐の如きは少佐で戦死し、普通の将官も及ばぬところがある。これは天性であつて、後に昇進せば普通の将官と選を異にしたらう[30]」との評言がある。

「航海雑録」以降、『国会』紙上には雪嶺からの報告は掲載されることなく、⑦⑧は比叡の位置を報じたものにすぎない[31]。そこで次に、同じ時期の『日本』に目を転じて、比叡と雪嶺の動静を追跡してみよう。

明治二十四年

① 九月二十二日付二面（雑報）送り又送る

② 同右（同右）航し又航す

③ 十二月二日付一面（雑報）軍艦比叡の消息、同月三、五、七日付に分載

明治二十五年

④ 一月七日付二面（雑報）南天の三宅雄二郎君

⑤ 一月二十日付一面（雑報）濠洲瑣話（明治二十四年十二月二十二日発）南極星人

⑥ 二月二十七日付一面（雑報）比叡艦乗組士官の優待

⑦ 三月一日付一面（雑報）濠洲に於ける比叡艦（一月二十二日発）南極老生

①では「三宅君の観せんと欲するは天の時に在り」と述べて見送っている。以後の記事は、『国会』と比較しても、むしろ充実している感がある。③は士官候補生高原鐵太郎の寄書であり、④はおそらく、ブリスベーン滞在中の雪嶺から、『日本』主筆陸羯南への消息を記事にしたものであろう。書簡部分のみ次に引く。

軍艦比叡はグアム島、ニューブリテン島に立寄、濠洲ブリスベン府の沖に碇泊致候。今日迄の処にては、野蛮人ほどヅルクして目先の小智慧を働かし申候様覚候。又野蛮人は極めて外人の真似をしたがり、絵にある鬼界島の鬼と同様の相貌にして、争ひて指輪、ハンケチなど購求候段、頗る珍妙に見へ申候。

雪嶺は南洋の先住民＝「野蛮人」＝「ヅルキ奴」という認識を抱いたようだが、『真善美日本人』の「民種の特色を発揚するは人類の化育を裨補するなり」という主張と齟齬をきたさないだろうか。鬼界島の鬼を持ち出すなど、親近者への書簡ゆえ諧謔（かいぎゃく）のつもりなのであろう。しかし、原住民が「外人」＝西洋人から指輪やハンカチを欲しがる様子を批判的に記すあたりは、鹿鳴館の夜会で西洋人の歓心を買おうとしていた「欧化主義」の風潮と二重写しになっていたと思われ、それと鋭く対抗した「国粋主義」の主張が健在であったことを示すものと読める。

⑤〜⑦は南極星人（老生）からの寄書である。⑤では小項目「帝国軍艦」を立て、シドニーの新聞を翻訳紹介している。そのなかには「士官・水兵の練達なると、其体貌の立派なると、艦内の清潔なるとを感嘆せり」という一節があり、西洋人の視線が奈辺に注がれていたかをうかがわせる。⑥はメルボルンでの歓迎の様子を報せたもの、⑦は『日本』同人諸兄宛の長文の書簡で、比叡の派遣によって「従来は冷淡水の如くなる外人すら、聊か敬意を表する様に相成りたるは、全く軍艦の御蔭かと存居候」と記されている。こうした変化の顕れは、第二節で紹介した在メルボルン名誉領事のA・マークスの勧告の趣旨とも符合するもので、十九世紀末のオーストラリアが置かれていた国際的位置を勘案すれば、軍艦の派遣という「show of "force"」の果たす意味は、確かに大きかったのである。この書簡の最後に触れられている雪嶺の動静は左のようなものである。

三宅学士は、是迄来濠の人々に比すれば、一層仔細に観察せられたる様子に有之候得ば、皈朝（きちょう）の後ち万事同氏より御聞込相願度候。比叡来着の際には心中何となく愉快を覚え、艦頭の日章旗を見て殆んど身の他郷にあるを忘却したる位に御座候。一昨夜は同艦上に通宵し、昨朝士官諸君及三宅学士と相別かれ候処、先きに愉快を覚へたる丈け其れ丈け離別の悲しみは特に深く、女々しき事ながら手を握りたるま丶心腸寸断の感を覚候。

差出人の南極星人（老生）は、安岡秀雄(32)（一八七三〜一九三〇）。土佐出身で熊本県令を務めた安岡良亮（神風連の乱で死亡）の息、明治二十四年慶應義塾の卒業。『時事新報』記者、のちに社説部長、監査役。彼が当時オーストラリアに滞在していた事情は詳らかではない。

四　帰国後の雪嶺——むすびにかえて——

南洋巡航中の三宅雪嶺は、『国会』紙上に唯一「航海雑録」を寄稿しただけで、明治二十五年四月十日に帰国した。同月十二日付『日本』は、「三宅雄二郎君、南洋より帰る。天南の陸、支那の海、君が文嚢（ぶんのう）に入るもの其れ極めて多かん（ママ）」と、期待を込めて迎えた。同日付の『国会』も「三宅雄二郎君の帰朝」を伝えたが、送り出した時の一面劈頭の社告とは違って、三面の雑報で、活字も並級の扱いであった。

一方、雪嶺の本拠地『亜細亜』でも、事情はほぼ同じである。巡航中はただ一度、同誌第二四号に「三宅氏の状況」として、前引の明治二十四年十二月三日付『国会』の雑報「三宅雄二郎氏の状況」が転載されただけで、帰国後は報告記事や論説を一本も書いていない。その代わりに、『亜細亜』は第五一号から第六〇号にかけて、比叡同乗者の富山駒吉と畔上啓策が連名で榎本外相に宛てて提出した報告書である「南洋探険報告書」を連載している。同報告書の巻頭に寄書して、雪嶺は次のように弁解している。

世に旅行して必ず紀行を作るあり、旅行して必ず論文を作るあり、旅行して必ず演説講談を試むるあり、然れども余懶惰（らんだ）、豈に紀行論文を作り、講演を試むる為に、旅行する者ならんや。余は珍らしき所を視れば、其れほど物も分かる様に為るかと思ふのみ。諸君子姑く余を責むるに南海の記録を以てする勿れ。(33)

要するに雪嶺は、南洋巡航の記録を書く気がないことを宣言しているのである。

ではいったい、南洋での経験は雪嶺に何を残したのだろうか。渡航の半年前に刊行した『真善美日本人』ではじめて体系的に示された日本人論としてのナショナリズムの論理はいかなる展開相を見せたのだろうか。これが本章の結論ということになるが、その際に注目すべきは明治二十五年五月十五日付『国会』の雑報「題図」であろう。図7（三宅立雄氏より原図の写しを御提供いただいた）のような図に題して、前年十月三日から五日にかけての颶風の際に比叡乗組員がいかに活躍したかを記したのが、この記事である。それによると、「忽ち浪濤（ろうとう）山嶽を崩すが如く落来り、艦体傾くこと六十九度。噫嘻（ああ）、比叡艦遂に覆没（ふくぼつ）せんか」というときに、雪嶺の頭に去来したのは「死」と「生」、「真善美」と「宇宙」、「意識」と「夢幻」などの問題であった。

図７「題図」の挿絵「軍艦比叡北太平洋上遭颶之景」

なかでも「死」に対しては、「死にして人事の終局ならんか、生命の価値幾許かある。死や、死や。是れ何物ぞ」と発問したあと、「知るを得たり、死ハ我が諸事の正鵠とする所、自由を愛し、平等を好むも、生てハ制限を免れず、差別を免れず、唯だ死して万種の制限を破却して茲に真の自由を得、諸般の差別を離別して茲に真の平等に達す、悠々たる天地の事死して然る後ち完し」と答える。雪嶺のこのような思索は、『亜細亜』第五四号（同年八月二十九日）に掲載された「我観一則　死」とつながるものであった。すなわち、南洋巡航出発前の『亜細亜』に連載が開始された「我観」は、「緒言」と「定義　上」[34]だけで中絶していたが、帰国後の雪嶺は比叡艦上での経験から到達した独特の死生観を基点に据えた彼独自の哲学を構築していったのである。これが『我観小景』として政教社から上梓されたのは、この年の十月十三日のことであった。南洋巡航は、雪嶺に「死」を意識させることによって「真の自由」や「真の平等」の発見へと導き、紀行文の執筆はもとより、日本人論としてのナショナリズムの展開とも直接的には結びつかなかったと結論できよう。

帰国後の雪嶺は、公私ともにますます多忙であったといえる。プライベートの面では、明治二十五年十一月に田辺花圃と結婚、政治的には、第二次伊藤内閣との対決姿勢を鮮明にし、やがて対外硬運動、民党合同運動とも関わっていく。翌二十六年三月十二日の殖民協会発足にも常議委員として参画し、同年六月に『国会』を退くと、『日本』との関係を深め、新聞雑誌記者同盟の運動にも加わっていく。そのようななかで、政治問題を主とする社会評論を続ける雪嶺を、一貫した立場に留める基準になったのが、独自の哲学的思索であった。時事問題を論じながら時流に流されない、後年になると明らかになっていく「思想の独立」を意識した雪嶺の言論活動の原型は、本章で検討したように明治二十四、五年の南洋巡航後の時期に、雪嶺自身のなかでも明確に自覚されるようになったといえよう。

註

（1）拙著『政教社の研究』（一九九三年、思文閣出版）一九三〜一九六頁。
（2）三宅雪嶺『大学今昔譚』（一九四六年、我観社）一五九頁。
（3）三宅雄二郎『初台雑記』（一九三六年、秀文閣書房）七六頁。初出は『帝都日日新聞』昭和十年十月十日付。「キホチズム」はドン・キホーテの行動を指して、狂想家、空想家などの意味。

なお、スタンレーHenry Morton Stanley（一八四一〜一九〇四）はアメリカの探検家で、探査の結果を『暗黒大陸』*Throught the Dark Continent*. 1878. として紹介したほか、ベルギーによるコンゴ国際協会の設立にも関わり、晩年は英国下院議員となる。自伝 *The Autobiography of sir Henry Morton Stanley*. 1909. がある。一八九一年のオセアニア滞在については、同書四三四頁以下参照。

（4）写真は『幕末以降帝国軍艦写真と史実』（一九三五年、丸善）二五頁によるが、比叡は明治十一年（一八七八）に英国ミルフォード・ヘブン社において竣工した、鉄骨木皮構造、帆走・汽走併用の巡洋艦である。排水量二二五〇トン、全長六七・一メートル、速力一三ノット。

なお、比叡の南洋巡航当時において日本海軍が置かれていた政治・軍事史的位置に関しては、大澤博明『近代日本の東アジア政策と軍事』（二〇〇一年、成文堂）から示唆を受けた。

（5）稲垣満次郎『東方策』（一八九一年、哲学書院）一二頁。

（6）「亜細亜」、『亜細亜』第一巻第一号（一八九一年）二頁。

（7）「島帝国の四囲」第七、『亜細亜』第一巻第八号（一八九一年）四頁。この連載論説は無署名だが、文体、用語、内容等から判断して志賀による執筆と推定できる。判断根拠の提示については、より広範な調査をふまえて、後日に譲らざるをえない。

（8）今外三郎「今日日本の務」、『亜細亜』第一巻第一号（一八九一年）三頁。

（9）ただし、第一次『日本人』第四三〜四五号（一八九〇年）に連載された無署名の社説「亜細亜経綸策」が雪嶺の著述だとすると、この記述は訂正を要する。しかし、そうでないことは、本書第一部第四章で論証しておいたので御参照いただきたい。

（10）前掲註(2)三宅『大学今昔譚』一四二頁。文中の加藤はのちに海軍軍令部長となる加藤寛治（一八七〇〜一九三九）。安保は同じく海軍大臣となる安保清種（一八七〇〜一九四八）で、彼等は海軍兵学校第十八期卒業であった。このうち加藤の伝記加藤寛治大将伝記編纂会編刊『加藤寛治大将伝』（一九四一年）には、南洋巡航時の加藤の日記が引用されているが、雪嶺に関する記述は見当たらない（同書一七九〜二三〇頁）。

（11）前掲註(1)拙著二一〇頁以下。東邦協会に関しては、安岡昭男「東邦協会についての基礎的研究」（『法政大学文学部紀要』第二二号、一九七七年）参照。のちに『明治前期大陸政策史の研究』（一九九八年、法政大学出版局）に所収。

（12）『東邦協会報告』第一（一八九一年）四頁。

(13) 同右五頁。
(14) 『東邦協会報告』第四（一八九一年）三頁。
(15) 朝日新聞百年史編修委員会編『朝日新聞社史』明治編（一九九五年、朝日新聞社）二五三頁。
なお、のちに雪嶺たちの退社の理由となった『国会』と政府との関係については、前掲註(1)拙著でも西田長寿、佐々木隆両氏の成果に拠りながら述べたが（同書一四三頁）、佐々木氏はその後『メディアと権力』（一九九九年、中央公論新社）のなかで、この関係をより明解にされている（同書八二頁以下）。
(16) 朝日新聞社大阪本社社史編修室編『村山龍平伝』（一九五三年、朝日新聞社）二五一頁。
(17) 『国会』明治二十四年三月五日付一面。ただし、このなかに雪嶺の名前はない。なお、新聞『国会』は、東京大学明治新聞雑誌文庫の所蔵資料を閲覧した。
(18) 前掲註(1)拙著一二四頁。
(19) 後掲の外務省外交史料館所蔵、自明治二十年『帝国練習艦隊関係雑纂』第二巻の（9）の別紙に、彼らの属籍、住所などがある。このとき「藤井某」は乗船していない。
なお、雪嶺の『同時代史』第二巻（一九五〇年、岩波書店）には、次のような回想が註記されている。

本年九月二十日、筆者は軍艦比叡に便乗し、南洋を巡れるが、同行の便乗者は榎本の賛成を得たるなり。共に新カレドニアに到り、吉佐移民会社より移民の来りニッケル鉱山に従事するを聞きたれど、遠距離にして視察するを得ず。依岡省三等は嚢に田口と共に巡りし連中にして、田口の意気地なき為めに南島商会に失敗せしとて憤慨せり。（同書四五七頁）
(20) 長谷川如是閑『ある心の自叙伝』（一九五〇年、朝日新聞社）三六〇頁。
(21) この送別会に関しては、『亜細亜』第一巻第一三号（一八九一年）所収の「三宅氏の送別会」に詳しい。
(22) 外務省外交史料館所蔵「外務省記録」三・八・五・八。この史料の所在も含め、外交文書の調査に当たっては、同館の熊本史雄氏（現在は駒澤大学）から御教示を得た。
(23) 同右五・一・三・四。
(24) マークスは、明治十二年（一八七九）から、実に同三十六年まで在メルボルン名誉領事を務めている。これに対して、最終的には勲三等瑞宝章が授与された。

なお、明治二十六年四月十一日付『国会』は、マークスの来日を伝えている。それによれば、「濠州に在りて我が帝国領事たること十三年、其間氏の我が国家に尽す所甚だ多し（中略）我輩ハ氏の渡来に就き我が社会の等閑なるを憾む者」と紹介している。

(25)「南洋探検報告書」四、『亜細亜』第一巻五四号（一八九二年）四～六頁。

(26)防衛研究所戦史研究センター史料室所蔵「海軍省公文備考」M二五—三／一六五、明治二十五年『公文備考』三、演習・艦船上。

(27)同右M二四—四／一四九。

(28)『亜細亜』第一巻第二四号（一八九一年）は、『国会』抄録としてこの記事を転載している。

(29)帰国後の『亜細亜』第一巻第四〇号には、雪嶺による「航海私記の後に書す」が掲載されている。

(30)三宅雄二郎『武将論』（一九三八年、千倉書房）六九～七〇頁。初出は『改造』第一七巻第五号（一九三五年）。

(31)帰国後の『国会』に掲載された比叡と雪嶺に関連する記事は次のとおりである。

明治二十五年

①　四月十七日付三面（雑報）練習艦比叡号経歴の大要

②　同月二十四日付二面（雑報）ニュー・ヘブリッツズ群島と日本

③　五月三日付一面（雑報）新カレドニア雑話　みやけ

④　同月十五日付二面（雑報）題図（挿絵一葉）雪嶺閑人

⑤　六月十六日付二面（雑報）蕃民の歌舞　雪嶺

明治二十六年

⑥　一月三日付二面（雑報）南洋の正月（挿図四葉）雪嶺

⑦　四月十四日付五面（雑報）植民大演説会　赤道近傍　三宅雄二郎

②は同地のパウエル・ブラザーズ商会から雪嶺への書簡の転載、⑤はニューギニアで採録した音曲の歌詞を紹介したものである。④については本文中で触れた。

(32)安岡に関しては、宮武外骨・西田長寿〈明治大正言論資料二〇〉『明治新聞雑誌関係者略伝』（一九八五年、みすず書房）二七四頁。＊なお、「南極星人」が赤石定蔵ではないかという指摘を、その後の中川未来氏による本書への書評（『日本史研究』第六二八号、二〇一四年）で受けた。

(33)『亜細亜』第一巻第五一号（一八九二年）五頁。
(34)『亜細亜』第一巻第一号（一八九一年）および同第一二号（一八九一年）。

＊その後執筆した関連する論考に、「三宅雪嶺の洋行」（『近代史料研究』第一六号、二〇一六年）および「三宅雪嶺による『王陽明』の訂正増補」（同上第一八号、二〇一八年）がある。

付論一　福澤諭吉論の射程

はじめに

三宅雪嶺は、明治から昭和期にかけて雑誌や新聞に多くの論説を掲げて政治・社会批評を続けた言論人、言論活動の背景に独特の宇宙哲学を模索し続けた思想家として、若き日の『真善美日本人』や晩年の大作『同時代史』などの著作とともに、日本近代史上その名を逸することのできない人物といえよう。とりわけ、明治二十一年（一八八八）に志賀重昂らと政教社を結成し、雑誌『日本人』を刊行して「国粋主義」（ナショナリティの保存・顕彰）唱道の一翼を担ったことが、比較的よく知られている。

自伝によれば三宅は、明治十六年（一八八三）に東京大学を卒業後、四年間ほど同大学と文部省に奉職した結果、「官庁の弊害を知り、再び官職に就くべきで無く、官庁の力をも借るまいと決定」（『自分を語る』八頁）してからというもの、一貫して在野の言論人、思想家として終始し、死に至るまで節を全うした。そのような三宅が、同じように在野の立場にこだわり続けた福澤諭吉をいかに評しているのか、三宅雪嶺研究に携わってきた私ならずとも興味をそそられるところであろう。同じような関心から長妻三佐雄氏が以前、三宅の福澤観について論じているものの、いくつかの異なる材料や視点も提示できそうなので、改めて考察を加えてみたい。

両者の接点

はじめに確認しておきたいのは、両者の間に接点があったかどうかである。福澤は三宅の二十五歳年長、徳富蘇峰が青年論のなかで自分たちの世代を「明治ノ青年」と呼んだとき、三宅や志賀はまさにその世代に属していたのに対して、福澤は徳富のいう「天保ノ老人」であり（もっとも、明治二十年の時点で福澤は満五十二歳だが）、三宅の学生時代の大学綜理加藤弘之や文学部教授中村正直もまた福澤と同世代である。全集を見るかぎり、書簡のやり取りや福澤が三宅について書いた文章はなく、福澤が三宅をどれほど意識していたかは疑問である。ただし、明治二十年頃に志賀とは面識があったようで、同じ頃から三宅の名前くらいは知っていたというところか。

一方、三宅の方では、明治九年（一八七六）秋に東京開成学校に入学するため上京してから、およそ半年後には福澤の演説を聴く機会があったようだ。自伝では、「大学の催しにて講堂で学界先進者の講義があり、当時著名の学者は一通り皆な講義したと思はれる」として、西周、西村茂樹らの演説ぶりを回顧したあと、福澤については次のように述べている。

福澤諭吉氏の挨拶は随分妙であつて、「三田から此処まで路の悪るいのに歩いて来たので誠に迷惑な次第」といふような事で人を笑はせた。実に長靴を穿いて歩いて来た。数字を並べ、「ヤングメンに判るまい」など言った。「学校が盛大になるのを望み盛大盛大盛々大々と祝ふべきかも知れぬが、それよりも小さくて物事が整ふのが宜い」といふやうな事を陳べた。（『自分を語る』一一四～一一五頁）

引用後半の演説内容を見ると、これは福澤全集にも収録されている明治十年三月十日に開催された開成学校講堂開講式における祝辞を聴いたときの記憶のようである。開成学校はその一ヵ月後に東京大学と改称されることになっていた。十六歳の三宅は「学界先進者」である福澤から強い印象を受けたようである。

また、大学卒業後の明治十九年から翌二十年にかけて在職した文部省では、「気を附けると無しに色々の話が耳に入つた」として、「当時福澤諭吉氏が頻りに「時事新報」に執筆し、度々連載しながら、中絶したり、尻切蜻蛉になつたりしたが」、省内では「福澤も随分ひどいではないか」という評判だったことを伝えている（同書四三頁）。井上馨外相が主導した条約改正交渉を論評した福澤の論説によって、『時事新報』は発行停止処分を受けたこともあり、福澤は独立新聞としての同紙の維持に細心の注意を払っていた時期である。このエピソードは、三宅自身が新聞界との関わりを回想する場面で、主張の一貫性や経営の困難さを示唆する一例として紹介されているものである。

拝金宗とアイスクリーム

文部省を退いた三宅は雑誌『日本人』記者に転じ、政治・社会批評に独自の世界を開拓し、日露戦後になると人物論や人生論にも筆を染めていくことになるが、福澤論といえる論説を書いたのは意外と早いようである。管見では、明治二十三年（一八九〇）四月二十六、七、九日の『江湖新聞』に三回連載された社説「拝金の思想」上・中・下がそれである（無署名であるが、流通経済大学三宅雪嶺記念資料館寄託の書込みのあるスクラップブックから判断して、著者は三宅であると断定できる）。『江湖新聞』は同年二月一日に初号を発刊し、同十一日から本格的に発行された日刊新聞で、三宅は主筆を務めていた。

この社説で三宅は、まず、「近時一種の論者」が「拝金の説」を唱道して、「金を卑むハ封建武士の遺習にして、金を貴ぶハ西洋文明人の常なり、世ハ文明開化に進み行くに随ツて愈よ金の有難味を感するものなり」と主張しているという。「一種の論者」が福澤を指すことは疑いないだろう。周知のように、福澤が明治十八年四月二十九日付の『時事新報』社説で「西洋の文明開化は銭に在り」を書いて貨幣の効用を説き、同紙記者の高橋義雄が翌年から翌々年にかけて『拝金宗』を刊行すると、福澤とその門流は批判的な意味で「拝金宗」と呼ばれることになった。

三宅は「拝金の思想」のなかで、「封建時代廉潔の武士少くして、寧ろ拝金の武士多かりし」こと、「文明開化」の進行によって社会が拝金に赴くとする判断材料の乏しいことを挙げ、「拝金の説」が「妄想」であり「愚見」であると断じ、そのような説が生まれた理由を四つに分けて分析、批判したあと、次のように述べる。

人々拝金の思想は、以て家を富し国を富すに足ると雖も一たび之を放て逞しうする所あらしめば、社会の百事は貪婪(どんらん)、無慘、争闘、奸悪、諂諛(てんゆ)、破廉恥、其れ昏昏として復た見るに堪へざらんのみ。是に於て、人間は則ち初より徳義の堤防在るありて、厳として之を抑制するなり。（『江湖新聞』明治二十三年四月二十九日付一面、原本のルビを一部省略した）

「拝金の思想」に対する「徳義の堤防」を挙げ、それによって「拝金の思想亦た利導せざるべからず」と結論する。資本主義勃興期の当時の日本は、たしかに企業熱が盛んで、明治十四年政変によって官界への道を絶たれた慶應義塾出身者の多くが実業界や銀行界への進出を図っていた時期である。しかし、「貪婪、無慘、争闘、奸悪、諂諛、破廉恥」というまでの状況が三宅の眼には映じていたのかどうか。三宅に「拝金の思想」を書かせた動機について考えておく必要があろう。

そのような動機の一つは、三宅自身が学生時代から高利貸に追われる生活をしていた苦い経験だったのではないだろうか。高利貸との関係は自伝にも書かれているが、自伝執筆と同じ頃に雑誌『我観』に書かれた「アイスクリーム」なる回顧談に詳しい。高利貸＝氷菓子＝アイスクリームは、明治の中頃から隠語あるいは置換の常套句だが、三宅も友人の連帯保証人になったことがきっかけで、明治二十年をはさんだおよそ一〇年の間は高利の借金から遁れられず、「高利の為めに損した事が少いと言へず、随分永く祟られた」（『我観』第四五号、一七一頁）という。拝金宗とアイスクリームはいかにも相性が悪い。

こうした個人的な動機とは別に、もう一つは、先の引用のなかで「徳義の堤防」を挙げていたことに再度注目するならば、福澤と三宅の経済構想の違いを指摘できるのではないだろうか。自伝のなかで三宅は、政教社の一員となる井上円了が哲学館（東洋大学の前身）を創立した前後というから、やはり明治二十年頃ということになるが、七、八人の人物を招いて談話を聞いた折に、福澤は増税を肯定して「民力休養よりも事業を賛成する」（『自分を語る』一五五頁）発言をしたと記している。「拝金」に託して福澤がいわば経済構想における「積極主義」を説いていたのに対して、三宅をはじめ政教社のメンバーは地租軽減や在来産業の成長促進という「消極主義」に立っていたのである。「国粋主義」の経済構想は「消極主義」であった（本書第一部第一章参照）。それが「拝金」に対する「徳義」の主張となったのではないか。

福澤は、同二十三年八月二十七日から『時事新報』に「尚商立国論」を掲げて、実業の振興による国家の独立を主張したが、これは三宅の「拝金の思想」に影響を受けた可能性もある。同論説は、「官尊民卑」や「独立自尊」という晩年の福澤にとって重要なタームが登場している点でも重要である。

「瘦我慢」と「独立自尊」

その後も三宅は、たとえば、明治三十一年（一八九八）五月六日付の新聞『日本』の巻頭論説「根性の鄙しきを惜む」で、福澤を「当世第一の人傑なり」と持ち上げながら、蓄財や献金方法が御用商人や高利貸のようだと批判し、「氏の根性の鄙しくして近日益々長ずる傾向あるを奈何ともすべからず」（同紙一面）と手厳しい。

そのような評価は、『日本人』第一二九号誌上に福澤の「瘦我慢の説」が紹介された明治三十三年暮になっても、基本的には大きく変わらないように思われる。「瘦我慢の説」の内容については、もはや贅言を要しないであろう。「瘦我慢の説」は、同年十二月二十日付の『日本人』に紹介されたあと、翌明治三十四年一月一～三日付の『時事新報』に全文が掲載された。

この「瘦我慢の説」の紹介者が三宅であったかどうか、実は特定できないものの、三宅が旧幕臣であった岳父田辺太一の線から伝写本を入手した可能性はあろう。紹介文は、「瘦我慢の説」を「一大文字」（同誌一頁）として称揚しながらも、「世は弥々浮利に走り、虚栄に恋々たり」（九頁）と歎じている。同年五月九日、宮中から福澤に五万円が下賜されたことも、厳しい評価に追い討ちをかけたかもしれない。ついで年明けの同誌第一三一号に掲げた論説（これも無署名）では、福澤が勝海舟や榎本武揚の去就を批判するだけでなく、古賀茶溪や栗本鋤雲など隠退した旧幕臣の顕彰を行なうべきだとして、左のように結論する。

若し福澤氏にして瘦我慢の世道人心に益あるを表はすに意ある、此のごとく隠退せる数氏を顕揚するに努むるの更に其処を得たるを看る。（中略）念ふに福澤氏の若き実に此を怠りたるの罪を免かれ得ざるなり。徒らに勝榎本二人の瘦我慢を守らざりしを責むるよりは、何為れど更に他の瘦我慢を守りて湮没聞ゆる無き者を顕表するに罷めざる、是れ蓋し世道人心に裨益するの捷径たるべきなり。（『日本人』第一三一号、明治三十四年一月二十日、八頁）

福澤が亡くなるのはそれから二週間後の二月三日であるから、本人はこれを読んでいない可能性が大きい。福澤が脳溢血により人事不省におちいった一月二十五日付の『時事新報』には、「瘦我慢の説」に関する徳富蘇峰の『国民新聞』論説に対する反論が、生前最後の社説として載っているが、『日本人』との間では議論の応酬はなかったのである。

三宅による福澤追悼文といえるのが、同年二月七日の新聞『日本』に掲載された「福澤諭吉と大隈重信」である。このなかで三宅は、学者や教育者としての福澤は、加藤弘之と比較されることが多いが、「骨格」「弁舌」「理会」「貨殖」などの点でむしろ大隈と相似たところが多いとし、次のような一文で福澤を送った。

拝金宗は必ずしも其の結果に非ざるべく、若し結果なりとせば悪結果なるべし、独立自尊は方針たるに足るべけれど、其の出でゝより日尚ほ浅し、未だ結果を見ず（中略）一言にして蓋へば福澤氏の以て偉なる所は其の人にあり、痩我慢を徹ほせるにあり、独立自尊の模範を垂れたるにあり、（中略）独立自尊としての福澤氏は慥かに大隈氏の上に在り。（『日本』明治三十四年二月七日付二面、『福澤先生哀悼録』に収録）

追悼文にしてなお拝金宗には批判を緩めないが、三宅は「痩我慢」と「独立自尊」の精神に福澤の面目を見ている。

福澤没後の福澤論

福澤没後の三宅の福澤論としてまとまったものには、『中央公論』の明治四十年（一九〇七）七月号の特集「福澤諭吉翁」に寄せた「福澤雪池翁」がある。「福澤翁一代の特色は、官尊民卑の世の中に官に居らずして高官と同等以上の力を占めて居た所にある」（同誌六三頁）という書き出しの同論説で、三宅は「痩我慢」を張り通す福澤の生き方を珍重するとしながらも、「金の為めには随分円く行をしていく跡があつた、之も究竟世渡り上手といふところであらう」（六五頁）と、やはり厳しい。日露戦後の三宅は、世界のなかで日本人が国家、社会、民族として果たすべき役割の追究を強く意識するようになるが、そのような点からいって、福澤の「世渡り上手」な側面は物足りなく感じられたということだろう。

しかし、福澤がそれだけの人でないことに、三宅は気づいていた。同じ論説で、「時代が違つたならば違つた人として現れ、或は世界の或る部面に一新紀元を作り得たかと察せられる、翁の性格とその事業とは合せて論じ難いものがある」（六六～六七頁）と述べているのである。では、どのような「部面に一新紀元」を作り出す可能性があったのか、大正から昭和期にかけて、三宅は福澤を取り上げて評することはあっても、「性格」と「事業」にわたる本格的な福澤論を執筆することはなかった。晩年に近い著述のなかに、「自分は加藤よりも福澤の人物を面白いとしつゝ、その余りにヤンキー式で、現金な処あるのに快くなかつた。彼が政権に対して突張るほど、金権に対して突張つたならばと思つた」（『面白くならう』一七二頁、初出は『帝都日日新聞』昭和十一年十二月二十六日付）という一節があるのを見ると、三宅の福澤論の背景には感情的な要素が大きかったことを、本人も十分に自覚していたように思われる。

史料および参考文献

福澤諭吉『福澤諭吉全集』全二一+別巻（一九六九～七一年、岩波書店）の各該当巻参照
三宅雪嶺『自分を語る』（一九五〇年、朝日新聞社）
同右「拝金の思想」、『江湖新聞』（東京大学明治新聞雑誌文庫所蔵）
同右「根性の鄙しきを惜む」、『日本』（ゆまに書房複製版）
同右「福澤諭吉と大隈重信」、同右
同右「福澤雪池翁」、『中央公論』第二二巻第七号（一九〇七年）
同右「アイスクリーム」、『我観』第四五号（一九二七年）
同右『面白くならう』（一九三八年、帝都日日新聞社）
三宅雪嶺か「『痩我慢の説』を紹介す」、『日本人』第一二九号（日本図書センター複製版）
同右「『痩我慢の説』に就き」、同右第一三一号（同右）
中野目徹『政教社の研究』（一九九三年、思文閣出版）
長妻三佐雄「三宅雪嶺の福沢諭吉観」、『同志社法学』第五三巻第二号（二〇〇一年）。のちに『公共性のエートス』（二〇〇二年、世界思想社）に収録

第三章　政教社退社一件始末

はじめに

三宅雪嶺後半生の足跡に関しては、確かなチャートが描かれないまま今日に至っているといえよう。今なお唯一の伝記である柳田泉『哲人三宅雪嶺先生』でも、「第六章　生涯の輪廓―後半期」[1]には、わずかに十数頁が充てられているだけである。

そもそも、いつ頃からを後半生と見なすかは問題だが、結果として昭和二十年（一九四五）、八十五歳を一期として世を去った雪嶺の後半生とは、単純に年数で割れば『日本人』を事実上一人で主宰することになった明治三十三年（一九〇〇）＝四十歳以降、あるいは『日本及日本人』を改題刊行することになった明治四十年（一九〇七）＝四十七歳以降、がそれなりの理由をもって想定されるであろう。柳田氏の伝記でも、第六章は雪嶺に文学博士号が授与された明治三十四年から叙述が始められている。[2]

私の見るところ、雪嶺の後半生を画する大きな転機としては、大正十二年（一九二三）＝六十三歳、創立以来の中核メンバーであり『日本及日本人』の発行母体であった政教社を退社することになった一連の事件を挙げるべきである。ところが、この退社一件については、柳田氏も伝記のなかでほとんど触れておらず、「大いに不快な事情」[3]があったと記しているだけである。管見では雪嶺自身これに関して言及した文章を残していない。雪嶺は「言う程のものでない」[4]と考えていたようである。

一方、すでに別稿[5]で紹介したように、雪嶺退社後の政教社に留まった人びとは、『日本及日本人』の再刊（大正十三年一月元日号）に先立って、一連の事件の経緯と雪嶺批判の寄稿・投書を収録した四七頁に及ぶ冊子「『日本及日本人』愛読者諸君に告ぐ（三宅雪嶺氏との絶縁の顚末）」（以下「絶縁顚末」と略記）を発行・配付している。そのなかで、退社の理由には「天災」すなわち関東大震災による社屋等の焼失と「人災」とがあるとし、「人災」としては、①大正九年以来、雪嶺の妻・花圃を中心に刊行されていた雑誌『女性日本人』の売行不振、②雪嶺の長女・多美子の夫である中野正剛が主宰する雑誌『東方時論』との合同計画の破綻、の二つを挙げていた。いずれも金銭が絡む問題であり、これによって雪嶺および雪嶺側近の社員（稲垣伸太郎、八太徳三郎ら）と、明治四十年以来政教社の会計主任であった井上亀六および彼を支持する社員の間に、修復できない対立が生じてしまったのである。

雪嶺・雪嶺側近の黙殺と反雪嶺派＝残留組の多弁、この対照的な反応は何を意味するのであろうか。また、はたして雪嶺退社の理由は、残留組が一方的に主張する右の二点に尽きるのであろうか。いずれにせよ真相は未解明であり、さらに一連の事件の有する思想史的な意味となると、従来全く論及されていないといえよう。そこで本章では、雪嶺後半生の重大事件と目される政教社退社一件の始末を、まず事件の経過を明確にし、ついで事件の原因を便宜的に近因と遠因に別けて順に検討することによって、改めて見直していきたいと考えている。

一　雪嶺退社に至る経過

最初に、前出の「絶縁顚末」の記述に適宜検証を加えつつ、三宅雪嶺の政教社退社に至る経過を、日付を追って整理しておこう。「絶縁顛末」の執筆者は、残留組の一人で俳人として知られる寒川鼠骨（そこつ）である。

大正十二年七月頃、中野正剛は岳父・雪嶺が主筆を務める『日本及日本人』を発行する政教社の財政事情が悪化しているのを見かね、自分が主宰する東方時論社との合同を前提に金銭的な助力を申し出た。資金の出所については次節で触れることにするが、この申し出に対して井上はじめ政教社同人たちは感謝しながら対応していた。

八月四日には、中野と井上が会合し、両社の合同計画を進める合意に達した。同六日、二人が再び会合した際に、中野は合同に当たって『日本及日本人』の誌名ならびに政教社の社名の変更を求めたのに対して、井上は反対を表明、その後数次の会合を重ねたものの、両者の間の溝は埋まらず、八月十四日に至り、井上側は同人内長老格の一人、古島一雄を介して合同中止の提議を中野側に伝えた。ここまでの経過で、雪嶺は中野を支持し、井上に対しては不快感を抱いたらしい。

ところが、「絶縁顛末」の右の部分にやや不正確な記述があることは、八月十五日付で井上から古島に宛てられた次のような書簡の内容によって明らかである。

（封筒表）
「〔市カ〕外上渋谷四四
古島一雄様
親展　」
（封筒裏）
「四谷愛住町四七
井上亀六

八月十五日」

拝啓　昨日者長座御妨申上候、扨而合同案に対する小生心事者大略御諒承被下候事と存候、帰宅後種々考慮仕候処双方性格之相反するもの余りに多く将来之協調頗る困難ならざるかと危惧致され候、殊に東方側にては一昨日迄も改題は素より社名之変更迄も実現せらるゝものと思惟致居候様子にも有之合同之趣旨一向徹底致居らざるやと存ぜられ候、是等も今後之提携実際的に随分厄介之因を為すものに非ずやと危ぶまれ申候、猶ほ昨日も申上候通り肝腎之眼目之物が何程出来候哉も全然不明之今日ゆゑ余り燥急に合同宣言など相試み候ては万一予期に反し候場合世間に対し頗る不面目なる結果を招来致候事と憂慮致居候次第に付友人間にも取急ぎこの吹聴者可成差控貰ひ度此儀御序之節御注意被成下度願上候、今回之事ハ耕堂氏一片俠気之発露に依る事と信じ小生よりも合同異存なく猶将来之援助も依頼致候次第に候へ共前陣之如く種々熟考を要する点を遺して軽卒に押進み候事は後日取返し難き結果に立到り候為め雪翁多年之恩眷に辜負するの遺憾を見るやら之場合に遭遇致候ては一生之残恨之に過ぎず候間最初より双方之気合動もすれば合致を欠くの恨みなきにあらざる今日寧ろ思切つて撤回打切と致候方得策と存候が尊慮如何哉、斯くても社之行掛りは依然たるものに候へ共其内に者又何とか転回之途も相立ち可申本年秋冬之交漁業連の凱旋を待ち二三の知己に就き画策相試み候ハゝ当面の難関にても突破し得べきかと覚束なき乍らも多少之光明を認めざるにもあらず候間草臥れた脚をもう一と丁場引摺りつゝ進み可申と決意致候然かし其れは到底駄目なりとの先輩及び社中之意向ならば敗軍の身の固より自分之主張のみを固持する心底ハ呈し毫頭無之候間万事御指図に従ひ候心得に御座候間御考慮之程偏に願上候、前陣之次第御同感に候ハゝ甚だ勝手乍ら合同策撤回打切之事貴台より雪翁並に耕堂子へ可然御取做しの程是又御願申上候、以上之決意は中山氏にも未だ相話さず、聞いたら吃と怒るだらうと存候へ共致方無之候、場合に依りては是も御慰撫とを願はねばならぬかと存

候、万事御推察希上候、早々頓首

八月十五日　亀六

古島老台

御座下(6)

一行目に「昨日者長座」云々とあるから、井上が古島を訪ねて合同問題に関して種々相談したのは十四日と知れるが、その段階では事情の説明と「心事」の吐露が主だったようである。10～11行目に「今日寧ろ思切つて撤回打切と致候方得策と存候が尊慮如何哉」とあるとおり、この書簡によって合同計画の打切りについて古島の考え方を問い質し、指図を仰いでいる。15行目から16行目にかけて、「甚だ勝手乍ら合同策撤回打切之事貴台より雪翁並に耕堂（中野正剛―引用者）子へ可然御取做しの程是又御願申上候」と述べているのを見れば、古島が雪嶺を訪ねたのは八月十四日ではなくて十六日以降ということになる。これらによれば、協議の手順や内容に関して「絶縁顚末」の記述はほぼ信用できるものであるが、日付には若干の錯誤があり、やはり一方の当事者による記録であるだけに解読には注意を要することを示している。

「絶縁顚末」の記事に戻ると、八月二十一日、雪嶺は自邸に社員たちを集め、席上古島をして合同成立を告げしめた。雪嶺の意は、女婿・中野正剛との協働にあったようだ。そして、九月五日に両社員の顔合わせを予定していたのである。ところが、一日に発生した関東大震災によって、五日に計画していた顔合わせの会合は実現しなかった。

ちなみに、大震災発生時自宅にいた雪嶺は、余震も収まってきた午後四時頃から徒歩で外出した。「初めに思つたよりも振動が強かつたが、割合に強かつたと感ずる位で、大変という程でもなかつた。（中略）大災害は震災ではなく、火災である」(7)と後に印象を記している。神田区鎌倉町三番地にあった政教社は全焼し、雑誌・図書の在庫や紙型を失ってしまったが、この年の春まで同人であった三田村鳶魚（えんぎょ）の日記九月六日の条によれば、「重要書類だけ搬出せり、社中に死傷なし」[8]という有様であった。しかしこの間、井上その他の社員で雪嶺を訪ねる者はいなかった。

そこで九月十日、雪嶺は自邸に中野と稲垣を呼んで左のような「覚書」を作成、十三日に稲垣を使いとしてこれを井上に届けさせた。

一、天災に依り予定の如き合同実行の資金調達覚束なし。
一、三宅雪嶺翁を中心とし、極めて緊縮せる経営方針を樹立する丈けの小資金は特別の手段に依り中野正剛に於て調達すべし。
一、政教社と東方時論社とを解散し別に新たなる基礎の上に日本及日本人を発行す。
一、井上稲垣両名に於て政教社の跡始末を為し、便宜上稲垣の名に於て新基礎樹立の方針に参画せしむ。

大正十二年九月十日　雄[9]

これに対して、九月十五日、井上をはじめ同人たちは雪嶺邸を訪ね、「覚書」の性格について確認すると、改めて長文の「釈明書」（十五日付、稲垣執筆）が示された。それによれば、「覚書」は決定案ではなく、また井上を除外しようとするものでもないが、政教社は解散（整理・縮小）して新たな基礎の上に『日本及日本人』の発行を続けるというのが、雪嶺側の主張なのであった。この日、同人たちは、「覚書」と「釈明書」に納得できないものを感じながら、政教社解散に同意した。

前出の三田村の日記九月二十日の条には、「雑賀（博愛—引用者）氏より政教社解散のよししらせあり、何か事情ありげなり」[10]とあって、政教社異変の情報がしだいに広がっていった様子がうかがえる。かつての同人長谷川如是閑（にょぜかん）と河東碧梧桐（へきごとう）が調停を試み、さらに、十月十六日には、同人内の長老格である国分青厓（こくぶせいがい）と前出の古島の斡旋により、同人たちが再度雪嶺邸を訪問し、結果として最後となる会見の場が設けられた。この席で雪嶺は、『日本及日本人』は「俺のものだから断じて与へることは出来ぬ」[11]と言い、あくまでも分離を主張したらしい。

十一月二十八日付の『読売新聞』は朝刊五面に、両者は「喧嘩分れの状態」であると報じ、双方への、すなわち井上側の荒川紋治と雪嶺側では花圃へのインタヴューを併載している。そのなかで、荒川の発言は「絶縁顚末」の内容と大きく変わるところはないが、花圃の発言は、残留組が新たに発行する『日本及日本人』が「善良」な雑誌であれば「主人（雪嶺—引用者）は少しも不服は申しません」と、やや弱気になっているようにも感じられる（残留組への皮肉と読めないこともないのだが）。そして、間接的ながら、雪嶺が「俺の周囲にも金の力で集まるものがあるのかナァ」と漏らしていたことを伝えている。

結局、残留組は社名と誌名を継承し、翌大正十三年一月元旦付をもって再刊『日本及日本人』を発行したが、本来の発行権は雪嶺側にあったことを考慮してか通巻号数は引き継がなかった。そして、神田にあった社屋を焼失した政教社は、四谷区愛住町四十七番地、つまり井上亀六の自宅を事務所とすることになった。こうして、一連の事件は、雪嶺と二、三の側近が政教社を退社して中野正剛とともに十月十五日付で『我観』を創刊、政教社は『日本及日本人』を復刊したものの以前とは同名異体のものとしての続刊であり、また『女性日本人』は「当分休刊」[12]というかたちで結局を迎えたのである。「絶縁顚末」の雪嶺批判の寄稿・投書は、伝聞や推量に基づくものも多く、なかには引用に堪えない下品な言い草もあるが、夫人と愛婿つまり花圃と中野正剛の存在に一連の事件の責を帰す評言も目立つ。前引の回顧談のなかで丸山眞男氏は次のように語っている。

ぼくは経緯をよく知らないのですが、親父（丸山幹治—引用者）に言わせると、中野正剛が悪いと言うのだけれど、何かあって、とにかく三宅雪嶺が『日本及日本人』を出てしまう。雪嶺と別れて伯父（井上亀六—引用者）が『日本及日本人』の社主になるわけです。その後も、雪嶺とは付き合ってはいましたけれども。[13]

なお、以上の一連の経過について、物語風に仕立てて委細を尽しているのが都築七郎『政教社の人びと』である。ただし、該当部分の典拠となっているのは明らかに「絶縁顚末」の記事である。とはいえ、同書の「あとがき」[14]によれば、執筆に際して、元政教社社員で戦後同社再興を企てた松林亮から蔵書および資料の提供を受けたほか、松林や『我観』の元編集長を務めた松田雪堂らから聞き取りを行なっている由で、雪嶺退社後の政教社に関しては貴重な証言が含まれている。

二　事件の近因と遠因

前節では、主として「絶縁顚末」の記述にしたがって事件の経過を追跡したが、本節では雪嶺退社の原因について考察を進めていきたい。その際まず、近因として第一に挙げられるのは、中野正剛による財政援助をいわば手土産にした『東方時論』との合同問題である。

中野正剛[15]は、明治十九年（一八八六）福岡に生まれ、同四十二年早稲田大学政治経済科を卒業し記者として日報社ついで東京朝日新聞社に入社したが、早稲田の学生時代から雪嶺が主筆を務める『日本及日本人』に論文を寄稿し、三宅家にも出入りしていた。そのような関係から、雪嶺・花圃夫妻の長女・多美子と相知り、古島一雄を仲人に、正式な媒酌人を頭山満に依頼して、大正二年に二人は結婚式を挙げた。中野は朝日の京城特派員の後、なかば強引に第一次世界大戦中の欧州に留学し、帰国後の同五年には東京朝日新聞社を退社、翌六年には郷里福岡から衆議院議員選挙に立候補するも、このときは落選してしまう。同年から執筆するようになったのが雑誌『東方時論』であり、翌七年には同誌の主宰者となった。大正九年には衆議院議員選挙に当選し、同十一年には犬養毅を代表者とする革新倶楽部に所属した。すなわち、大正十二年の中野正剛は、自身の言論機関として『東方時論』を有する当選一回の若手代議士として売出中だったのである。

ところが、当時の東方時論社の台所は火の車であったという。中野の伝記の一つが伝える満川亀太郎の言によれば、次のような状態であった。

予は当時中野君および東方時論社経営者より、同誌の経営困難にして毎月の損失数百円を下らざるむね告白せられたることあり。ついに同誌は震災直前に及び経済上継続いよいよ不可能の状態に立ちいたれり。(16)

中野にしてみれば、伝統もあり信用もある『日本及日本人』との合同を図ることにより、『東方時論』の抱える経営問題を一気に解決しようと考えていたのだろう。このとき、中野がアテにしていた資金の調達先は、「絶縁顚末」によれば、日銀総裁の井上準之助だったという(17)。また、後年の記事になるが、三田村鳶魚によれば、「中野正剛は、先年、池田成彬より一万円を取り、井上亀六に渡し、それが根になりて、政教社が壊れたり、今度も、中野が飛びあるきたるなるべし(18)」と書かれている。大正十二年当時、池田は三井銀行の常務取締役として実質的な最高責任者だった。いずれが真実なのか、これを証する史料を今のところ見出しえないので、にわかには判じかねるが、銀行家からの資金提供が単なる融資とは考えにくいので、たとえば、同じ時期に池田が北一輝に多額の運動資金を提供していたのと同様、何らかの裏事情の存在を想定しないわけにはいかない。今後の課題である(19)。

近因の第二に挙げられるのは、妻・花圃の発案で政教社から刊行されていた雑誌『女性日本人』の赤字問題である。『女性日本人』は、大正九年(一九二〇)九月一日に創刊号を出した月刊誌で、発行兼編集兼印刷人は『日本及日本人』と同じ小谷保太郎になっていた。創刊号には雪嶺が女性の自助的活動を促す題言を寄せているほか、花圃は女性が「生存の自由と独立」を獲得するための宣言を寄せ、その一節には次のようにある。

私達は運命の自由なる採択を欲する為めに、女性の自由を束縛する、凡べての社会制度を改造せなければなりません。自己を救ふものは自己、女性を救ふものは、女性の外には無いのです。多くの日本の女性達よ、私達と共に創造の斧を揮つて下さい。そこにすべての日本の女性の自由と幸福とが齎らされるのです[20]。

こうして発刊された同誌には、平塚らいてう、奥むめお、神近市子、山田わか、山川菊栄、中条百合子らの女性論者のほか、有島武郎、徳田秋声、吉野作造、大山郁夫、植原悦二郎、阿部次郎、森本厚吉、稲毛詛風、厨川白村などいわゆる大正デモクラシーの文壇、論壇を代表する執筆者たち、さらに長谷川如是閑、千葉亀雄、寒川鼠骨、三田村鳶魚、八太徳三郎らの日本新聞社、政教社の元社員、現役の同人たちも協力したうえに、雪嶺、花圃、横山小夜子（次女）、三宅恒方（甥）、同やす子（恒方妻）ら一族も頻繁に執筆し、三女の淑子が編集に従事した。総じて「自由主義的雰囲気の濃い」「家族的な色彩の強い雑誌[21]」であった。しかし、「絶縁顛末」によれば、社中同人多数の反対を押し切り、「柄にない」婦人雑誌を「天降的に発行」したため「不結果」を招いてしまい、何万円という単位の欠損を生んでしまったらしい[22]。

私の感じるところでは、加うるに花圃に対する同人たちの反感のようなものがあったかと思われる。前節で引用した新聞のインタヴュー記事でも、雪嶺側の対応は花圃が一手に引き受けていたが、記事中にもあったとおり訥弁の雪嶺に代わって、花圃が交際の前面に立つということは、この夫婦では日常的であったものの、同人内では潜在的には、そのような花圃の振る舞いに対する違和感のようなものが燻っていたのかもしれない。三田村鳶魚が日記に、「三宅博士を訪ふ、花圃女史の挨拶例の如し、毎々ながら閉口の外なし[23]」と記しているような感情のしこりが、蓄積していた可能性もある。

以上の二つが、従来から指摘されている雪嶺退社の直接の原因と目されるものの内実である。では、これだけで雪嶺退社の理由が説明し尽せるかといえば、なお不十分であると思われる。そこで次に、一連の事件の前後まで検討時期を延ばすのと同時に、当時の言論界の動向や社会情勢にまで視野を拡げて、退社事件の意味をさらに考察してみよう。

そのような、いわば事件の遠因としては、雪嶺が「新しい思想問題」へ積極的にコミットしていた点を挙げることができる。

たとえば、大正七年（一九一八）十二月に黎明会が組織されると、雪嶺は吉野作造、新渡戸稲造、左右田喜一郎、姉崎正治、福田徳三、森戸辰男らとともに発起者に名を列ねている。また、大正九年に発生した森戸事件では、被告側の特別弁護人として第二回公判（同年二月十四日）に出廷し、クロポトキンに関する論文で新聞紙法違反に問われた森戸辰男を弁護するため弁舌を振るった(24)。同年十月一日に発行された『日本及日本人』第七九三号は「安寧秩序」を紊すものとして発行停止処分を受けたが、原因はロシア革命に関する記述であったという。さらに、退社事件の直前となる大正十二年七月に『中央公論』に掲載した論文「社会主義懼るゝに足らず」では、大塩平八郎はもとより、孔子や孟子の教えのなかに社会主義的な要素があり、それは王陽明において著しいと述べ、むしろ社会主義政党の組織化を促し、議席を獲得させるべきだと主張していたのである。文末では、堺利彦や山川均・菊栄夫妻の人物と活動を称揚している(25)。同年末の新聞は、三浦梧楼（観樹）が「三宅はこの頃青年をあやまる様なこと計り書くから怪しからぬ(26)」と語っている、と伝えていた。

「青年をあやまる様な」「新しい思想問題」の中心をなす社会主義との関係でいえば、雪嶺を中心とする政教社では、すでに早く明治二十八年（一八九五）に第三次『日本人』を発刊した前後から、幸徳秋水らに誌面を提供していたほか、同人の長沢別天らも社会主義論を展開していた。よって、「政教社系の思潮と社会主義の関わりは深い[27]」と評されている。明治四十四年に大逆事件によって処刑された幸徳秋水の遺著『基督抹殺論』に雪嶺が序文を寄せたことはよく知られている。雪嶺自身は社会主義の立場を採るものではなかったが、一部では社会主義思想との親和性が問題視されることもあったらしく、帝国学士院会員にも「社会的関心が多すぎるとか、社会主義的思想の持主だとかいう陰の意見で、いつも通らなかった[28]」という証言がある。

こうした雪嶺のいわゆる「左翼」勢力への親近感の表出は、それまではむしろ近い関係にあったいわゆる「右翼」勢力との摩擦を生むことにつながった。大正七年（一九一八）に発生した『大阪朝日新聞』の記事をめぐる「白虹事件」に端を発する浪人会と雪嶺・政教社との衝突は、その一例である[29]。このとき、浪人会を批判した『日本及日本人』の記事内容に関して同会から糾弾を受けたの対して、雪嶺は主筆として自分の書いた文章にのみ責任を負うと答えたが、その点も後に問題視されることになった。前引註(11)のように、退社事件の際の話し合いのなかで、雪嶺は『日本及日本人』を「俺のものだ」と断言したが、同人たちは五年前のこの雪嶺の責任回避発言を記憶していて、詐術的な臭いを感じとったのである。

以上のこととも関連して、雪嶺が中野正剛とともにロシア（ソ連）承認論の立場に立って、活発に活動していたことも、同人たちとの距離を生む理由の一つになっていたと考えられる。すでに大正十一年（一九二二）九月十五日にはアントノフを迎えての対露交渉大演説会（神田青年会館）で雪嶺は中野とともに演説しているし、十月九日にも又新（ゆうしん）社が主催する二重外交痛撃大演説会（同上）でやはり中野とともに演壇に立っている。翌十二年に入ると五月四日そして十五日には、露国承認期成会・政教社・東方時論社合同で露国承認大演説会（同右）を開催し、このときは雪嶺、中野正剛のほか、大山郁夫、杉森孝次郎、沢柳政太郎らが弁士を務めた。『東方時論』は同年六月号を「日露問題号」とするなど、政教社『日本及日本人』および東方時論社『東方時論』の合同計画と軌を一にするような両社相俟っての活動ぶりである。

六月二日、折から来日中のヨッフェ招待会（精養軒、ヨッフェは病気のため欠席）で、雪嶺は演説を行なって日露協同の必要を説いたが、赤化防止団が押しかけて会場は混乱に陥っている。[30] 雪嶺の露国承認の論理は、『中央公論』に寄せた論文によれば、「世界政策」という観点から、「他国の事を何処までも思ふ通りにさせやうとするのは困難であって、甚だしい故障なければ、その政府を承認し、細かい事は其の後に協議すべきである」[31]というものであった。また、ヨッフェとの交渉に当たっていた後藤新平に対しては、「近来の出来」「当世有数の人物」[32]と賛辞を呈している。後藤と中野そして雪嶺との関係については、次節でもう一度触れる。[33]

こうしたいくつかの材料から考えてみると、雪嶺が政教社を退社するに至った一連の事件は、偶発的な出来事と見るよりも、左右対立の時代思潮を象徴する一つの思想史的な事件として捉える方がより適切であるように思われる。事件が発生した大正十二年の始まりに際して、雪嶺は「行詰りの時代」[34]と評したが、その背景には、すでに「自由・平等・友愛」あるいは「立憲政治」などの「近代文明」の諸価値は実現されたので、これからは「新文明」を模索しなければならない、という雪嶺独自の状況認識があった。それをコミンテルン指令下のインターナショナリズムを標榜する「左傾」、テロリズムやショービニズムと結びついたウルトラ・ナショナリズムに走る「右傾」（浪人会、赤化防止団など）のいずれでもなく、「中庸」あるいは「中正」の立場から突破していこうというのが、この時期の雪嶺の思想的立場、言論活動の戦略であった。[35] したがって、雪嶺は「国民の多数が国家に関して常識を備ふる以上、如何なる変動の捲き起るも、一時の混乱に止まるものにて、深く憂ふるに足らず」[36]という当時の日本国民に信頼を置く地点＝ナショナリズムに立って、「秩序の維持を専一にしては、国家社会が固定し、幾代を経ても、同一状態に止まり、空しく多くの年数を費した事になる[37]」と述べ、むしろ「新思想の輸入を防ぐよりも、多く輸入して頻りに研覈（けんかく）し、思想を鍛錬する方が後の為めになる[38]」と結論する。雪嶺が国民／国家社会的視点に立ちつつ思想的な柔軟性、生産性を失っていないことの証左となる発言といえよう。

一方、残留組を代表するかたちで雪嶺批判の文章を草した三井甲之は、雪嶺の「思想的痼疾」を「個人主義」と特定し、それは黎明会や改造社に拠る「流行僞新思想家」と同類のものだとしたうえで、自らの立場は「祖国日本」を「批判基準信仰原理としての帰依対象[39]」とするものだと論じている。雪嶺が退社した後の政教社は「日本主義」を奉じる団体として昭和戦前・戦中期を推移し、戦後にはGHQから解散の指令を受けることになる。

三　戦後・寒川鼠骨の証言――むすびにかえて――

戦後の昭和二十五年（一九五〇）、日本新聞社から復刊された『日本及日本人』に、寒川鼠骨は大正十二年の雪嶺退社一件に関する証言を残している。最後にそれを紹介し、本章のむすびにかえたい。

政教社は大正十一年頃から経営難に陥つた。主として花圃女史の希望により新に刊行した「女性日本人」による欠損に原因するもので、経営難打開策を見出す必要に迫られた。色々の手を打つて見たが著効が認められない。大正十二年に入つて中野正剛氏が心配する話になつた。恰も夫れと併行して後藤新平伯と雪嶺翁との対談会を催したらよかろうとの話も持上り、私の親友佐藤与之助君の介により後藤伯の快諾を得た。雪翁への交渉は井上藁村君が引受け、是れ亦快諾を得た。それで場所は花月とし、出席者は両大人の外鶴見祐輔氏佐藤安之助君と政教社より私、つまり五客として註文して置いた。其前々日になつて、雪翁より中止の命があつたので此座の会は取やめとなった。[40]

とりあえず右の引用の前段、すなわち『女性日本人』による「欠損」問題と中野正剛の「心配」に関する部分は、本章第一節で「絶縁顚末」を中心に追跡した経緯と同じであるが、寒川の回想の続きによると「中野は百方奔走して資金をまとめ、八月末に井上藁村君に交附して急場を救うた」[41]のに対して、大震災後、中野が必要から先に都合した資金の返済を迫ると、井上側ではそれができなくなっていて中野は疑念を抱いた、という事情があったらしい。

引用の後段すなわち後藤新平との対談の計画については、同時代の記録のなかにはなかったものである。中野は「後藤嫌い」でもあり、対談の企画は「雪嶺翁を売るものだと誣いた」のに対し、寒川たちは、「将来若し後藤内閣でも出来れば雪翁を文相に推すことだ。何れにしても二人を会合させて置けば自ら政教社へも温い風が吹いて来ぬとも限らぬ」[42]と考えたという。このような見解の相違に加えて、対談の席に呼ばれないことを知り、中野の疑念はますます深まった。これにさらに花圃の同人たちに対する「誤解」までが加わって、政教社解散という事態に至ったのだという。

事件からおよそ三〇年という月日が経過したこと、そして関係者が次々に物故していくという事情が、寒川をして証言の発表を決断せしめたのであろう。前年、岩波書店から『同時代史』の刊行が開始され、雪嶺の本格的な復権が始まったことなども、発表を促す起因となったかもしれない。井上亀六の晩年は不遇であったというし、寒川もこれから四年後にはこの世を去っている。戦後になされた寒川の証言は、一連の事件の原因の一つに後藤新平の存在が絡んでいたことを教えている点で、回想とはいえ重要な位置を占める史料だといえる。

本章では、大正十二年、関東大震災の前後に発生した雪嶺の政教社退社一件について、事件の経過を明確にし、それが雪嶺思想の展開において有している意味に関しても何らかの示唆を得たいと念じて、検討を進めてきた。一連の事件は大正期における諸思潮の対抗関係のなかでこそ位置づけられるべきであり、政教社退社によって、この時点における「左翼」「右翼」の双方から距離を措くことになった結果、雪嶺はなお昭和初期にかけて、自ら「中庸」「中正」と考える領域で言論活動を持続する担保を得た点にこそ意義を認めるべきであろう。

註

（1）柳田泉『哲人三宅雪嶺先生』（一九五六年、実業之世界社）二〇九～二二五頁。

（2）同右二九頁では、明治三十九年に「原生界と副生界」（同四十二年に『宇宙』として刊行）の連載が始まった頃に、雪嶺は「大記者」から「哲人」に変じた、という見解が示されている。

（3）同右三九頁。

（4）野依秀市編『三宅雪嶺先生を語る』（一九四七年、帝都出版）に掲載されている回顧談によれば、野依が「どうしてあァいふ事になつたのですか」と訊ねたところ、雪嶺はこのように答えたという（同書一〇五～一〇六頁）。

（5）拙稿「三宅雪嶺伝記稿（三）―同時代人による「三宅雪嶺」像の諸相―」、『近代史料研究』第三号（二〇〇三年）所収。なお、改めてこの「絶縁顛末」を見てみると、最末尾に「大正十三年元旦号より継続発行」と書かれている。つまり、「絶縁顛末」は再刊『日本及日本人』よりも先に印刷されていたのであり、三田村鳶魚の日記同年十一月二十四日の条には「政教社内訌始末書届く」（三田村鳶魚『三田村鳶魚全集』第二六巻、一九七七年、中央公論社、四三頁）とある。以下「絶縁顛末」からの引用は、早稲田大学図書館所蔵『日本及日本人』大正十三年一月元旦号に付録として合本されている「絶縁顛末」による。

（6）国立国会図書館憲政資料室所蔵「古島一雄関係文書」二一七。差出人である井上亀六（藁村）の住所「四谷愛住町四七」は、大正十三年以降の政教社の住所でもある。その隣家に住まっていたのが、日本新聞社出身でその後『大阪毎日新聞』や『東京日日新聞』などに筆を執った丸山幹治（侃堂）であり、彼の妻・セイは井上の妹であった。幹治・セイの次男として生まれた丸山眞男氏は、後に回顧談のなかで、井上亀六を父の交友関係では「右派」と位置づけ（ちなみに「左派」は長谷川如是閑）、「思想的な洗礼」を受けた人物の一人としている（松沢弘陽・植手通有編『丸山眞男回顧談』（上）二〇〇六年、岩波書店、四一頁）。

（7）せつれい「震災中の自分」、『我観』第一号（一九二三年）一二七～一二八頁。

(8) 前掲註(5)『三田村鳶魚全集』第二六巻三三頁。
(9) 同右「絶縁顚末」四～五頁。
(10) 同右『三田村鳶魚全集』第二六巻三六頁。
(11) 同右「絶縁顚末」一三頁。
(12) 政教社「『女性日本人』愛読者及寄稿家諸氏へ」、前掲註(5)『日本及日本人』大正十三年一月元日号一九八頁。
(13) 松沢弘陽・植手通有編『丸山眞男回顧談』(下)(二〇〇六年、岩波書店)一一～一二頁。
(14) 都築七郎『政教社の人びと』(一九七四年、行政通信社)「あとがき」(二頁)。
(15) 以下、中野正剛と雪嶺との関係については、中野の四男である中野泰雄氏の『政治家中野正剛』(一九七一年、新光閣書店)上・下巻参照。本章とは直接の関係はないが、同書のなかで「中野家の地方的な生活感情と三宅の文明開化的な文化関心」を対比的に捉え、「両家の文化的差異」(上巻五七一頁)について何度か言及している点は、二人の関係を考えていくうえで見逃せない指摘だと思われる。
(16) 猪俣敬太郎『中野正剛の生涯』(一九六四年、黎明書房)二二七頁。著者の猪俣は早稲田大学の出身で昭和十五年から東方会本部に勤務し中野の近くに仕えた人物である。
(17) 正太夫「私の見た儘聞いた儘」、前掲註(5)『日本及日本人』大正十三年一月元日号付録三一頁。この「正太夫」なる人物に関しては、前掲註(5)拙稿「三宅雪嶺伝記稿(三)」のなかで斎藤緑雨としたが(同誌七〇頁)、宮地正人氏から緑雨は明治三十七年(一九〇四)に没しているから別人ではないかという御指摘を受けた。そのとおりであり、ここに訂正し、同人内の誰かとしておく。今のところ、人名が特定できない。
(18) 前掲註(5)『三田村鳶魚全集』第二六巻三三〇頁、昭和六年十二月二十八日の条。この件は、昭和期に入り経営が困難になった政教社の立て直しに、再び中野が画策していることを批判的に述べた部分である。
(19) 前出の猪俣が伝えるところでは、中野は「政治家の仕事の九部は金つくりサ」(前掲註(16)猪俣『中野正剛の生涯』七〇二頁)と自嘲的に語っていたという。
(20) (花圃)「自由独立を叫ぶ」、『女性日本人』創刊号(一九二〇年)三頁。
(21) 佐藤能丸・三宅桃子「解題」、『女性日本人　別冊総目録、解題』(一九九三年、クレス出版)六三頁。ただし、発行部数や収支状況に関する言及はない。

(22)　前掲註(17)正太夫「私の見た儘聞いた儘」三〇頁。

(23)　三田村鳶魚『三田村鳶魚全集』第二五巻（一九七七年、中央公論社）一五九頁、大正二年六月二十七日の条。しかし三田村が、大正十二年四月の政教社退社後、間を措かず徳富蘇峰の許を訪ねるような一面も持っている人物であることに、留意しておかなくてはならない。三田村の退社は金銭トラブルによる事実上の解雇であった（前掲註(5)『三田村鳶魚全集』第二六巻一四頁）。

(24)　『東京朝日新聞』大正九年一月三十日付朝刊五面。前掲註(5)拙稿「三宅雪嶺伝記稿（三）」六八頁参照。

(25)　三宅雪嶺「社会主義懼るゝに足らず」、『中央公論』第三八巻第七号（一九二三年）一二〇～一二二頁。

(26)　『読売新聞』大正十二年十二月六日付朝刊二面。

(27)　荻野富士夫『初期社会主義思想論』（一九九三年、不二出版）三四頁。荻野氏は、雪嶺が明治二十九年十一月一日付の新聞『日本』に掲載した「自由党と社会主義」を取り上げ、「雪嶺は単刀直入に社会主義の真理を確信するのである。（中略）現実の社会問題への関心を有しつつ、社会主義をそれと結びつけて考えなかった点に雪嶺の特徴がある」とし、ここに雪嶺生涯にわたる「社会主義との一定不変の間隔と好意的な理解を解く鍵がある」（同書五五頁）と述べている。この見解は、大逆事件以前の初期社会主義に関しては当てはまるであろうが、ロシア革命以後における我が国の社会主義思想と運動との関係については再考の余地があろう。

(28)　前掲註(1)柳田『哲人三宅雪嶺先生』二一二頁。この「陰の意見」の主に関して、前掲註(4)の野依編『三宅雪嶺先生を語る』では、野依秀市が福田徳三から聞いた内情として、姉崎正治が雪嶺の名が新会員の候補として挙がると、いつも「マアそれは後に」と言って取り上げようとしなかった、という逸話を伝えている（同書一一九頁）。

(29)　この衝突事件に関しては、前掲註(5)拙稿「三宅雪嶺伝記稿（三）」六六～六七頁参照。
なお、大正十二年になると、雪嶺は「右翼」の暴力主義を批判する論説を『中央公論』誌上に書いている（一月号に「暴力的団体の存在を黙認する当局の怠慢を糾弾す」、八月号に「暴行・脅迫・強請等に対する当局の取締の緩慢を難ず」など）。当時の『中央公論』は滝田樗陰の編集統括により全盛期の様相を呈していたが、それでも「右翼」に対する批判を展開したことは同社にとって「画期的な事件」であったという（『中央公論社の八十年』一九六五年、中央公論社、一八〇頁）。滝田の後継者とされる木佐木勝の回想によれば、滝田は「三宅雪嶺の日本主義に傾倒」（同書一五八頁）していたらしい。

(30)『読売新聞』大正十二年六月三日付朝刊二面。
(31)三宅雪嶺「何故承認に躊躇するか」、『中央公論』第三八巻第六号(大正十二年六月一日)一一二頁。
(32)三宅雪嶺「東京市長を辞して日露問題に肝煎した後藤子」、同右七〇頁。
(33)鶴見祐輔編著『後藤新平』(一九三八年、後藤新平伯伝記編纂会)第四巻三八五~五四六頁「第四章　対ヨッフェ交渉」では、雪嶺や中野たちとの連携についての記述はない。
(34)(三宅)「当代の最も有効なる道」、『日本及日本人』第八五二号(一九二三年)一二頁。
(35)(36)　三宅雄二郎「左傾右傾の険悪分子」、『我観』第四号(一九二四年)八頁。
(37)三宅雪嶺「秩序の維持と社会の進歩」、『中央公論』第三九巻第四号(一九二四年)一九三頁。
(38)同右一九六頁。
(39)三井甲之「三宅雪嶺の個人主義思想の錯誤を指摘して祖国主義信仰を宣言す」、前掲註(5)『日本及日本人』大正十三年一月元旦号、七二~七三頁。三井の批判文は、雪嶺の人格攻撃を含んだ品格のないもので、子規の系統を汲むアララギ派の歌人らしからぬ論調を帯びているのは意外だが、後に蓑田胸喜が師と仰ぎ原理日本社の顧問に座る人物であれば理解できないこともない。註(4)で紹介したように、雪嶺が「言う程のものでない」と語ったというのも首肯できる内容である。三井の思想については、片山杜秀「写生・随順・拝誦」(竹内洋・佐藤卓己編『日本主義的教養の時代』二〇〇六年、柏書房、所収)参照。
(40)~(42)　寒川鼠骨「雪嶺翁追憶」、戦後『日本及日本人』第一巻第三号(一九五〇年)三三~三四頁。なお、この証言は、生前の古島一雄の「検閲」を得ているという。

第四章　同時代史としての近代
――『同時代史』の世界を読む――

はじめに

近代日本を代表する思想家・言論人として知られる三宅雪嶺は、また、魅力的な表題をもつユニークな歴史書『同時代史』全六巻（一九四九～五四年、岩波書店）の著者としても知られている。『同時代史』は、当初「同時代観」と題されて、雪嶺が主宰する個人雑誌『我観』の大正十五年（一九二六）一月号から、途中、同誌を改題した『東大陸』への掲載をはさんで、彼の死没直後に発行された再刊『我観』昭和二十年（一九四五）十一・十二月合併号まで、実に二〇年間、合計二二二回にわたって連載された壮大な歴史叙述である(1)。書名変更の理由は、生前に雪嶺自身が自伝のなかで、「「同時代観」は後に「同時代史」とすべきであって」、と述べていたことに基づいている(2)（以下の記述では基本的に『同時代史』と表記する）。叙述範囲は、雪嶺が加賀国金沢城下で生を享けた幕末の万延元年（一八六〇）から、大日本帝国が第二次世界大戦で敗北するのを見届けて彼が没する昭和二十年までの八六年間に及んでおり、今日の私たちがまさに「日本近代史」と区分している時代のほぼ全体を包摂するものである。

本章は、このような『同時代史』からうかがえる三宅雪嶺の歴史思想を解明することを課題としている。そのためには、まず何よりも『同時代史』の全体像を把握したうえで、歴史叙述としての特質を探り出すことが必要であろう。

次にそれをふまえて、雪嶺の歴史思想の中心概念と基底的な思考方法を明らかにし、彼が同時代史としての近代をどのように描き出そうとしていたのか、要するに『同時代史』に結実した世界を読み解く作業をとおして、近代の歴史思想の一つのあり方と雪嶺思想のなかでの位置を示していきたい。

これに対して、従来、『同時代史』の全体を俎上に上げて検討が加えられることはなかったし、あるいは、そうした検討をとおして三宅雪嶺の歴史思想を解明しようとする研究も、管見の限りごくわずかであった。ほとんど唯一の先行研究といえるのが杉原志啓氏の論文で、文体、構成、史料、叙述様式の四つの検討項目について、徳富蘇峰の『近世日本国民史』と比較しながら『同時代史』に分析を加えている。しかし、同氏の関心領域は、論題からもうかがえるとおり「歴史叙述」の問題にあるため、検討の結果得られた雪嶺の歴史観に関する総括は、「『宇宙』で確立された宇宙の「大理想」たる「真」「善」「美」の顕現に参画しながら、まさにこの「理想」のもとに無限に、エンドレスに推移していく歴史観であった」(3)とまとめられている。これは、かつて雪嶺伝を書いた柳田泉氏の見解を踏襲するものだが(4)、はたして『同時代史』では、そのような歴史観が貫徹されているだろうか。

一方、『同時代史』刊行後、二人の日本近代史学の泰斗によっていち早く寄せられた書評は、今なお注目すべき内容をもっている。その一人故遠山茂樹氏は、「最近の社会経済史」に対する史論史学の「面白さ」(5)を認めたうえで、ナショナリズム（国民主義）との関連が曖昧であると批判していた。当時の時代状況と学界的関心がこのような批判を生んだわけだが、『同時代史』をナショナリズムとの関連という文脈で読むことは、その後の研究のなかで継承されることがなかった。一般に明治のナショナリストと目されることの多い三宅雪嶺は、はたして『同時代史』のなかで、近代日本をナショナリズムの時代として描き出そうとしていたのだろうか。改めて検討すべき課題である。もう一人故大久保利謙氏は、『同時代史』を「一つの近代史事典」(6)であると評するとともに、とくに雪嶺が歴史を動かすものとして「勢」を重視していた点と、雪嶺自身の回想を含めた史料操作に特性が認められる点に、読者の着目を促していた。『同時代史』の全篇をとおして「勢」の歴史観がうかがえることはその後の研究でも言及されてきたが、「勢」とされたものの本質は何か、正面からこの疑問の解決に取り組もうとする者は現れなかった。

そこで本章では、先に挙げた課題の背後にこれらの指摘も意識しながら、『同時代史』本文の徹底的な解読と周辺史料を読み合わせることによって、雪嶺の歴史思想を明らかにしていきたいと考えている。

生前の雪嶺に親炙した一人で自分でも『明治大正国民史』（一九三六～三八年、千倉書房）などの著書を残した白柳秀湖が、「三宅先生の時評は必ず歴史から出発した。先生は偉大な歴史家の資格といわれる識と学と才とを兼備して居られた。（中略）明治・大正・昭和の三代を通じ最も偉大なる歴史家の一人として数へられてよい人であつたと私は信じてゐる」[7]と述べているのは、今日でも傾聴に値する発言だと感じられる。三宅雪嶺の思想世界の全容を解明する重要な鍵の一つは、歴史家としての側面に潜んでいるといえよう。

一　執筆動機と全体構成

前述のように、『同時代史』は大正十五年の一月から雑誌への連載が始まった。雪嶺はなぜこの時期に執筆を開始したのだろうか。

内在的な動機として考えられるのは、明治三十九年（一九〇六）以来進められてきた雪嶺独自の宇宙哲学を構築する営みのなかで、真善美に関する検討を終え、次いで人類生活の諸般に観察を加えたあと、人類における特殊な民族つまり日本人の歴史の解明を行なうという知的欲求が昂まったことである。この点については、雪嶺自身、『我観』

誌上で先行する連載「人類生活の状態」が終了したとき、「宇宙より世界人類に狭め、更に同時代に狭めて来ること、恰も投網を打ち、次第に絞り来るやうにと考へて居る」[8]と述べていたことによっても確かめられる。

しかし、執筆開始の要因はそれだけではないと考えられる。以前に論じたこともあるが[9]、改めて整理しておくならば、(1)もはや父親の没した年齢を越えて雪嶺自身が六十六歳に達し、ようやく晩年が意識され始めたこと、(2)『我観』にはすでに「自分を語る」と題して自伝が連載されており、雪嶺のなかでは自己を基点にして過去を回想する気分が醸成されていたこと、(3)長年ライバル視されてきた徳富蘇峰が、すでに大正七年（一九一八）より『近世日本国民史』の執筆を始めていたこと、(4)関東大震災の影響を受けて、明治文化研究会が設立されたことに象徴されるように、一般に歴史への関心が高まっていたことなどを挙げることができよう。

右に列挙した動機のほかにも、いくつかの可能性を追加することができる。その一つは、『同時代史』の起筆に前後して、雪嶺の周囲では、さまざまなかたちで明治維新以降の歴史を描き出そうとする動きが見られたことである。官辺の編纂事業は措くとしても、民友社系の人びとは早くから明治維新以降の歴史を史論として提示していたし、明治文化研究会による『明治文化全集』の刊行、マルクス主義的な歴史観に立った明治維新史研究や日本資本主義分析。また、朝日新聞社の企画による「明治大正史」、その一冊として柳田國男の『明治大正史　世相篇』も刊行された。雪嶺自身もすでに大正二年には『明治思想小史』（一九一三年、丙午出版社）を刊行していたが、『日本及日本人』の寄稿者では国府種徳が早くに『大日本現代史』上・下巻（一九〇九年、博文館）を上梓していた。

もう一つは、『同時代史』の連載を始めた頃から、雪嶺は種々の企画物の監修者等に引き出されるようになったことである。たとえば、万朝報社が企画した『新日本史』全五巻（一九二六年、万朝報社）では、雪嶺は監修者に据えられ、第一巻の劈頭に「総説」を書いているが、このなかには『同時代史』を貫く歴史観の一端が顕れている。また、年史刊行会編刊の『昭和三年史』『昭和四年史』『昭和五年史』『昭和六年史』『昭和七年史』（一九二九〜三三年）でも、雪嶺は安部磯雄とともに監修者になり、このうち『昭和三年史』の刊行に当たって雪嶺は、「歴史といへば昔の事を記載すると思はれ、昔の事でなければ材料が整はぬとせられたのに、近来同時代の歴史が出て、剰（あまつさ）へ昨年の歴史が出るに至つた」[10]と述べ、「同時代の歴史」の可能性について示唆していた。

だが、こうして執筆動機の周辺を調べても、そこに何らかのナショナルな動機を見出すことは難しいようである。雪嶺自身、前引の自伝のなかで、連載中の『同時代史』について、「これも別段に骨を折るといふほどのことがなく、年数で出来上がつたに過ぎない」[11]と語っていた。これは雪嶺一流の謙遜、いな韜晦（とうかい）趣味の言わせるところと見なければならないが、むしろ彼の場合、在野の言論人としてのジャーナリスティックな関心から、つまり「最近史」の一つとして「同時代の歴史」が構想されたという側面が大きいように思われる。そこには、「過去の歴史よりも明治大正の出来事」を解明し、日本の「長所を知り、短所を知ることが最も確実な道」[12]だという確信があった。『同時代史』の執筆は以上のような動機から出発し、「気分とか空気とか、その時代に居らぬば（ママ）感ずることも、理解することも出来ないやうなこと」[13]の叙述こそ自分の責務であると、雪嶺は心中に期していたのである。

執筆動機との関連で、書名の『同時代史』の由来についても付言しておこう。

大久保氏は前掲の書評のなかで、何を根拠とされたものか、英国の歴史家マッカーシーの『同時代史』（Justin McCarthy, *A History of Our Own Times*, 1879–80）から想を得たのではないかと推測していた[14]。しかし、雪嶺自身は、同じ英国の歴史家でもマッカーシーではなく、バーネットの『同時代史』（Gilbert Burnet, *The History of My Own Time*, 1724–25）を意識していたと見た方がよさそうである。プロテスタントの聖職者でもあったバーネットは、一六八八年の名誉革命の指導者という側面ももっていた。したがって同書は、革命以前、反動政治を行なったチャールズ二世の治世を詳細に跡づける内容になっている。もっとも同書も、流通経済大学三宅雪嶺記念資料館（以下、雪嶺資料館と略記する）には見当たらないようなので、現在となっては確実とはいいがたい面も残ってはいるが、「同時代観」の連載が二〇〇回に達したとき、雪嶺は次のように書いていた。

（前略）同時代も色々と解釈すべく、ギルバート・バーネットの同時代史は、自身の関係し見聞した所を以てした。自分の同時代観と称するのは単に自分の生れた年から始め見た所、聞いた所、読んだ所、年代を追つて記載するのであつて、順序を追つた所で同時代史と云ふことになる。事実を主にし、成るべく臆測を避く。[15]

なお、雪嶺自身は、「近世史」と「現代史」を合わせて、そのうち自分の生きてきた時代を「同時代史」と捉えていたようである。「同時代観」と同じ時期に執筆された著書の序に、「近世史も最早五世紀を過ぎ、現代史に何等か徹底的の変革を見るの避くべくもない」[16]とあるので、ヨーロッパ史のルネッサンス以降を「近世史」つまり近代史と理解し、まさに執筆中の「現在」を「現代史」と認識していたのである。では、日本における「近世史」の始期はいつかといえば、一応明治維新を画期とするが、維新変革の起因はペリー来航に認められ、さらにその波乱の根源を遡れば徳川幕府の海禁政策に遠因すると見ていた。[17]したがって、雪嶺の生まれた万延元年は、維新変革へ向けて幕末の風雲急を告げる秋なのであった。

筆者は万延元年五月十九日に生まれしと後に知りたるが、顧みれば万延元年は安政七年三月十八日に改元せし所に係り、改元は三月三日幕府の大老井伊掃部守が殺害せられしに出づ。[18]

こうして書き始められた『同時代史』は、基本的に編年体で構成され（各年末にはその年の物故者の簡単な伝記が列伝体風に掲げられている）、総分量は約六六〇〇枚[19]（四〇〇字詰原稿用紙換算）に達し、数多い雪嶺の著作のなかでも最大のものである。構成上特記すべきは、慶応三年（一八六七）と明治元年（一八六八）の間に「世界八年間」が、明治十一年と同十二年の間に「三傑論」「風俗習慣」「世界十一年間」が、さらに明治四十五年と大正二年（一九一三）の間に「明治年間の変遷」として「大勢」「思想」「学術」「商業及び貿易」「工業」「農林業」「漁業」「薬業」「牧業」という、いわば特論が、それぞれ挿入されていることであろう。これらは、編年体の記述を補う意味合いを有しており、独立した作品として読むことも可能である。

各年別の分量を岩波版の行数によって示すと図8の棒グラフのようになる（ただし、右に挙げた「三傑論」などの特論はグラフから省いてある）。これによれば、前後の年と較べて分量が多いのは明治元年、同六年、同十年、同二十七、八年、同三十八、九年であり、政変と戦争の年の記述が多いことは一目瞭然である。このことは、『同時代史』を読んだときの、政治史を基軸に外交史・軍事史が中心だという大方の印象を裏づけている。大正期から昭和七年（一九三二）までの分量も、それに先立つ明治期と比較して平均で倍近く多い。これに対して、昭和八年以降の記述が極端に少なく、昭和十二年と同十九年については記述そのものを全く欠いている。

図8のなかの折線グラフは、雑誌掲載時点と記述対象になっている年との間隔（時間的距離。「同時代観」は月刊誌に連載されていたこともあり、掲載時点と執筆時点の時間差はほとんどないと考えられる）を表したものである。たとえば、連載を開始した大正十五年（一九二六）一月には万延元年（一八六〇）の分が掲載されているので、その間隔は六六年となる。これによれば、およそ明治十三年（一八八〇）以前の叙述は五〇年以上の距離を置いて書かれたことになるが、逆に、間隔が一〇年以内になる昭和十年代の分量は極端に減少している。実証主義史学の立場を代表する一人である黒板勝美は、かつて「専門の方ではまづ普通に五十年ぐらゐ以前までの事柄を調査し研究することに止めて置くことに定めてある」(20)と発言したが、『同時代史』の大部分は「五十年」以内の時代を扱ったものなのである。

これら数値で見る全体像が『同時代史』の内容といかなる関係を有するのか、雪嶺の歴史思想とも関わる重要な問

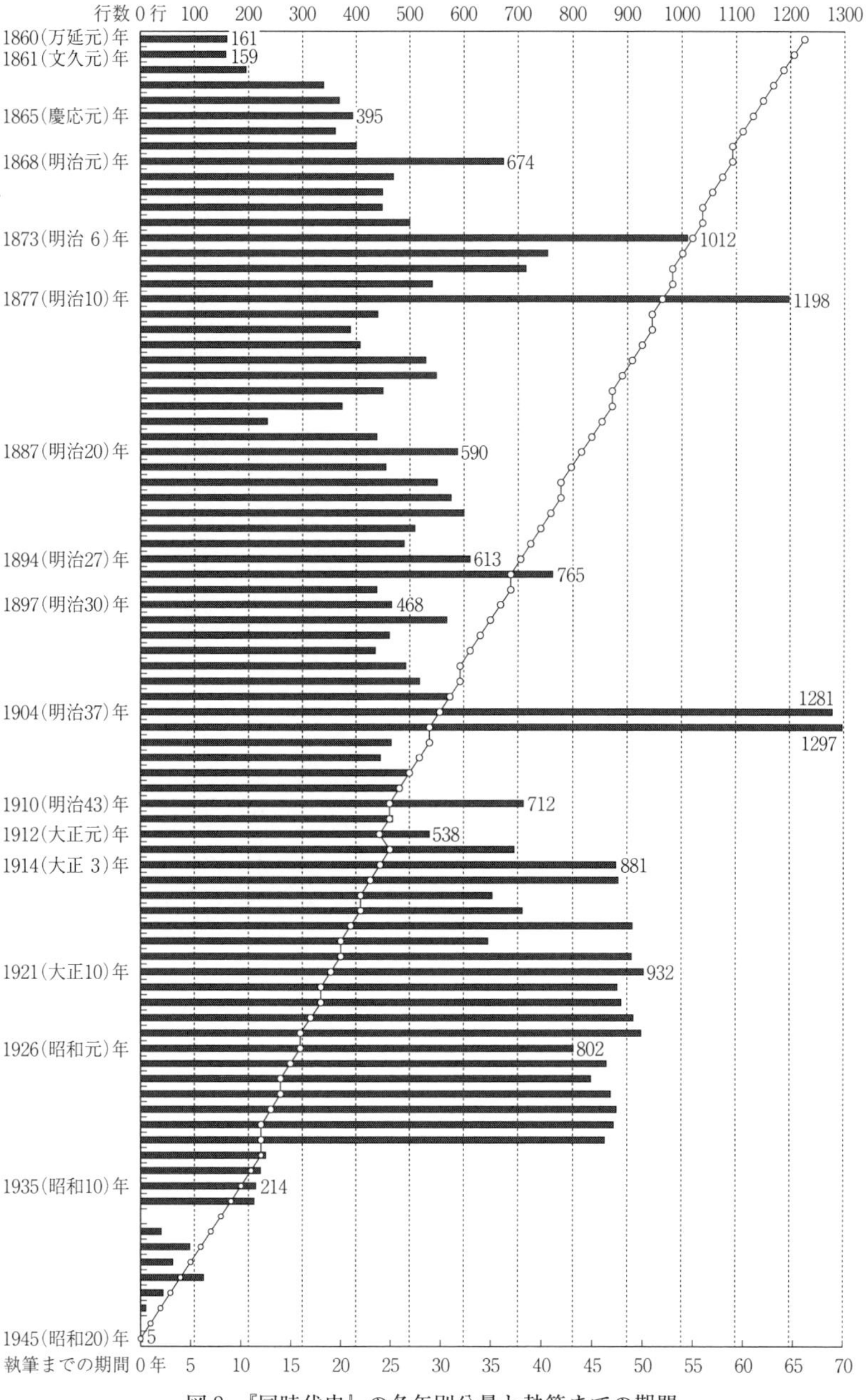

図８　『同時代史』の各年別分量と執筆までの期間

題性を孕んでいるので、ここで節を改め、史料と叙述の特質へと考察を移していこう。

二　史料と叙述の特質

歴史認識の前提に史料の調査と読解があることは、更めて贅言を要しないところであるが、三宅雪嶺の『同時代史』は史料操作という点から見たとき、どのように評価できるだろうか。

前掲の解説のなかで柳田氏は、「雪嶺の記憶の好さは実に無類といつてもよく、（中略）『同時代史』にも若干材料があるにはあつたが、雪嶺自身の無比無類の強記でその材料を補つた方が多かつたらう[21]」と述べ、伝記ではその「若干材料」の例として「例えば、『資料明治史』のような[22]」と付け加えていた。書評を書いた大久保氏も、「この書を読んで見ても、どれ一ツとして希覯な史料を使用していない[23]」と評していた。そもそも雪嶺自身、自伝のなかで「一切官庁に依頼せず、官庁関係の図書を利用せず、官立に準ずる私立図書館に出入せず[24]」と書いているので、『同時代史』が史料を博捜して書かれたものでないことは、なかば公然のこととなっているわけである。

しかし、『同時代史』を読んでいると、引用史料の出典が明記されているところが散見され、雪嶺の同時代観を検討していく場合の重要な論点の一つとなることが予見される。そこでまず、史料の出典となっている書名だけを全篇にわたって抽出すると、表4のようになる（初出箇所のみ掲げてある。書名は雪嶺による表記のまま）。

この表4を見て最初に気づくのは、政治史に関する書物が中心で、かつ、雪嶺が複数の文献に当たって史料を捜索したのは幕末からせいぜい明治十五（一八八二）、六年頃（岩波版でいえば第二巻の途中くらい）までの記述にすぎないということである。当時の史料公開状況を勘案すればやむをえない面もあり、たとえば『明治天皇紀』が引証するような

表4 『同時代史』の史料引用書目

年	書目
万延元	福翁自伝　開国起源
文久 2	徳川実紀
元治元	匏菴遺稿　井上伯伝　七年史
慶応元	松坡遺稿　大鳥圭介伝
2	幕末外交談　開国五十年史
3	宕陰先生行述　田中青山伯
世界八年間	劉　子
明治元	木戸松菊伝　維新前後に於ける立憲思想　海舟言行録　鴻爪痕自叙伝　大隈伯昔日譚　板垣退助君伝
2	仏教史学　木戸松菊略伝　説夢録　函館戦争日記
3	大久保利通伝　雲井龍雄伝　輿地誌略
4	西南記伝　国勢因果論　山県有朋実話　藩翰譜
5	中牟田倉之助伝　南白江藤新平遺稿　新日本史　今昔較　明史　金沢叢語　伯爵後藤象二郎
6	東京開化繁昌誌　大倉鶴彦翁
7	明六雑誌　加藤弘之自叙伝　南白先生小伝　郷史談叢
9	花房子爵経歴談　奥羽御巡幸明細日誌
11	古稀之記
風俗習慣	太閤記惑問
明治12	民権自由論　新撰年表
13	河野磐州伝
14	伯爵陸奥宗光遺稿　鉄道誌
15	伊藤博文秘録　真政大意　国体新論　栽培経済論
16	陶庵公
22	明治工業史
24	明治秘史　疑獄難獄
27	蹇々録
31	桂の自叙伝
36	クロパトキンの回想
40	素空山県公伝
明治年間の変遷	文明開化　新音新聞字引　自由之理　鳥の鳴き音　慎機論　夢物語　新訂増補和蘭薬鏡
大正 6	元帥寺内伯爵伝
10	御巡遊誌
11	加藤（友三郎）伝
昭和 5	浜口雄幸伝

新聞や速記録は除いてある.

官辺の史料は一切使用していない。だが、『同時代史』においては、書簡、回想、伝聞など限られた史料を駆使して、事件の本質や人間心理の深奥を立体的に描き出していくところに、いわば配合の妙味がある。なお、表4で挙げた書名のうち、幕末・維新期に関する図書は現在雪嶺資料館には一冊も残っていない(25)。

文献史料を補うためには、自分の記憶や父・三宅立軒（医師、漢学者）、母方の伯父・黒川良安（医師、蘭学者）、岳父・田辺太一（幕府外国方、明治政府で外交官・元老院議官(26)）をはじめ、後年知遇を得る大隈重信や副島種臣らからの聞き取りも適宜採り入れている。これらのなかに、他書からは得られない貴重な歴史の証言が含まれていることはいうまでもない。

(a)　筆者が始めて国事に関する人名を聞きしは武田耕雲斎にして、事件は正に五六歳の時、その何事なるやを解せず、唯だ頻りに人が耕雲斎といへりしを記憶す(27)。

(b)　黒川は元治元年加賀藩世子慶寧に随行して京都に上り、建仁寺の旅営に在り。佐久間は之を訪問し来り、談話に時を移し、将に別かれんとするや、黒川は佐久間の馬具の洋装なるを見、攘夷熱の熾んなる時、深く注意すべきを告ぐ。佐久間は聴かずして曰ふ、遠からず悉く斯く改まると。日ならずして殺さる(28)。

二例だけに止める。(a)は慶応元年（一八六五）の天狗党事件に関する自分自身の回想、(b)はその前年元治元年（一八六四）に暗殺された佐久間象山に関して伯父の黒川が語った思い出だろう。黒川は佐久間にオランダ語を教えた人物である。

次に、明治十年代以降とくに明治三十年代以降の叙述では、特定の数点の書名しか挙げられていないことに気づくであろう。表4にある書名のなかで、現在雪嶺資料館で所蔵が確認できるのはわずかに一点、『河野磐州伝』上・下巻だけである。このうち下巻には、三ヵ所に紙を小さく切って作った付箋が挿まれているが、これには特段の注目を要する。たとえば同書五一六頁以降の記述は、明治三十一年（一八九八）秋に第一次大隈重信内閣下で惹起した尾崎行雄文相のいわゆる共和演説事件に関する、次のような記事である。

(c)（前略）『東京日々新聞』は、筆を極めて熾に之を攻撃し、『是れ不祥不敬の甚しきものだ。此の如き不祥不敬の言を為すものは、一日も之をして輔弼の重任に居らしむ可からず』と論じ、枢密院に於ては、鳥尾小弥太、貴族院に於ては、平田東助、清浦奎吾、千家尊福等の如きは、皆尾崎の演説を以て国家の不祥事なりと為し、斉しく之を攻撃したものであつた。啻に是れのみでは無い。自由派は、閣員均勢論に失敗した折柄であつたので、奇貨居くべしと為し、之と共鳴して尾崎の演説を攻撃し、之を不問に付す可からずと論じ、板垣内相は独り之を内閣に争つた許りで無く、枢密顧問官の間に説き、之を排擠（はいせい）せんとした。政界の暗潮は此に至つて、転（うた）た急ならざるを得なかつた。

九月六日、尾崎は参内して共和演説に対して罪を謝したが、一言も其の進退に及ばなかつた(29)。

一方『同時代史』は、尾崎の演説の一部を引用したあと左のようにいう。

(d)（前略）東京日日新聞は「是れ不祥不敬の太甚（はなはだ）しきものなり、此の如き不祥不敬の言を為すものは、一日も之を輔弼の重任に居らしむべからず」と云ひ、枢密院の鳥尾、貴族院の平田、清浦、千家等が猛烈に攻撃せるのみならず、閣内にて板垣を始め之を責め、憲政党の自由派は勿論、進歩派にも排撃運動に奔走するあり、尾崎は参内して粗忽を陳謝せるが、問題の一節を一言一句筆記せしもの、伝はり、訂正が無用に属す(30)。

この部分では『河野磐州伝』からの引用であることを明示していないが、(d)は(c)を少しだけ簡略化し、基本的には丸写ししたように見える。『同時代史』は(d)の引用部分のあと、桂太郎の談、桂から山県有朋への書簡（十月二十二日付）と続き、尾崎の辞表提出と後任問題に進むが、『河野磐州伝』も(c)に続いて桂の山県宛書簡を掲げ、辞表提出と後任問題を論述し、最後に一連の事件の経緯に関する河野の「実話」を引いている。『同時代史』は同じ「実話」を、(d)の引用部分の前に「河野広中の談」として一八行にわたって引用してある。要するに、雪嶺の『同時代史』では、出典を明示しないままかなり大胆な〝引用〟が行なわれていたのである。

では、この時期の叙述で、表4中にある書物以外にどのような文献を利用しているかといえば、佐藤能丸氏が指摘するように[31]、大日本帝国議会誌刊行会編・刊『大日本帝国議会誌』全一七巻別巻一（一九二六〜三〇年）および新聞資料研究所（土屋義衛）編・刊『資料近代日本史』（一九三四年）などのような編纂史料集を座右に置いていたと考えられる。右のうち『資料近代日本史』は、雪嶺資料館に移送されていて、三ヵ所に『河野磐州伝』と同じ形態の付箋が挿まれている。

さらに、その時期は、雪嶺が雑誌や新聞を舞台に活発な言論活動を行なった時期とも重なっているので、自分で経験あるいは見聞した出来事、交際あるいは伝聞した人物の回想などを交えた文字どおりの同時代史となっているのである。

(e)　世間にてダイドウと発音するも、後藤自らタイドウと発音せり。後藤は素行修まらず、末節に拘はらざるも、群集の前にて極めて真面目、一言一句、肺腑より出づるが如く、漢音にてタイドウと発音すること、聴衆の耳底に徹底して聞ゆ[32]。

(f)　中橋内相の言ふには、犬養を扶くるは僕一人とのこと。他より見れば中橋の位置が犬養に依りて擁護されつゝあり、中橋の辞職を余儀なくせらるゝに於て、犬養が果して安全なるやの疑はるゝ以外、幾年か政党内閣は憲政の常道と称し、政党の弊害を醸し、何辺かに変革の空気の漂ひつゝあり、少くとも平穏に過ぎざるべきことが種々の方面に知らる[33]。

右のうち(e)は、明治二十一年（一八八八）の後藤象二郎を中心とする大同団結運動に、雪嶺自身も深く関係していたがゆえに知りえた実見談といえよう。また、(f)は昭和七年（一九三二）の五・一五事件に関連した回想で、雪嶺にとって同郷・同窓であり、選挙の応援演説までしたこともある中橋徳五郎からの、おそらくは直接の伝聞であろう。このような事件や人物に関する見聞に基づく記事には、大久保氏がいうように「他の書物にも見出されない珍しい記事が少くない[34]」のであって、『同時代史』を読む者にとって最大の魅力になっている。

もっとも、この間の明治四十年（一九〇七）頃を境に、各年の記述はパターン化してくる。すなわち、毎年帝国議会での演説や質疑応答に多くの紙幅を割くようになり、事実の説明が多く、その解釈は少なくなってくる。雪嶺自身も、明治期の叙述が終了した時点で、そのまま大正、昭和と継続することに躊躇を感じたようで、特論といえる「明治年間の変遷」を挿入したのである。このときちょうど、掲載誌の『我観』が『東大陸』と改題されたことも、『同時代史』の内容に影響するところがあったと思われる。『東大陸』は「島帝国として安んずるは、事を慮るの宜しきを得たりとすべからず。（中略）大陸より離るゝを以て安んぜず、大陸の発達を遅滞（ママ）するを督励し、全人類の向上に寄与すべし[35]」というように、従来より以上に積極的な大陸進出の姿勢を鮮明にしていたのである。

さらに、昭和八年（一九三三）以降の記述になると、分量も極端に減少し実質的な内容も乏しくなるので、叙述対象と執筆時点の間の距離が一〇年を切ると、歴史としてはもちろん、回想としても未熟なものになってくるのだといえよう。その結果『同時代史』の叙述もしだいに精彩を失っていくように見える。理由としては、雪嶺自身の年齢と戦時下における情報統制という二つの要素を考慮する必要があるが、はたしてそれだけだろうか。雪嶺に『同時代史』の執筆を促したより内在的な領域で、この理由を考察していく必要があろう。

前二節での検討をふまえて考えてみると、『同時代史』はもちろん一つの壮大な歴史叙述として私たちの眼前に佇立しているわけだが、執筆動機、全体構成、史料操作、叙述方法などから判断したとき、左のような四層構造をもつテクストとして存在しているように思われる。

第一部―万延元年～明治十一年、「三傑論」等の特論
第二部―明治十二年～同四十五年、「明治年間の変遷」
第三部―大正二年～昭和七年
第四部―昭和八年～同二十年

三　「勢」の変調と時代批判

では、三宅雪嶺は『同時代史』において、自分の生きた同時代史としての近代をどのような時代として描き出そうとしていたのだろうか[36]。次にこの問題を、「勢」の変調と時代批判との関連に即して考察しておきたい。

第一部（大正十五年～昭和五年に雑誌掲載）、すなわち幕末から明治維新期の日本について、雪嶺は、封建社会であった江戸時代が近代国家に移行することを時代の「勢」と捉えていた。明治二年（一八六九）の版籍奉還も「必然の勢[37]」であり、同八年の立憲政体導入の方針決定も「当時の勢としては最善の道[38]」なのである。そうした意味で雪嶺は、基本的には近代化の方向性を是認する立場にあったと見なければならない。したがって、『同時代史』で示されている歴史認識も、近代的な合理主義思想の咀嚼を経た公平な理知に基づくもので、全篇をとおして歴史転換の功を「聖徳」や「皇恩」に帰すような不合理な解釈には陥っていない。

また、たとえば、明治七年（一八七四）の佐賀の乱鎮定後における大久保利通の江藤新平に対する残酷な処刑方法などには厳しい筆誅を加え、大久保を「北条義時の再来」「暗黒政治の英傑(39)」と批判している。これは単に西洋起源のヒューマニズムの適用ではない、雪嶺が獲得していたより普遍的な人間観に基づいた評言といえよう。あるいは、自由民権思想の由来を、西洋にではなく幕末の尊王攘夷運動のなかに求めるなど、日本の自発的な近代化の道筋を描き出そうとする意図が感じられる。しかし、全体としては、明治維新の大変革を社会構造の転換と見るのではなく、「時勢」のなかで浮沈する人物を活写することに主眼の置かれた歴史叙述になっている。

第二部（昭和五年〜同十二年に雑誌掲載）、すなわち明治年間の記事は、雪嶺自身の経験や伝聞を交えた文字どおりの同時代史となっているが、「勢」は専制政治から立憲政治へと向かい、立憲政治は官僚政治とは対立するものとして把握されていた。また、経済界は「発達展開の勢の停止せず、時に退くは更に進まんとするなり(40)」とされ、対外関係においても、「列国各々国民に特質あり、強ひて他に倣ふを要せざるも、倣ひて利あるは倣ふに憚るべからず(41)」とあるとおり、かつて『真善美日本人』（一八九一年、政教社）で示していた、相互の国民性を尊重しつつ採長補短の原則で交流するというナショナリズムの論理を適用していた。雪嶺は、二つの対外戦争に勝利し世界の「一等国」に列することのできた明治年間を、「国史に於て最も重要なる期間(42)」と見なし、「国運の発展(43)」した時代と捉えていたのである。

雪嶺がこのような視線で明治を回顧していたとき、時代は満州事変から国際連盟脱退、五・一五事件から二・二六事件へと急転回していた。そうしたときに日清戦争を、「軍部当局は外交を外交関係者に任し、万遺算なからんことを望む(44)」、あるいは「多くの生命を失へる戦役が資本家の利益となるに過ぎざるに非ずやとの疑問を生じ(45)」と論じていたのは、時流への痛烈な批判をそれに仮託したものと読めるだろう。日露戦後のポーツマス条約締結に関して、「兵は詭道なりとは此類を指すも、国民を欺きて平然たるべきに非ず(46)」と評しているのも、雪嶺の批判精神の健在ぶりを示すものである。執筆動機を推量した第一節でも引いたように、「明治大正の出来事」を解明し、日本の「長所を知り、短所を知ることが最も確実な道」だというジャーナリスティクな関心が持続し、時代批判の精神が旺盛だったことがうかがえる。

ところが、私が第三部（昭和十三年～同十九年に雑誌掲載）とした大正期から昭和初期の記述になると、「勢」の様相は明らかに変調をきたしてくる。国内では「デモクラシーの勢」[47]を認めながら、対外関係では、「帝国の勢力」が「米国の勢力」や「英国の勢力」[48]と併置され、朝鮮半島の民族自決を論じて、「独立しさへせば大国と同列に世界に立ち得るとするは妄想も甚だしく（中略）朝鮮は幸にして日本と併合し、大国として立つべき時期に遭遇」[49]しているのだと断言する。第一次世界大戦によって日本は「一等国」からさらに「世界の三大国」になったことを素直に受け入れた雪嶺は、一九二一年のワシントン会議で英米の底意が見えたとし、幣原外交には終始批判的であり、それを「御芽出度き限り」[50]と酷評しているのである。昭和六年（一九三一）の満州事変後の「勢」の所在については、次のように述べている。

日本が英米両国と戦ふべきか否か、前に斯かることは夢の如き問題とせらるべかりしに、其の愈々現実にすべき勢の次第に高まりつゝあり、満州事変は或る一地方の問題に止まるに似て、第一次世界大戦に優るべき第二次大戦の起るべき伏線の一要素たらんとは、前に人の考へ及ばざりし所に属す。[51]

こうして英米との戦争が「勢」と認識されるかぎり、現状追随的な雪嶺の姿勢は明らかであり、壮大な『同時代史』の結末はもはや視界に収まったといえよう。続く第四部（昭和二十年に雑誌掲載）は、分量や内容の点からもそれ以前の部分とは同列に論じられないが、日本の国際連盟脱退を「大勢は予め定まりて変ぜず」[52]と見なした昭和八年（一九三三）から始まり、同二十年の敗戦を「万事終るの感なきを得ず」「悲観は有史以来最高度」[53]と記して、『同時代史』は擱筆されたのである。

紙幅の関係で、ごく概略的にしか紹介できなかったものの、雪嶺は同時代史としての近代を以上のように描き出していた。[54]私たちはそこから、雪嶺ならではの観察による数多くの貴重な歴史の証言を得ることができ、それが『同時代史』の大きな魅力になっている。同時に、「勢」の行方については、明らかな転機を確認することができた。時代の潮流を「勢」と捉え、「勢」の変調をそのまま近代化の方向性として是認するならば、歴史叙述の意義は変化の連続そのものの記述に終始するしかなく、執筆中の同時代への批判的な姿勢を失ったとき、結果として『同時代史』は大日本帝国の崩壊をもって閉じられることになったのである。

四　歴史観と基底的な思考方法

以上のような『同時代史』全体を貫いている三宅雪嶺の歴史観とは何なのか。いよいよ、この問題に論及しなければならない。

結論的にいえば、『同時代史』からうかがえる雪嶺の歴史観は、前節での検討から導かれるように、歴史とは「勢」と「人」が織りなす「発達展開」であるというものだ。そして、そのような歴史の変遷の局面で優先権をもっているのは、前者すなわち「勢」なのである。

(g)　勢は暗黙の間に移り来り、人は概ね之に乗りて浮沈するに過ぎず。[55]

(h)　勢の変ずる時は、淘汰を急にし、順境が愈々順境、逆境が愈々逆境となることあり。[56]

(i)　凡そ地球上に起れる事件は多かれ、少かれ、他と勢を共にするが、勢は大別して二種とす。一は原動に属し、二は反動に属し、前者は略々遠近に正比例し、後者は往々之を逆にす[57]。

(g)は文久二年における人物の交替に関して、(h)は慶応二年の朝幕関係について、(i)は幕末期の世界情勢を論じるに際して、いずれも「勢」の存在と特徴が語られている。「勢」への言及はその後も『同時代史』の随所に見られる。

(j)（前略）世界の大勢が動き、日本が之に加はり、知ると知らざるとを問はず、局面を展開せんとするの避くべからざるに出で、大小の政治家が其の波間に出没するに過ぎず[58]。

(k)（前略）未だ時期の熟せず、何辺にまで波及すべきかを知り難く、勢の赴くが儘にし、成るべく有利に処置せんことを欲す。有力なる個人の力にて禍乱を未然に防ぎ得ざるものか、腫物は熟して破裂するを待たざるべからざるか、事実は人力にて奈何ともし得ざりしと見ゆ[59]。

(l)　何の世にも幾許か見る事ながら、近年の如く全世界に関連して勢の起伏せるが如きことなく、勢を弁へずとて一概に責むべきに非ず[60]。

(j)は明治三十六年（一九〇三）の世界情勢について、(k)は昭和三年（一九二八）の張作霖爆殺事件に関して、(l)は昭和十年の時代状況を概観するために、それぞれ「勢」と「人」の関係が述べられている。要するに「勢」は人力の及ばない時代の流れなのであるが、雪嶺がいう「勢」とはいかなるもので、「人」はそのなかでどのような役割を演じることができるのか、次にこの点が問われなければならない。

『同時代史』の全篇をとおして、雪嶺は「勢」を「いきおい」（「勢ひ」と送り仮名が付されているところがあるし、「騎虎の勢」のように慣用的に使用されているところもある）とも「せい」とも訓ませているようだが、全体としては「大勢」あるいは「時勢」（「時の情勢」）という意味で用いられているように思われる。このように歴史を「勢」の働きと見なすのは、もちろん雪嶺の独創ではない。「いきほひ」が日本人の歴史意識の「古層」に横たわる「基底範疇」の一つであることは、丸山眞男氏が記紀を題材に論じているとおりである[61]。前引の諸例のように雪嶺が『同時代史』で「勢」の存在と役割を語るとき、そこには不可抗の必然性を歴史の変遷の背後に見ているので、丸山氏が抽出したような歴史意識の存在を雪嶺の『同時代史』のなかに認めることも、あながち臆断とはいえないだろう。

だが、より直截には、近世日本では歴史の規定要因を儒教的な名分論から部分的に解放したところに、『日本外史』を書いた頼山陽に代表される「勢」の歴史観が生まれ[62]、それら先行する歴史叙述から雪嶺は影響を受けていたと考えるのが妥当であるように思われる。とりわけ、祖父三宅芳溪が京都で山陽に師事した関係にあったことなどを考え合わせれば、雪嶺が頼山陽の「勢」の歴史観を継承する一種の学統意識を抱いていたことも十分にありうることである[63]。山陽は、たとえば『日本外史』巻之十三のなかで、「封建」について唐の柳宗元がそれを聖人の意ではなく「勢」だと論じたことをさらに踏み込んで、「封建は勢なり。勢を制するは人なり[64]（原漢文）」という考え方を示していた。そのような「勢」と「人」の関係について、山陽が自説を開陳したのは『通義』巻之一であった。その冒頭には次のようにある。

天下の分合、治乱、安危する所以は勢なり。勢は、漸を以て変じ、漸を以て成る。人力の能く為す所に非ざるなり。而れども、其のまさに変ぜんとして、未だ成らざるに及んでや、因りて之を制為するは、すなわち人にあり。人は勢に違うこと能わざれども、勢もまた、或は人に因りて成る[65]。（原漢文）

前引の(g)や(k)を見ると、『同時代史』において「人」は「勢」に従属する存在であり、別のところでは「人」は「時勢の傀儡[66]」にすぎないとされているが、だからといって雪嶺は歴史を運命決定論的に理解していたわけではないようだ。むしろ実際の叙述では、登場するさまざまな人物こそ実にいきいきと描き出されているのを見ることができるのである。

雪嶺は自分自身を「何としても人物に興味が多く[67]」と分析しているように、彼の歴史観はやはり「人」を抜きに論じることはできない。雪嶺はまた、「何を言うても人事を尽し天命を待つといふのが当然であり、一層悟り得たならば、唯人事を尽すべきである[68]」とも述べていた。『同時代史』のなかでも、明治維新前後の日本と世界の情勢について、「勢が熟するも人が出でず、人が出づるも勢が熟せざれば注意すべき事も注意されざるが、勢が熟して人が出づるや、中外の注意を傾倒せしめずんば已まず[69]」とあるように、「勢」は「人」の出現によってはじめて歴史に顕れるものとされているのである。このような論理的類似性から判断するならば、雪嶺が、歴史は「勢」と「人」が織りなす「発達展開」だという山陽の歴史観から学んでいたことは、確からしいように思われる。

ところが、雪嶺自身は「自分は余り頼山陽に傾倒しない[70]」といい、『日本外史』は「歴史よりも講談本[71]」だとも述べている。したがって、たとえば徳富蘇峰が「予の胸中には、常に頼山陽がある[72]」と書いているのとは、山陽の史論に対する姿勢にもおのずから違いがあるはずである。雪嶺は山陽の歴史観と歴史叙述を継承しつつも、それだけではなく、別系統の思想からも影響を受けていたことを想定しなければならない。『同時代史』の叙述に即していうと、たとえば次のような時代の読み方から、そのことはうかがえるであろう。

変遷が進歩を意味するかは、時代と国土とにて一様に言ひ難く、啻に進歩を示さゞるのみならず、停滞もあり、退歩さへあるのに、明治年間の変遷は進歩の頗る顕著にして、日本のみにて云へば変遷が進化と同意義なりとして誤ることなし[73]。

明治年間の歴史に限定されているものの、ここでは、本来は単なる時間の経過にともなう事態の推移にすぎない没価値的な概念である「変遷」が、明治日本では一定の価値への変化である「進歩」を媒介にして、さらに「進化」と同意義であるとされている。

このような、歴史変遷の基底に進化論の原理を措定する発想は、雪嶺にとって若き日の最初の著書の一つである『日本仏教史』のなかにも認められる。雪嶺は同書のなかで、宗教に「変更改化」をもたらすものを「勢」と捉え、「抑モ宗教ノ思想ハ如何ニシテ発生シ、如何ニシテ進化スルカ、多様ノ状勢ノタメニ、多様ノ変化アルハ、無論ナレドモ、概スレバ之ニ就テ一定ノ理法アルべシ[74]」と述べ、そのような「理想ノ進歩」として、「蛮人」「半開」「文化」の三段階を想定していた。雪嶺の歴史叙述は、「勢」の存在を前提に、福澤諭吉や田口卯吉に代表される文明論や文明史の発展段階説と、進化論思想の影響を受けた地点から出発していたのである。

三宅雪嶺の思想が、ヘーゲル哲学のとくに弁証法の論理とH・スペンサーの社会進化論の融合を志向しながら形成されたことは、これまでも指摘してきたところであるが[75]、歴史思想はそのなかで重要な位置を占め、雪嶺の思索のなかで持続しつつ独自の展開を示していく。雪嶺哲学の習作といえる『哲学涓滴』には、「凡そ世を感化するの大なると小なるとは、人力にあらずして、勢なり[76]」とあるが、同書全体はシュヴェーグラーの『西洋哲学史』を雪嶺独特の用語を用いて祖述するものであった。そのなかで、ヘーゲル哲学については「先づ宇宙の全体を挙げて悉く之を唯一の思想に帰し、而して斯の広大無限の思想が如何にして開発進歩するかを必然の次序に従て歴叙講究する[77]」ものと、また、弁証法については「思想全般より開説して、正に世界進化の次序と合し、衆反対の旨義を幷容し、之を調諧し、之を総合して、遂に実迹と一体と為す[78]」ものと説明していたが、こうしたヘーゲル理解は雪嶺の歴史思想に基底的な思考方法を提供するものの一つであったといえよう。

ついで雪嶺自身の哲学大系を大成した『宇宙』では、不可知説の立場に立ちつつも、人類（「副生界」）の歴史は絶大なる有機体である宇宙（「原生界」）の進化の「連続の一部」なのであるから、「増進的連続即ち進化の律」に従うべきであり、とくに近代においては「増進」が「常態」だという考え方が示されていた[79]。そのような進化の性格に関して同書では、「進化其の儘に目的なるか、将た完全に達するの手段なるか、完全といふは比較的の事にして、際限なき者にあらざるか、疑問は一にして足らざるも、目的を進化の方面に求むる以上、万象を挙て進化すとし、時に退化するは一層大なる進化に赴くの道程なりと為すべし[80]」と述べていたが、『同時代史』の執筆を進めていた晩年の論説でも、スペンサーの進化論の限界とそれを超越する方向性とが、左のように説明されていた。

スペンサーが進化の後に退化ありとせること、余りに事を簡単に断定せるものにして、若し今一層進化の理法を考究したらんには、或る期間を経て前の進化と異なる現象の出で、相ひ衝突したる後、更に融合して大進化を形づくると見るべきに非ざるか。或る進化が起れば、早晩之に反対の現象が起り、反対者自ら我こそは進化しつゝありと標榜し、然る後に双方の相ひ接近し、相ひ合同し大進化を形づくるとすべし[81]。

ここで雪嶺は、「進化の理法」を前提にしながら、弁証法的に解釈された「大進化」という独自の概念によって、スペンサーの進化論思想をヘーゲルの歴史哲学を介して批判的に継承していることを示している。『同時代史』を書いた雪嶺の歴史思想は、このような思考方法を、「勢」と「人」が織りなす歴史の発展法則の基底に据えることで成立したのである。当然そこには利点と難点が付随することになった。すなわち、特定の史的法則を準用して歴史を一面的に捉える弊害から免れることで、あたかも見巧者の芝居評を読むような、自由で柔軟に描き出された時代像や人物像によって歴史の実相を活写できるだけでなく、鋭利な現状批判をも包摂する歴史描写の可能性を獲得できたのである。しかし、他方、「勢」という不可知的な存在や進化という元来没価値的な現象をもって歴史変遷の動因と特定したため、事態の推移を表層的で不可測的な事件の連続に還元してしまい、とりわけ同時代史の叙述においては歯止めのない現状追随に陥ってしまう可能性を蔵することになったといえよう。

むすび

末尾にあたって、このような『同時代史』という作品の意義について、雪嶺思想における位置という側面から若干付言しておきたい。その際、雪嶺を最もよく知る者の一人である長谷川如是閑の次のような評言は暗示的であろう。

晩年の長篇、「同時代観」は、各の時代の性格を、そこに現はれた人物や事件によつて示唆せんとしたもので、歴史的に、事実事件を翁一流の態度方法で整理したところに、特徴があり、そこに価値もあるものだが、結局それは読書力と記憶力と解析力とに於いて限界を知らない翁の、あのあらゆる方面に亘つて尽きることを知らない談話の、内容的に充実され、形式的に整理されたもの、いはゞ翁の実証哲学の素材としての歴史の部門の大集成に止まるものであつた。かうした素材から、「宇宙」に於て示された翁の「原論」がさらに「各論」に入つて、現実性の満ち溢れた「十九世紀哲学」――それは「宇宙哲学」に対する「人生哲学」であつたに相違ない――が完成されたことであらうと思はれる。その「十九世紀の哲学」こそ、いはゆる「二十世紀の哲学」が早くも「現代的」生命を失はんとしつゝあるのに反して、永い生命を享受すべき学問的産物であつたらうと思ふと、その未完成は、ひとり翁のためにのみ惜しまるべきではない[82]。

如是閑はここで、『同時代史』に「実証哲学の素材」としての意義を認めながら、雪嶺は独自の「人生哲学」の完成を優先すべきだったと主張している。なるほどこの指摘のとおり、『同時代史』の面白さの多くは「素材」としての部分にある。

しかし、本章で明らかにしたように、雪嶺の考える歴史の変遷は「勢」と「人」が織りなす「発達展開」なのであり、そのような歴史観の基底には進化論と弁証法を融合した雪嶺独自の思考方法があった。『同時代史』がこうした歴史思想に立ち、部分的には鋭利で独創的な時代像や人物像を描き出しながら、雪嶺の生きた同時代史として近代の総体を統一的な歴史像としては提示できていないとすれば、むしろ問題は、人類の歴史を律する「勢」や進化率に超越する価値の源泉であるべき「宇宙」の究極の意思（目的）を不可知的であるとした彼の「宇宙哲学」の限界性にあったといえよう。そうした意味で、三宅雪嶺の『同時代史』は、近代の自己認識とそれをふまえた近代批判がいかに困難な課題であるかを教えているのである。

一方、遠山氏が指摘していたナショナリズムとの関連についていえば、第一節で検討したように、執筆動機のなかにそれを見出すことは難しいように思われる。もちろん「宇宙」から論じてきて「人類生活」の一部として日本の「最近史」を構想しようというのだから、全体としては日本という国家／国民／民族の近代における「発展史」になっていて、第三節で取り上げた明治期の対外関係についての叙述に見るように、相互の国民性の尊重や採長補短主義に立つ交流など、部分的にはナショナリズムの主張もうかがえるが、全篇をとおして政治（政局）史が主旋律を構成していて、日本国民や日本民族の物語になっているわけではない点は強調しておきたい。

私はおよそ以上のように三宅雪嶺の『同時代史』が包含する世界を読み解いてみたが、六六〇〇枚に及ぶ内容をその一パーセントの分量ではもとより論じ尽せるものではない。とくに、第三節で試みた雪嶺晩年における『同時代史』の執筆と政治・社会評論との関連については、女婿中野正剛の政治活動その他を視野に入れつつ改めて取り上げる必要があると考えている。とりあえず本章では、『同時代史』の全体像とそこからうかがえる雪嶺の歴史思想の特質をラフ・スケッチして、日本における近代の歴史思想の一つのあり方を例示したところで、「幾分の満足」を味わっておく。

註

（1）現在入手しやすい岩波版『同時代史』が、雪嶺没後の刊行であることを勘案するならば、本来、著者生前の校正を経ている『我観』連載のテクストを検討の対象とすべきであるとの観点に立ち、本章の準備過程ではすべて同誌を参照した。実際のところ、岩波版『同時代史』には、少なからぬ誤植等が見受けられる。しかし、『我観』は早稲田大学中央図書館など、ごく一部の所蔵機関にしか残存していない状況にあるので、読者による参照の便宜を考え、以下本章で引用箇所を示す場合は、岩波版の頁数を掲げることにする。

（2）三宅雪嶺「（雪嶺自伝）今日まで」、『婦人之友』第三〇巻第一二号（一九三六年）六八頁。没後、三宅雪嶺『大学今昔譚』（一九四六年、我観社）に収録。

なお、『同時代史』が雪嶺の没後に岩波書店から出版されることになった経緯については判然としないが、岩波書店の創業者・岩波茂雄は早くから三宅雪嶺の信奉者で、二人の息子の名前を雪嶺にあやかって雄一郎・雄二郎と付けたほどであった。しかし、雪嶺と茂雄二人の生前に雪嶺の著書が岩波書店から出版されることはなかった（安倍能成『岩波茂雄伝』一九五七年、岩波書店・小林勇『惜櫟荘主人』一九六三年、岩波書店、による）。その理由としては、雪嶺と野依秀市との浅からぬ因縁をはばかったことが考えられる（野依秀市編『三宅雪嶺先生を語る』一九四七年、帝都出版、一二八頁以下参照）。この問題についての詳述は避けるが、生前の雪嶺と岩波をよく知る安倍能成あたりが、出版の仲介をしたのではないかと推定される。

（3）杉原志啓「「綜合型知識人」の歴史叙述―三宅雪嶺『同時代史』と徳富蘇峰『近世日本国民史』の比較検討―」、『メディア史研究』第四号（一九九六年）五三頁。

（4）柳田泉『哲人三宅雪嶺先生』（一九五六年、実業之世界社）九三頁以下および一四五頁以下参照。

また、柳田氏は『同時代史』第一巻（一九四九年、岩波書店）の巻末に解説「三宅雪嶺と『同時代観』」を書いていて、そのなかでも「哲人的眼光が紙背に透徹した綜合的な近代日本史である」（同書五七二頁）と賞賛していた。

（5）遠山茂樹「（書評）三宅雪嶺著『同時代史』について―史論史学への郷愁―」、『遠山茂樹著作集』第八巻（一九九二年、岩波書店）二四八頁。初出は一九四九年。

（6）大久保利謙「（書評）三宅雪嶺著『同時代史』」、『史学雑誌』第六〇編第六号（一九五一年）七四頁。ただし、遠山、大久保両氏の書評は、『同時代史』全巻完結以前に書かれていることに注意を要する。

なお、以上のほかにも、佐藤能丸「三宅雪嶺」（永原慶二・鹿野政直編著『日本の歴史家』一九七六年、日本評論社、のちに佐藤『異彩の学者山脈』一九九七年、芙蓉書房出版、に収録）、田中浩「三宅雪嶺『同時代史』を読む」（『図書』第四三七号、一九八六号）、長妻三佐雄「三宅雪嶺の維新史論」（『同志社法学』第五〇巻第一号、一九九八年、のちに長妻『公共性のエートス』二〇〇二年、世界思想社、に収録）など、いずれも雪嶺の歴史思想に関して重要な指摘を含んだ論考がある。

(7) 白柳秀湖「哲人三宅雪嶺先生」、『真善美』第三号（一九四六年）四四頁。
(8) （三宅）「『人類生活の状態』完結」、『我観』第二六号（一九二五年）一三六頁。
(9) 拙稿「三宅雪嶺伝記稿㈣―雑誌『婦人之友』への執筆―」、『近代史料研究』第四号（二〇〇四年）七一～七二頁。
(10) （三宅）「最近史と昨年史」、『我観』第六五号（一九二九年四月号）一九八頁。
(11) 前掲註(2)三宅「今日まで」六八頁。
(12) （三宅）「（我観）最も確実なる道」、『我観』第二七号（一九二六年）一頁。
(13) （三宅）「（雪嶺我観）同時代史の編著」、『東大陸』第一号（一九三六年）七九頁。
(14) 前掲註(6)大久保書評六九頁。
(15) （三宅）「（雪嶺我観）同時代観二百号」、『東大陸』昭和十七年十月号（一九四二年）五三頁。
(16) 三宅雄二郎『爆裂して』（一九四二年、秀文閣書房）序一頁。ただし、この時期の雪嶺の発言には「近代の超克」的な口吻が散見され、同書でも「英米成功の近世史に終りを告げ、新たに現代史を展開し」（二七一頁）云々とあることには注意を要する。
(17) 三宅雄二郎「総説」、武井文夫編『新日本史』第一巻（一九二六年、万朝報社）五頁。
(18) 三宅雪嶺『同時代史』第一巻（一九四九年、岩波書店）一頁。
(19) 前掲註(6)田中「三宅雪嶺『同時代史』を読む」四九頁、および前掲註(3)杉原「『綜合型知識人』の歴史叙述」四六頁では「六万六〇〇〇枚」とされているが、単純な計算ミスであろう。実際に数えてみれば、それよりも五〇〇枚程度多くなるように思われる。
(20) 黒板勝美『国史の研究』（一九〇八年、文会堂書店）一九六頁。
(21) 前掲註(4)柳田「三宅雪嶺と『同時代観』」五七四頁。
ところで、『同時代史』の主たる材料が新聞ではないかということを雪嶺の令孫三宅立雄氏からうかがって、拙著『政教社の研究』（一九九三年、思文閣出版）にそのことを書いておいた（同書二四頁）。雪嶺は現在も朝日新聞社の物故社員の扱いを受けており（『朝日人事典』一九五六年、朝日新聞社社史編修室）、生前も新聞バックナンバーの閲覧には便宜があったものと思われる。しかし、以下に検討するように、この問題に関しては、『同時代史』のテクストに即して見直しを行なわなければならない。

(22) 前掲註(4)柳田『哲人三宅雪嶺先生』一四九頁。ちなみに、この『資料明治史』なる書物は特定できないが、おそらく本文中後掲の『資料近代日本史』のことであろう。

(23) 前掲註(6)大久保書評七三頁。

(24) 三宅雪嶺『自分を語る』（一九五〇年、朝日新聞社）八頁。初出は大正十三年（一九二四年）七月。
なお、『同時代史』執筆当時の雪嶺の蔵書が一万四〇〇〇冊ほどであったことは、『婦人之友』第三四巻第三号（一九四〇年）の訪問記事「三宅文庫を語る」に明らかである。文庫を蔵する書庫建築の経緯については、雪嶺自身「最小図書館」（『我観』第八〇号、一九三五年七月号）において論じ、そのなかで「決して図書に富んで居る訳でない」（同誌二六二頁）と述べている。雪嶺没後、蔵書のうちの相当量は古本市場に流れ、あるいは柳田泉氏などの手許に渡ったようで、現在雪嶺資料館で展示されている図書類は三宅家に残存したもののごく一部ということになろう。しかし、集書傾向の一端は十分にうかがえる。

(25) ただし、雪嶺旧蔵の『南白江藤新平遺稿』（一九〇〇年、吉川半七）は、早稲田大学図書館の柳田泉文庫のなかに残っている。

(26) 雪嶺の親族については、拙稿「三宅雪嶺伝記稿㈠―生誕と家系を中心として―」（『近代史料研究』第一号、二〇〇一年）参照。

(27) 前掲註(18)三宅『同時代史』第一巻七八頁。

(28) 同右七四頁。

(29) 河野磐州伝編纂会編『河野磐州伝』下巻（一九二三年、河野磐州伝刊行会）五一六〜五一七頁。なお、付箋の小紙片は一見古色を帯び、雪嶺自ら挿んだのではないかという想像を掻きたてられるものである。

(30) 三宅『同時代史』第三巻（一九五〇年、岩波書店）一五四〜一五五頁。

(31) インタビュー「孫が見た三宅雪嶺」（『三宅雪嶺記念資料館ニュース』第二号、二〇〇四年）での発言（同誌三頁）。

(32) 三宅『同時代史』第二巻（一九五〇年、岩波書店）三四六頁。

(33) 同右第六巻（一九五四年、岩波書店）二八〇頁。

(34) 前掲註(6)大久保書評七二頁。

(35)（三宅）「東大陸に於ける使命」、前掲註(13)『東大陸』第一号一頁。
(36)この問題については、増淵龍夫『歴史家の同時代史的考察について』（一九八三年、岩波書店）が示唆的である。
(37)前掲註(18)三宅『同時代史』第一巻二七二頁。
(38)同右四三〇頁。
(39)同右三五六頁。
(40)前掲註(30)三宅『同時代史』第三巻一〇〇頁。
(41)三宅『同時代史』第四巻（一九五二年、岩波書店）二一〇頁。『初台雑記』（一九三六年、帝都日日新聞社）所収の「支那精神」では、「日本精神があれば、支那精神があるべき筈」（同書一四六頁）ともいっている。初出は『帝都日日新聞』昭和十年十二月六日付。
(42)同右『同時代史』第四巻一六〇頁。
(43)同右一八七頁。
(44)前掲註(30)三宅『同時代史』第三巻五五頁。
(45)同右一〇三頁。
(46)同右四三〇頁。
(47)三宅『同時代史』第五巻（一九五三年、岩波書店）一五五頁。
(48)同右一〇二頁。社会学的範疇としての「勢力」については、高田保馬『勢力論』（一九四〇年、日本評論社）、およびフランソワ・ジュリアン著、中島隆博訳『勢　効力の歴史』（二〇〇四年、知泉書館）参照。
(49)同右一五一頁。『隔日随想』（一九三四年、帝都日日新聞社出版部）所収の「知らぬがホトケ」では、「帝国は東亜に利権を伸ばすに定まつて居る」（同書一九〇頁）といっている。初出は『帝都日日新聞』昭和九年一月十日付。
(50)前掲註(33)三宅『同時代史』第六巻二〇四頁。
(51)同右二三四頁。
(52)同右三〇九頁。
(53)同右三八三頁。『雪嶺絶筆』（一九四六年、実業之世界社）所収の「国運民命の急変化」では、「世態人事の如何に測り難いか」

（同書一五七頁）を嘆いている。初出は『帝都日日新聞』昭和二十年十月二十一日付。

(54) 雪嶺の同時代史＝近代史像は、『爆裂の前』（一九四二年、実業之世界社）所収の「昭和十六年を迎へて」では、「日本は維新以後、進化の率に則り、均しく祖宗の法を守りつつ、列国の得失を察し、他の長を採り、我が短を補ひ、帝国議会を以て旧幕及び官僚の弊風を矯め、更に政党の悪習を知り、新体制の下に之を解消するを難んじない」（同書一八九頁）と簡略にまとめられている。初出は『帝都日日新聞』昭和十六年一月一日付。

(55) 前掲註(18)三宅『同時代史』第一巻二九頁。

(56) 同右一二二頁。

(57) 同右一四六頁。

(58) 前掲註(30)三宅『同時代史』第三巻二七九頁。

(59) 前掲註(33)三宅『同時代史』第六巻六八頁。

(60) 同右三三一頁。

(61) 丸山眞男「歴史意識の「古層」」、『丸山眞男集』第一〇巻（一九九六年、岩波書店）所収。初出は一九七二年。

(62) 主な先行研究として、丸山眞男「忠誠と叛逆」（『近代日本思想史講座』第六巻、一九六〇年、筑摩書房、のちに『忠誠と反逆』一九九二年、筑摩書房、および『丸山眞男集』第八巻、一九九六年、岩波書店、に収録）、尾藤正英「日本における歴史意識の発展」（〈岩波講座〉『日本歴史』別巻一、一九六三年）、植手通有「江戸時代の歴史意識」（丸山眞男編『歴史思想集』一九七二年、筑摩書房、のちに『日本近代思想の形成』一九七四年、岩波書店、に収録）、松本三之介「近世における歴史叙述とその思想」（松本・小倉芳彦編『近世史論集』一九七四年、岩波書店、のちに『近世日本の思想像』一九八四年、研文出版、に収録）、玉懸博之「頼山陽の歴史思想」（『日本思想史研究』第一二号、一九八〇年、のちに『日本近世思想史研究』二〇〇八年、ぺりかん社、に収録）、石毛忠「近世儒教の歴史思想」（『季刊日本思想史』第一六号、一九八一年）などを参照。その後も、玉田典子「頼山陽における史論の意義」（『日本思想史研究』第三三号、二〇〇一年）が、また最近では、濱野靖一郎『頼山陽の思想』（二〇一四年、東京大学出版会）がある。

これらによれば、儒教の古典のなかに「勢」の概念はほとんど見られないものだが、江戸時代の日本では荻生徂徠の『太平策』や太宰春台の『経済録』などでは「勢」の存在に注目され、頼山陽はそれらから実際に学んでいた。山陽は「勢」によって歴史をダイナミックに読み替え、従来の政治指導者像を改め、ひいては政論構造を活性化して、維新変革の原動力の有力な思想的根拠の一つを創り上げたのである。

(63) 前掲註(6)長妻「三宅雪嶺の維新史論」では、雪嶺の「勢」が頼山陽とスペンサーに関連することを示唆しているが、文字どおりの示唆にとどまっている。

(64) 頼成一・惟勤訳『日本外史』中巻（一九七七年、岩波文庫）三〇五頁。

(65) 訓読は安藤英男編『通義』（一九八二年、近藤出版社）を参考にした。

(66) 前掲註(18)三宅『同時代史』第一巻三三頁。

(67) 三宅雪嶺『人物論』（一九三九年、千倉書房）序二頁。

(68) 三宅雄二郎「運命を説く」、『婦人之友』第一七巻第二号（一九二三年）三七頁。

(69) 前掲註(32)『同時代史』第二巻六〇頁。

(70) 三宅雄二郎「どちらかが損」、『二日一言』（一九三五年、帝都日日新聞社出版部）九頁。初出は『帝都日日新聞』昭和九年八月十九日付。

(71) 前掲註(13)三宅「同時代史の編著」七九頁。

(72) 徳富猪一郎『頼山陽』（一九二六年、民友社）一頁。蘇峰は『近世日本国民史』第六五巻（一九四〇年）の序で、「凡そ世の中に、形勢とか、気運とか、動向とかにのみ藉口し、手を袖にして傍観するは臆病者の遁辞にあらざれば横着者の飾言である。歴史は大勢の如何ともす可からざるを示す場合もあるが、如何なる大勢でも、個人の力が之を左右する乎、然らざるまでも、能く之を牽制して其の運動を個人の意の如く、若くは意に近づかしむるの実物教訓を与ふるものが少くない」と述べ、「形勢」や「気運」よりも「個人の力」を重視する立場を表明していた（引用は一九六三年、時事通信社版、五頁）。

(73) 前掲註(41)三宅『同時代史』第四巻一六〇頁。

(74) 三宅雄次郎『日本仏教史』（一八八六年、集成社）一〇頁。

(75) 前掲註(21)拙著『政教社の研究』第二、五章、および本書第二部第一章を御参照いただければ幸いである。

(76) 三宅雄二郎『哲学涓滴』（一八八九年、文海堂）五八頁。

(77) 同右二三七～二三八頁。

(78) 同右二二三八〜二二三九頁。
(79) 三宅雄二郎『宇宙』(一九〇九年、政教社)第五篇第八章。
(80) 同右五五二頁。
(81) 三宅雪嶺「進化論は何の状態」、『東大陸』昭和十六年十一月号(一九四一年)一六頁。
(82) 長谷川如是閑「雪嶺翁の人と哲学」、前掲註(7)『真善美』第三号四頁。

付論二　遠祖の地・奥能登を訪ねる

三宅雪嶺が、加賀国金沢城下の出身であることは、比較的よく知られている。現在、金沢市新竪町の生家跡は小公園として整備されているし、市立ふるさと偉人館（市内本多町）にはZ項の木村栄やタカジアスターゼの高峰譲吉らと並んで常設の個人展示スペースもある。だが、三宅家は先祖代々金沢を本貫地としていたわけではない。自家の遠祖が奥能登の宇出津（うしづ）を本拠とする戦国の武将だったことは、雪嶺自身によって自伝のなかで次のように書かれている（『大学今昔譚』一九四六年、我観社）。

能登宇出津に大樹山常椿寺（じょうちんじ）といふ寺があり、三宅長盛の建立であつて、畠山の八臣に列し、その弟宗隆等と共に佐久間盛政の軍に敗られて討死し、子孫が宇出津の堂後村（どうじり）に移り、堂後と称して農となつた。宇出津には現に宗隆十七世の孫といふのがある。その祖父の代に火事で一切を失ひ、記録がなくなつたといはれる。（同書九三頁）

右の自伝の初出は、昭和十一年（一九三六）一月発行の雑誌『婦人之友』第三〇巻第一号だが、その七年前すなわち昭和四年に、雪嶺は妻花圃（龍子）をともない宇出津の地を訪ねている。このときの記録が、同年八月に発行された雪嶺の主宰する個人雑誌『我観』第六九号所収のエッセイ「追想旅行」である。それによれば、六月十四日の「金沢市祭」に列席するため同地を訪れた雪嶺夫妻は、十八日早朝に金沢を発って七尾まで陸行、七尾からは汽船に乗って宇出津に赴いた。

宇出津に遺跡があることは前から聞いて居り、記録もあり、志賀矧川から三宅の末孫に会つたといふ書状もあり、前から往かうと思ひつゝ、茲に漸く赴くことになつた。金沢市役所の人から前以て紹介があり、末孫たる人が出迎へて呉れた。末孫たる人は三宅彌三氏といひ、先代に出火し、貴重な書物が悉く消滅し、唯だ二通の古文書があるのみとて、之を示した。（同誌一二五〜一二六頁）

雪嶺の見た「二通の古文書」のうちの一通は、後年『能都町史』第三巻（一九八二年、能都町）に採録された永禄六年（一五六三）の「畠山綱義氏奉行人連署配符状」だったと思われる（同書四四八頁）。文書の宛先は「三宅小三郎殿」となっている。だが、私がむしろ注目したいのは、志賀矧川つまり志賀重昂が雪嶺よりも早く宇出津を訪ね、同地に続く三宅氏の末孫に会って、そのことを雪嶺に書通していたということである。明治二十一年（一八八八）に結成され雑誌『日本人』に拠って「国粋（Nationality）」の保存と顕彰を唱えた政教社。その中心メンバーであった二人は、思いがけないところでも繋がっていたのである。

志賀の書状（郵便はがき）は現在、流通経済大学三宅雪嶺記念資料館で保管されているが、私はかつて雪嶺令孫の三宅立雄氏からそれを見せていただくことができた。

謹啓　小生本日ブラブラと当地迠参リシ処、当港之出口之南の山は三宅小三郎隆景即ち貴兄之祖先之城跡なることを承知致候。先刻九十九湾迠ボートにて渡り候処、コクスンの三宅鉄太郎氏と申す少壮年も矢張り小三郎の末流なる由。二月二十一日夜　能登之山水は格別に奇絶に有之候。

表面（図9）の消印によれば、発信は明治三十二年（一八九九）になる。志賀のこのときの能登旅行は、憲政本党幹部としての遊説と地理学の調査を兼ねたものだったと考えられるが、雪嶺は三〇年もの間、これを記憶していたのである。

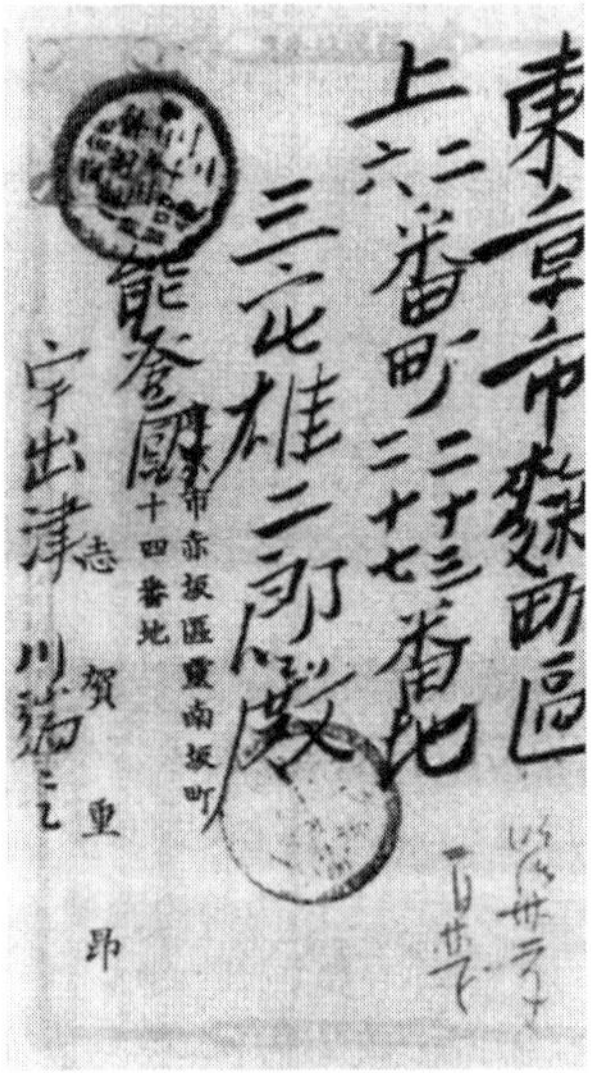

図９　三宅宛の郵便はがき

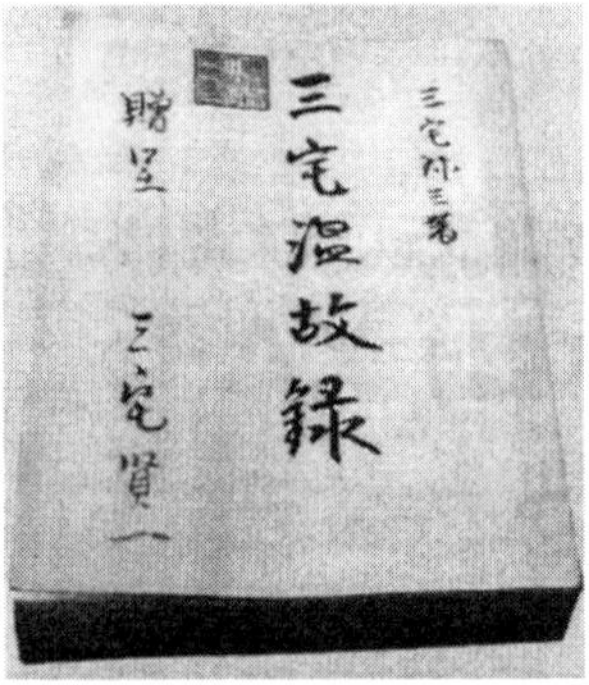

図10　「三宅温故録」の浄書本

こうして、手許で調べられる史料の点と点が結びついたところで、私は二〇〇四年の九月、奥能登の宇出津を訪ねる機会を得た。宇出津までは金沢からJRと「のと鉄道」（その後穴水の先は廃線）を乗り継いで約三時間四〇分。日本海側なのに、富山湾に南面しているため、海から陽光が射す明るい港町である。

常椿寺では東堂の室峰常弘師からお話しをうかがい、今は同寺で保管している三宅家の系図と「三宅温故録」の浄書本（図10）を見せていただいた。それらによれば、志賀が会った末孫は十六代の三宅幸作、雪嶺を出迎えた彌三はその息で十七代ということになる（浄書本を作った賢一は十八代）。彌三（一八八一～一九四四年）は近傍の小学校教師を務め地元の歴史や地誌に関心が深く、宇出津三宅氏に関する記事を諸史料から蒐集・抜書して「三宅温故録」を編纂したのであった。前引の『婦人之友』や『我観』の抜書まで収録されている。

祖先の探索は人物伝執筆準備のいわば定石である。さまざまな史料を組み合わせて、立体的なファミリー・ヒストリーを構築していく必要のあることは言を俟たないが、それだけではなお充分ではない。私の場合、奥能登の宇出津で三宅雪嶺遠祖の存在について確からしい手応えを得ることができ、あわせて、自伝や『同時代史』の執筆を開始し、自己を起点に近代日本の歴史を叙述しようとしていた雪嶺晩年の心象にも、少しだけ近づけたような気がしている。

第三部　鈴木虎雄と陸羯南

第一章　鈴木虎雄の新聞『日本』入社

はじめに――明治知識青年の自己形成――

私が「鈴木虎雄関係史料」の整理に携わることになったのは、新聞『日本』の社長兼主筆であった陸羯南に関する一連の史料調査を機縁とする。日本新聞社の社員であり、羯南の女婿でもあった鈴木虎雄の遺した史料のなかには、羯南の人間味を伝える全集未収録の書簡などが含まれており、すでに別稿(1)で史料整理の報告と鈴木虎雄宛陸羯南書簡(2)の翻刻・紹介を行なった。

それを受けて本章では、その後筑波大学附属図書館に寄贈され「鈴木虎雄関係史料（鈴木虎雄家伝来）」として保存・公開されることになった史料群の紹介を兼ねて、北越の地で明治十一年（一八七八）に生を享けた鈴木虎雄が、やがて上京して最高学府に学び、「国民論派（ナシヨナリズム）」を標榜して同二十二年に創刊された『日本』に入社し、ついで学界に身を転じていくという、虎雄にとっての前半生の足取りを精神世界の成長に重点を置いて追跡することによって、明治の一知識青年の思想形成を新聞『日本』の思想圏のなかに位置づけ、それが漢文学者鈴木虎雄の誕生とどう関わっているのかを明らかにしてみたいと考えている。

鈴木虎雄と新聞『日本』の関係については、森岡ゆかり氏の『近代漢詩のアジアとの邂逅』の「第三章　メディア空間における豹軒と葯房」が、唯一の先行研究として存在する。ここで森岡氏が、近代日本における偉大な中国文学者鈴木虎雄という従来の評価に加えて、新聞というメディア空間における虎雄の漢詩や和歌の位置づけに着目したのは、妥当かつ有意義な試みであると思う。「豹軒の格調派、菿房の万葉調は、新聞『日本』の主宰である陸羯南の「国民論派 nationalism」の主張下に組み込まれ、ナショナリズムを表現芸術のかたちで可視化することとむすびついていった」[(3)]という指摘も、また、「虎雄の希求する自己（漢詩人・漢学者としての―引用者）は、新聞『日本』に投影され、湖村・子規によって認知され、表象されることになった」[(4)]という評価も、大枠としては首肯できる。

しかし、虎雄がナショナリズムを主張する新聞『日本』に投稿し、やがて社員となるのは、そもそもどのような経緯と理由によるのだろうか。森岡氏が示した文学史的な解釈の背後には、もう少し複雑な事情あるいは内面の機微が潜んでいるように思われる。そのような疑問を、前述したように近代日本における一知識青年の自己形成過程の解明という課題として、文学研究とは違った角度から史料に即して明らかにしようというのが、本章の目的である。

一　前半生に関する史料と履歴

私たちが整理を開始した時点で、「鈴木虎雄関係史料」は旅行用トランク、段ボール箱など七つに分類されており、袋詰め作業の結果、史料総数は八一一点となった。その後、図書館資料として寄贈されるにあたり、未使用の印材などは鈴木家に返却され、現在、筑波大学附属図書館特殊コレクション「鈴木虎雄関係史料（鈴木虎雄家伝来）」として目録に登載されているのは、全部で七六四点になっている。

この七六四点のうち、虎雄の前半生を明らかにする史料としては、まず書簡が挙げられる。それらのうち、「陸翁書簡」と題された陸羯南からの書簡等一五点については、前述したように全文を翻刻し、簡単な分析を加えた。年代的にいえば、それらは羯南の最晩年、明治三十八年から同四十年にわたっており、虎雄にとっては前半生の最後にあたる時期に岳父から受信した書簡ということになる。その他の者を発信者とする明治二十〜三十年代（推定も含む）の書簡も数十点残存していて、そのなかには兄弟からのものも含まれる。ただし、残念なことに、父からの書簡は一通（ただし代筆）しか見当たらない。(5)

書簡のほかには、虎雄の書いた漢詩と文章を作成年代順に収録した「豹軒詩文」「鶏肋帖」と題する冊子が注目される（図11、12参照）。全容は次のとおりである。(6)

豹軒詩文（一―一六八）明治二十二〜三年
豹軒詩文（五―三四八）同二十六〜七年

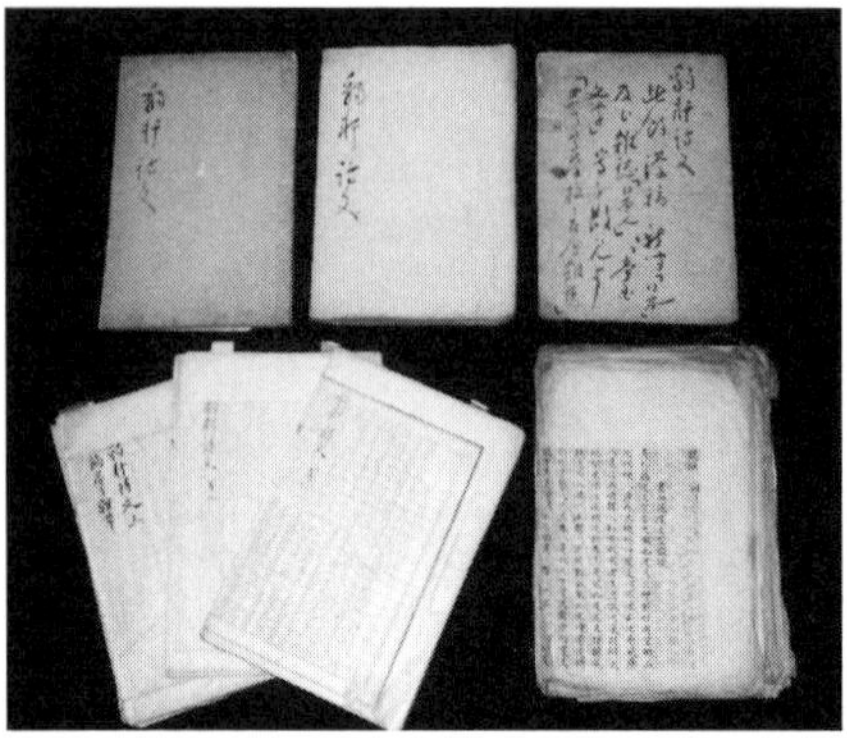

図11　「豹軒詩文」の全体像

図12　「鶏肋帖」（5-355）の部分

豹軒詩文第一（五―三四七）同二十七～三十一年
豹軒詩文第二（五―三四二）同三十一～二年
豹軒詩文三　葯房子雑草（五―三四六）同三十一年か
鶏　肋（五―三三九）明治二十六～八年
鶏肋帖（五―三五五）同三十四～五年
鶏肋帖（五―三五六）同三十五年か
鶏肋帖（五―三五七）同三十五年

（＊カッコ内は筑波大学附属図書館における分類番号。続いて収録年代）

このうち、「豹軒詩文」はいずれも自筆と思われる墨書に、朱筆による書入れが見られるものもあり、一部には新聞記事（『日本』）の切抜きが貼付されている場合もある。「鶏肋帖」は表紙に「すつるもをしてふ」と併記され、内容は新聞・雑誌記事（『日本』『日本人』等）の切抜き帳となっている。これらは、本章が考察対象としている虎雄の少年～青年期の、未発表を含む創作詩文集であり、丁寧に検討を加えていく必要がある。

なお、少なくとも少年時代の一時期、虎雄は日記をつけていた形跡があるが、その後の時期のものも含めて「鈴木虎雄関係史料」のなかに日記は残っていない。本人の日記と、先述した父からの書簡が一通しか見当たらないのは、気にかかるところではある。

以上のほかに、戸籍謄本と自筆と思われる履歴書が何点か残っている。

まず、虎雄本人を戸主とする戸籍謄本によれば(7)、本籍地は新潟県西蒲原郡粟生津村大字粟生津第九十九番地、父鈴木健蔵、母キク（幾久子）の五男、出生は明治十一年一月十八日となっている。妻は陸羯南の次女鶴代、入籍は明治四十一年二月五日とされているが、これは書類上のことであり、実際には羯南生前の同三十九年六月二十八日に結婚式を挙げていた。

虎雄の生家の鈴木家は、祖父の文台・鈴木陳造の代から漢学塾長善館(8)を営んでおり、母キクが文台の次女、惕軒(てきけん)と号する父健蔵は三島郡片貝村で医を営む小川玄澤の三男で養子として鈴木家に入った人である。虎雄が後年、漢文学者として大成した基礎が、このような家系のなかで育まれたことはいうまでもない。しかし、近代学校制度の整備が進むなか、ちょうど虎雄が中等教育を受ける時期に差しかかった明治二十年代初めには、長善館は衰勢に向かい、そのことが、後述する虎雄の養子問題の一因となっていく。

次に、履歴書によれば、修学後、日本新聞社入社を挟んで京都帝国大学赴任までの虎雄の足跡は、左のようになっている。

明治十四年(ママ)　粟生津(あおうづ)小学校ニ入学
同　十八年三月　粟生津校初等小学科卒業
　　村内私塾長善館ニ学ブ
同　廿三年四月　東京英語学校ニ入ル
同　廿四年七月　東京英語学校初等全科卒業
同　廿五年四月　東京府尋常中学校第四年級ニ入ル
同　廿七年四月　東京府尋常中学校卒業
同　三十年七月　第一高等学校卒業
同三十三年七月　東京帝国大学文科大学漢学科卒業

同三十四年三月廿八日　日本新聞社員
同三十六年四月八日　台湾日日新報社編輯員
（中略）
同四十一年四月二十四日　東京高等師範学校教授
同四十一年十二月二十五日　京都帝国大学文科大学助教授(9)
（後略）

右の履歴の行間を埋めていくことが、以下本章の目指すところである。鈴木虎雄はいかなる経緯で、「日本新聞社員」となるのであろうか。節を改め、履歴書の記述に沿って検討を加えていきたい。

二　上京熱と養子縁組

履歴書の最初にある粟生津小学校は、現在の燕市立粟生津小学校である。ここでの修学は四年間で、その後上京するまでの五年間は家塾にあって父の下で学んでいる。虎雄の名は門人帳にも載っているので、親子とはいえ正式に入門し師弟の礼をとったのであろう(10)。惕軒による教授内容は四書五経の素読から入る伝統的な漢学塾のものであったが、ちょうど虎雄が入門した明治十八年四月には、東京に出て中村敬宇（けいう）の同人社や近藤真琴の攻玉社に学んだ長兄（次男だが長男が夭折しているので）の柿園（しえん）・鹿之介が帰郷して、新たに英学と数学を教科に加えその教授を担当した。すでに諸書でも引かれている「詠懐」(11)という大学卒業頃の文章では、八歳から『論語』や『孟子』の素読と『孝経』の読解を父より授かり、兄からは「欧学」を学んだとある。ところが、同二十年十月、柿園は亡くなってしまう。その頃から虎雄の進学・養子問題が浮上してきたようだ。

明治二十二年の時点で鈴木家には、東京専門学校に在学中の次兄時之介のほか、虎雄のすぐ上に四兄の懿介（いすけ）（明治八年生まれ）もいた。時之介は遊学中小林を名乗り（小林治平の養子。明治二十六年から長善館で教鞭を執り、彦嶽（げんがく）と号す。東京専門学校卒業も同年で金子筑水らと同期。復籍は父惕軒死没の明治二十九年）、懿介は同年秋に弥彦神社の禰宜高橋家の養子となった。

　ここで、まず虎雄自身の詩文を中心に、この時期の内面世界の成長を探ってみよう。

明治二十二年三月某日、本家（医家の鈴木有本家）の長男で虎雄より三歳年長の宗久が東京に遊学すると聞いて、「嗟（ああ）吾羽翼猶如昨、羨子官游万里程(12)」と詠じ、「述志呈叔父書」と題する文章では「余ガ家貧ニシテ学ハントスルモ学資ニ乏シク家君老ントス(13)」と嘆じている。上京熱にうなされながらも学資金の当てがなく思い悩んでいる十一歳の虎雄の姿が垣間見られる。

　虎雄の抱いた上京熱は一過性のものではなく、その後も温度を上げていったようだ。同じく「与鈴木宗久君書」では、「何日排白雲至帝京。何時与足下争鹿於中原矣。日夜悶不為一事(14)」という心情を吐露している。また、「貧賤玉汝説」では、「虎駑（おろか）ナリト雖モ誓テ衣錦帰郷ノ美ヲ呈シ父兄ノ志ヲ達セント期ス(15)」と述べ、「争鹿於中原」「衣錦帰郷」など漢文上の常套句ながら、上京熱と立身出世意欲を率直に表していた。そして「答友人京信書」と題する文章には、「察将来之結果。可謂明矣。嗚呼人情浮薄。世態変換。独可恃者夕学耳(16)」とあり、浮薄で移ろいやすい世の中で学問だけが恃むべきものだと断言している。

　そのような学問の目的については、「我ガ日本ハ神国ニシテ国民ノ本トシ尊ブ所ノ者ハ天神ナリ皇室ナリ」として、さらに「余等若シ懶惰ニシテ日々倦厭シテ眼ヲ青史ニ照サス心ヲ国家ニ尽サヾレバ堂々タル神国モ遂ニ紫髯（しぜん）緑眼等ノ為メニ掠奪セラレンコトヲ戒ムルナラン果シテ余ノ思想ノ如クナラバ一瞬ノ間モ徒ニ費スコトヲ得ザルナリ[17]」と述べ、目指すべき学問の内容に関しては、「国家ノ進歩ハ文学ノ盛衰ニ関ス而テ方今文物浮華士気振ハズ徒ニ欧米ヲ欽羨シテ我ガ東洋固有ノ文物制度ヲ蔑視スルニ至ル何ゾ其レ自省セザルノ甚シキ夫レ漢学ノ要タル倫理ヲ明ニシ情義ヲ厚フスルニ在リ[18]」と書いている。ここでいう「文学」は狭義の文芸ではなく、内藤湖南の『近世文学史論[19]』と同様、思想まで含めた広い意味での文学（学術、文化）を指していると考えておきたい。そのような「文学ノ盛衰」を「国家ノ進歩」と重ねて、かつ、「東洋固有ノ文物制度ヲ蔑視」し「欧米ヲ欽慕」する時代風潮（「欧化主義」）に批判を加え、それに対して「倫理ヲ明ニシ情義ヲ厚フスル」ものとして「漢学ノ要」を主張しているところは、やがて日本新聞社員となり、漢文学者として大成する自身の将来を早くも見通しているかのようである。

あるいは逆に、右のような虎雄の思考が自然と醸成されてきたと見るよりは、前年四月三日に創刊された政教社の雑誌『日本人』で主唱されていた「国粋主義」や、この年二月十一日に創刊された新聞『日本』の「国民主義」というナショナリズムを標榜する主張が、同時期の虎雄に影響を与えていた可能性も視野に入れておくべきかもしれない。たとえば、羯南は『日本』創刊号の巻頭社説[20]で、「西洋心酔」を廃して「国民精神」を「回復」「発揚」しなければならないと宣言していた。鈴木家・長善館がいかなる新聞・雑誌を購読していたか、残念ながら不明であるが、明治二十九年（一八九六）に『日本』を購読していたことは確かである[21]。

さて、ここで、虎雄の上京熱が単なるブームへの便乗ではなく、的確な時代批判と確固たる学問への志向に基づいていたことは強調しておかなくてはならないが、明治二十年前後に全国の青少年を席巻した上京熱については、立身出世意欲に煽られた広範な社会現象として、すでに多く論じられてきた[22]。私自身も、政教社によって明治二十一年に創刊された雑誌『日本人』の成功が、そうした社会的動向によって支えられていたのではないかと考え、いくつかの小論[23]を草したこともある。また、長岡出身の本富安四郎という人物が同二十年に刊行した『地方生指針』[24]という上京マニュアルと受験案内を兼ねた書物に、校註を加え解題を付したことがある。本富自身も、虎雄が上京後に学ぶ東京英語学校に在籍したことのある書生であった。

加えて、明治二十三年に初めての総選挙と議会開設を控えた政界の動向も、大同団結運動から民党合同運動へと向かいつつあり、故升味準之輔氏のいう「《中央志向的》な国会ラッシュ」[25]の様相を呈していた。おそらく虎雄の耳にも、長善館出身で衆議院議員として活躍することになる大竹貫一、萩野左門、小柳卯三郎らの動静は届いていたであろう。このうち、たとえば後に国権派の代議士として名を馳せる大竹は、終生『日本人』や『日本及日本人』の読者であり、また執筆者であった[26]ことを付言しておこう。

右のような時代的風潮と周辺の事情もあり、虎雄の上京熱は昂じるばかりであったと推察される。そこで問題となるのは彼自身も心配していた学資のことである。当時の鈴木家・長善館にどれほどの収入があったのか、今回は明確な数字を得ることができなかった。鈴木家が四町六反余の田畑を所有していたという回想[27]もあるが、それは昭和期のことと思われる。明治二十五年四月に三代目館主となった彦嶽によって示された「改正長善館略則」[28]では、第十六条で授業料月五〇銭、第十七条で束脩（入学金）一円と定められており（納入は一月と七月の二度払い。寄宿舎での食費等は別）、仮に五〇人の門生が常に在籍して授業料を完済したとしても月に平均二五円の収入にしかならない。前に挙げた『地方生指針』では、東京で下宿をして学ぶには月七、八円の経費を要すると書かれている[29]。鈴木家ではすでに次兄の時之介が上京して東京専門学校に学んでいたのである。

そうした折に持ち込まれたのが、虎雄の養子縁組の話であった。現在は新潟県立文書館に所蔵される「長善館学塾資料」のなかに残る父惕軒の日記によれば、その端緒は明治二十二年十一月十一日条に、「江口雷次郎来、為長岡町大橋小一郎氏請以虎雄為其嗣子也、余慨然[30]」とあることにうかがえる。江口は惕軒の生家小川家（東の小川家）の別家（西の小川家）の次男であり軍医であった。この申し出に対し、惕軒は妻すなわち虎雄の母キクとも相談し、「他日学資欠乏半途或不卒業[31]」の事態を懼れ、養子に出すことを「内決」している。短期間のうちに話が進み、十二月二日には虎雄を同道して汽船で長岡に赴き、同町坂ノ上の大橋家で養子縁組の結納式を挙げた。式の席で惕軒は、「児虎雄幼稺且不敏、併請将来之慈愛厳訓（中略）余家清貧[32]」と、虎雄に対する愛育と学資の補助を願う口上を述べた。小一郎は万延元年（一八六〇）生まれ、明治十四年生まれの娘テツが虎雄に配される予定であった。こうして鈴木虎雄は大橋虎雄となったのである。

虎雄本人は、亡き長兄に語りかけるかたちで十二月一日に草した文章で、「家君稍々老ヒ家産漸ク薄弱且ツ仲兄時之介君学費亦タ減額ス弟等学ノ進マザル亦タ宜ナラズヤ矣[33]」と現状を憂えたあと、今回の養子縁組にあたっての自らの心事を「将来ヲ熟察スルニ唯ダ半途或ハ廃学ニ及バンコトヲ恐ル（中略）余ノ心事麻ノ如ク絲ノ如シト雖モ家計ノ欠乏ヲ奈何セン双親ノ老衰奈何セン[34]」と吐露し、亡兄に三つの誓いを立てて養子転籍を決断する。第一に期するところを達し養家と両親・亡兄に報いる、第二に資産余裕ができても「清貧」に徹する、第三に父の訓戒に従い「皇国臣民」としての「義」に悖らない[35]、である。これがわずか十一歳の少年の文章かと思うが、漢文表現が深い洞察と緻密な論理を準備し、自分自身に関する高度な人生判断を可能としたものといえよう[36]。

ところが、この結納式の前日、粟生津を訪れた媒酌人の小川玄澤から、実は大橋家には別に男児がおり、虎雄が同家の嗣子として迎え入れられるのではないことが知らされた。惕軒の日記十二月一日の条には、「余始聞大橋小一郎有男児、少有不平、小川氏然説其実況[37]」とある。玄澤は、惕軒のすぐ上の実兄で西の小川家を継いだ当主である。養子縁組があまりに短期間に決まったためか、当初から誤解が介在することになり、心中「不平」を抱いたままの結納式だったのである。親族中でもすでに「神童」の聞こえ高かった虎雄を養子に出すことは、そもそも望んでしたことではない。このような行き違いが、後年の離縁問題の一つの伏線になったと考えられる。

とはいえ、大橋小一郎との養子縁組によって、虎雄の上京・進学問題はその後急テンポで進展したようだ。明くる明治二十三年の元旦に書かれた「新年寄家兄書」では、「一層ノ苦学ヲ積マザル可ラザルノ時トナレリ（中略）余ハ常ニ憂苦ハ快楽ノ基礎ト悟リ居レリ（中略）家塾ニ在テ碌碌タルモ素志ニ非ズ」(38)と記し、母キクはなおしばらく膝下に置きたかったようだが、本人は一刻も早い上京を望み、一層の勉学と刻苦を心に期していた。当時一般的だった立身出世を夢見た上京というよりは、「清貧」をむしろ矜持とし、家学を発展させるための上京であったように思われる。二月二日、降り積もる二尺の雪のなか、虎雄は粟生津村を後に念願の東京へと向かったのである。

三　書生社会から「日本新聞社員」へ

「長善館学塾資料」のなかに残っている次兄時之介の日記によれば、虎雄が養父の大橋小一郎とともに東京に到着したのは明治二十三年（一八九〇）二月九日夕方であったようだ。翌十日にはこの兄を訪ね、十一日からは連れ立って東京見物をしている(39)。こうして虎雄の東京での書生時代が始まった。

東京の書生社会が明治十年代の中頃から活況を呈し、独自の社会集団を作り上げていたこと、彼らのなかから新しい思想や文化の担い手が生まれてきたことは、前著で指摘したとおりある。それだけではなく、「弊衣破帽」「高歌放吟」に代表される書生たちの独特の生活スタイルや行動パターンは社会現象としても注目すべきものである。前掲の一本富安四郎は、「書生ノ増加スルハ即チ文明ノ進歩スル所以ニシテ、国家ノ為ニ大ニ慶スベキナリ」(40)としながら、一方で、「遊学ノ諸子能ク其初志ヲ遂グル者甚ダ稀ニシテ、半途或ハ怠惰ニ流レ、放蕩ニ陥リ、錦衣郷ニ帰ルノ志ヲ抱テ来ル者、纔カニ襤褸ヲ纏フテ故山ニ帰ルニ至ル(41)」ことが多いことを憂えて、件の『地方生指針』を執筆したのだった。

中等学校以上の在学者とそれらを目指す者（およびその周辺に存在した者）は、当時の東京だけでも数万人に達していたと考えられ、虎雄はそのようななかの一人に新たに加わったのである。たとえば時之介の日記、明治二十三年五月十一日の条には、「快晴、桂五十郎氏来、共遊上野公園内美術展覧会、喫牛肉于広小路快養軒(42)」とあり、夕方は神田美土代町の自由亭で開かれた長善館同窓会に出席している。当時の書生社会の様子を髣髴とさせる記述である。桂は後述するように長善館の門人で東京専門学校でも時之介と同窓、虎雄も夕刻からの同窓会には出席したのであろう。

進学先については、在郷中から、まず東京英語学校に入学し、いずれ高等中学校に進学するという方針は固まっていたようだ。虎雄が四月に入学した東京英語学校（現在の日本学園高等学校）は、明治十八年に杉浦重剛を中心に開設され、上級学校（第一高等中学校、東京府尋常中学校など）進学を目指す書生が受験に必要な学力を身につけることを目的に掲げたいわば予備校である(43)。杉浦が政教社や日本新聞社の設立・運営に深く関わった人物であることはいうまでもない。同校の教師には、政教社の「同志」に名を列ねた松下丈吉、志賀重昂、菊池熊太郎、今外三郎（『日本』の会計担当兼務）、棚橋一郎、杉江輔人らがおり、当時の雰囲気については、虎雄より三歳年長で同校出身の長谷川如是閑が詳しく回想している(44)。虎雄の「豹軒詩文」には、「英語学校課題」と書かれた文章が二つあり、「早川生妄批」と朱書のコメントが付されている。この「早川」は、東京英語学校の講師であった早川金次郎だと思われる(45)。

政教社の思想運動が活発であったこの時期が、また東京英語学校の最盛期であり、虎雄が入学した明治二十三年の入学者は一三九九名もの多数にのぼった(46)。その前年の『日本』には、在籍者二千余名、毎日通学する者だけでも千六

図13　第一高等学校時代（18歳）
明治29年11月5日撮影

百余名という雑報記事[47]がある。虎雄がだれの講義を受講したのかは分からないものの、同校の「優等賞牌[48]」を受けておよそ一年で初等科を修了、東京府尋常中学校[49]（現在の東京都立日比谷高等学校）の編入試験に合格した。ある意味これで、虎雄は明治国家が創った教育制度のエリートコースに乗ったことになるわけだが、わずか一年余とはいえ、上京して最初に在学したのが如是閑のいう「日本趣味」の学校だったことは、後年の『日本』入社を準備する要因の一つに数えることができるであろう。

東京府尋常中学校では、前に引いた「詠懐」によれば杜甫の詩に出会い、「愛誦忘飲徹暁伏繙帙有得喜欲狂[50]」という状態であったという。これがやがて鈴木虎雄の代表的業績の一つとされる『杜少陵詩集』全四冊に結実する端緒であったとすれば、十一歳の彼が発起した「文学」と「漢学」はこのとき具体的な目標である「漢文学」として見定められたといえよう。寄贈された史料のなかには、明治二十六年六月九日から翌十日にかけて、同校五年生の生徒三〇〇人が鎌倉旅行をしたときの漢文の記録「鎌倉紀行[51]」が残っている。しかし、尋常中学校時代の漢詩文の残存が少ないのは、高等中学校を目指すための受験勉強に忙しかったためかと推測される。同二十七年、虎雄は一度の入試で最難関の第一高等学校（この年から改称）に入学することができたのである。

中学・高校時代の虎雄の心事は、郷里の父や兄との間で交わされた書簡や写真（図13参照）、応酬された漢詩や紀行文などによってうかがうことができる。この間、虎雄は毎年のように新潟（長岡、粟生津）に帰省していたようであるし、とりわけ父との間の親子の情には濃やかなものが感じられる。明治二十八年、病後を養うために信州に赴いた折には、「親を思ふは人の情なり国を愛するは人の義なり（中略）嗚呼思親の念なき者は決して愛国の念を有す可らざるなり」と述べて、「ホームシック（中略）我は所謂思郷病に罹れる者なり[52]」と告白している。同二十九年、父の死に際しては、杜甫の漢詩「奏贈韋左丞丈二十二韻[53]」の冒頭の一聯「紈袴不餓死、儒冠多誤身」に託して、村学究として終始したその人生を思いやった。

一方、高等学校に進むと、『校友会雑誌』という発表の場を得て、虎雄の志向する「漢文学」は一層明確な輪郭を示すようになってくる。明治二十七年十二月二十八日発行の第四二号が初出かと思われるが、以後は毎号のように彼の漢詩や論説が同誌上に見られるようになる。なかでも重要なのは、次の二篇の論説であろう。

一つは、第五五号に掲載された「漢詩論」である。この論考で虎雄は、まず「漢詩の霊」なるものを登場させ、「明治の革新に際しては、万物皆西欧に模擬し、文明は殆と物質にのみ限れるかの如く、東洋固有の文物典章、一時は捨て丶顧みられさらんとせり、此時に当りて幸にも著しく我の霊徳を欽慕する者あり[54]」と語らせ、漢詩が復興したことを喜びながらも、漢詩の現状の問題点を指摘したのに対し、「余」すなわち彼自身は「思想は本なり文字は末なり思想を論せすして文字を論し、而も其文字論も亦た傾聴するに足らず[55]」と応じている。その「思想」について本文では、「漢詩は言志と云ふことを基礎として発達せり[56]」とし、「言志」について左のように述べる。

漢詩は従来性情を舒ふるを以て基礎とせり、従て又た性情の正を歌ふを詩の本文とせり（中略）然れとも詩は性情の一方に偏す可き者に非す、更に天然の美を発揮するを務む可きものなり、要するに性情なるものは思想の一部分たるに過きす、思想中に生する天然の美感は又た詩の中に歌はれさる可らす、今日の漢詩は此二様の目的に向て接近す可きなり、性情の正とは人心の美なり、概言すれは詩は夫れ有形無形の美を歌ふに在るか[57]、

ついで、詩において重要なのは、「思想」の次に「音調」であるとして、それを「気」「力」「格」の三つに分類し、「吾人は思想善美にして気力格調兼備せる之を完全の詩と称す[58]」としている。そして、「雄渾、悲壮、清新、飄逸」な

どの「詩趣の論」の評価に当たっては、「名教上の議論」と「全く別問題」として扱わなければならないとする。以上を論じて、次の三点を「綱領」として掲げる。

（一）漢詩は従来舒情に偏して舒事に遠かりしを今は詩の発達の目的よりして舒事をも其の職分中に加ふる事

（二）気力格調を具備する事

（三）詩趣を維持する為めに含蓄を務む可き事[59]

最後に、自分の属する「詩派」としては「格調」派であると結んでいる。この論説からうかがえるように、一高時代に虎雄の文学観は格段に深化し、日本を含む「東洋固有」に依拠する自らの立脚点も明確に自覚できるところまで達していたのである。

もう一つは、第五九号に掲載されている「言説の要を述へて元気の樹立に及ぶ[60]」と題された第一高等学校の校風論である。長大なこの論説の論点は多岐にわたるものの、維新以来、社会道徳が低下している今日、「経国済世の覚悟」を有する我ら一高生は伝統の「籠城主義」をもって風紀を維持しなければならないが、そのためには「運動」ではなく、「文章弁論」すなわち「言論」によって気力を保持する必要がある、との主張である。具体的には、自治寮の運営や『校友会雑誌』の充実などが念頭にあるようだが、「経国済世の覚悟」「他日社会の先覚者たるの責任」という強烈なエリート意識に支えられて議論が組み立てられ、とくに、自治寮には「自由の大権」が与えられていること、「スパルタ的風習に伴なふ所の鹿児島武士的弊害[61]」を廃すべきこと、そのための手段の一つとして「言論」振作の必要を挙げている点が重要である。後年、大学を離れたとき新聞『日本』に入ることになる動機の一端は、すでにここで開陳されていたといえよう。

それ以外にも、虎雄の社会的関心の拡がりを示す日清戦争を詠じた漢詩[62]などがこの時期には散見される。虎雄が新聞『日本』に執筆を始めるのは、まさにそのようなときであった。管見では、虎雄の漢詩が同紙「文苑」欄に初めて載ったのは、明治三十年一月二十五日だと思われる。題名は「河中島懐古」。虎雄を『日本』へと誘引したのは、すでに指摘されているように、父の門人で兄の友人であった湖村・桂五十郎(63)だったであろう。湖村は、その前年十二月十六日から、本田種竹(64)に替わって同紙「文苑」欄を担当することになっていた(65)。

新聞『日本』の「文苑」欄は、同紙創刊当初から設けられ、羯南の司法省法学校以来の盟友・国分青厓が担当し、ついで種竹が引き継いでいたものである。この欄には、日清戦争後の当時も、巌谷一六、杉浦梅譚、依田学海等大家の漢詩文が掲載され、青厓や種竹の評が加えられていた。これをさらに引き継いだ湖村としては、漢詩壇に新しい風を入れるためにも若い、まだ一高生ではあるが旧知の間柄で詩文の進境著しい虎雄に紙面を提供したのであろう。その当時、府下発行の新聞の文芸欄の構成は、図14(66)のようになっていた。すでに漢詩欄のない新聞も多かったが、硬派の『日本』では「文苑」欄と「俳句」欄、それと正岡子規の俳話などが今日でいう文化面を構成していて、紙面に彩りを添えていたのである。しかし、『日本』の「文苑」欄は毎日掲載されるわけではなく、たとえば記事が輻輳する議会会期末などには数日間も掲載されないこともあ

◎新聞紙記載項目一覧表

○東京

題名	臭味	社説	小説大意	繪畫	文苑
毎日新聞	進歩	アリ	明治監獄小説	アリ	詩俳諧
國民新聞	進歩	アリ	ナシ	アリ	俳諧
時事新報	實業	アリ	時代戰爭小説	アリ	和歌俳諧
東京朝日新聞	進歩	ナシ	時代戰爭小説外一種	アリ	ナシ
讀賣新聞	進歩	アリ	明治世話物	アリ	ナシ
中央新聞	國民	アリ	讐討講談筆記外一種	アリ	ナシ
中外商業	實業	アリ	ナシ	ナシ	俳諧
東京新聞	自由	アリ	明治世話物	アリ	俳諧
都新聞	進歩	アリ	探偵小説外一種	アリ	ナシ
萬朝報	中立	アリ	明治世話物外一種	アリ	ナシ
東京日日新聞	自由	アリ	時代戰爭小説	アリ	詩歌俳諧
日本	[illegible]	アリ	ナシ	アリ	詩歌俳諧

図14　東京府下発行各紙の紙面構成比較

り、実は虎雄の漢詩も年に二、三度の掲載にすぎない。やはり、頻繁に執筆するようになるのは、明治三十四年三月の入社以降である。

ところで、従来指摘されてこなかったが、明治三十三年七月に大学を卒業した虎雄は『日本』入社までの八ヵ月は何をしていたのであろうか。彼は同三十年、粟生津の少年時代以来の宿志となっていた「文学」と「漢学」を学ぶための最高学府、東京帝国大学文科大学漢学支那語学科[67]に入学し、そこで三年の課程を修了して文学士の学位を受けていた。虎雄本人も後年、「ソノ時私ハ学校ヲ卒業シテヲリマシタガ寺デゴロゴロシテ本ヲ読ンダリシテヰタノデアリマス[68]」と述べている。「寺デゴロゴロ」とは、何か事情があったような回想ぶりであるが、公開分の「鈴木虎雄関係史料」のなかに、日本新聞社入社直後に実兄高橋懿介から虎雄に宛てられた書簡があり、その一節には次のように認められている。

（前略）〇偖て今般ハ断然大学院御退学之事ニ御決心相成候趣、一時ハ突然ニて驚入候得共、能く〳〵事情拝承致候得バ不得止義と存候、今の学者曲学阿世の徒のみ多く、権門ニ媚び名聞を貪り直に社会之為メニ力ヲ尽す者晨星も啻ならず、此際貴下断然自立、新聞社ニ入リ其所思を吐露し大ニ世道人心を喚起せんとする誠ニ男子の快事、何ぞ俸給の厚薄を論スルニ遑あらん、人間モト衣食の計あれバ足れり、学位の肩書も何のその[69]（後略）

虎雄が事情を書き送った書簡の返書であるから、退学・入社の真相は判然とはしないのだが、「今の学者曲学阿世の徒（中略）権門ニ媚び名聞を貪り」から「晨星も啻ならず」までの一節は、おそらく虎雄の往信に書かれていた文言であろう。いずれにせよ、虎雄は大学卒業後大学院に進学していたのであり、履歴に空白はなかったのである。『東京帝国大学一覧』によれば、虎雄の研究課題は「儒教ノ根本思想[70]」とある。そこを約半年で退学したとなると、当時の東京帝国大学文科大学の漢学支那語学科には虎雄が隠忍できない相当の問題があったことが想像できる。人事や人間関係の問題か、あるいは研究分野や水準の問題か、これ以上は推測の域を出ない(71)。兄懿介は返信のなかで「人間モト衣食の計あれバ足れり、学位の肩書も何のその」と励ましているが、虎雄自身の心中は、五〇年後の回想から忖度するにもう少し複雑で、『日本』入社も社会の木鐸たらんというような積極的選択としてではなかったように感じられる。また、書簡によれば、日本新聞社の俸給は低かったようだが、子規の晩年四〇円から判断して二〇～二五円くらいか。これも想像にすぎないが、たとえば数年後、虎雄には地方の中学校への就職紹介があり(72)、それを受けていれば四〇円以上の月俸は期待できたであろう。

むすび——記者から学者へ——

こうして虎雄の新聞記者生活が始まったのである。新聞社員としての風貌や服装などの外見は、おそらく書生時代と大差なかったであろう（図15参照）。根岸の羯南邸の近くで寒川鼠骨と一緒に自炊生活を営んだ。上京まえに矜持をもって誓った「清貧」は貫かれていたと思われる。

図15　日本新聞社時代（23歳）
明治34年5月撮影

残念ながら、公開された「鈴木虎雄関係史料」のなかには、日本新聞社との関係を示す書簡などはわずかに数点、いずれも事務的な内容のものしか残っていない。『日本』紙上には、「文苑」欄を中心に大橋虎雄、大橋豹軒虎、葯房（子）（主人）の署名による創作（漢詩文、和歌、俳句）や評論が頻繁に見られるようになる。いわば文芸部記者としての大橋虎雄の誕生である。ただし、「鶏肋帖」には「百足」「童山」「△△」「選者」などという署名の記事も貼付されており、それらの特定も含めて、内容にわたる分析と評価は私の手に余る仕事である。機会があれば私なりにそれに挑みたいという気持ちはあるが、文学研究者の御教示・御協力を仰ぎたい。

最後に、二点だけ付言しておく。

第一に、明治三十一年以来、日本新聞社の社屋に同居することになった政教社から発行されていた雑誌『日本人』（第三次）にも、虎雄の論説その他が掲載されていて、重要な論点を含んでいることである。そのうちの一つ、「一種の文明論」では、「文明」とは道徳経済の教えるところを人びとが実行することとその結果であり、その際「外国の俗なるが故に排すべきにあらず、外国の俗なるが故に尊ふべきにあらず、内地の旧俗なるが故に斥くべきにあらず、又た頑守すべきにもあらず(73)」と述べて、従来の「欧米」崇拝を排して「東洋固有」を重視する見解は柔軟化して、彼の文明観は是々非々、採長補短の態度に変わっているように見える。また、「歳暮の辞」では、政治や教育と比較しつつ「今の文学は、社会の為めには寧ろ幸か不幸か、甚しく人の信仰に影響するが如く大なる者あるなきなり(74)」と述べて、「今の文学」に対する疑念を表明している。これは学窓を去った理由とも関わっているであろう。他方、この時期になると、虎雄の社会的関心はさらに広がり、足尾鉱毒事件に関する長歌を詠んだりしている(75)。

第二に、日本新聞社を二年余で退社した理由に関しては、大橋家との間の養子離縁問題を挙げておかなくてはならないだろう。「鈴木虎雄関係史料」のなかには、この問題に関する史料は相応に残存している。これと、兄彦嶽の日記その他を併せて考えると、『日本』在籍中の明治三十五年以来、養子離縁問題は紛糾していて、とくに同三十六年には裁判問題にまで発展する状況であった。鈴木家では大物弁護士であった花井卓蔵に訴訟対策を依頼し、彦嶽の日記同年八月十八日の条には、「大橋ニ示談ノ上調印請求シ応セザレバ我行クベキダケ行クコトニセン(76)」という覚悟が記されている。虎雄本人は『台湾日日新報(77)』の編輯員（月俸七〇円）として、すでに同年四月には台湾に渡っていたことを考えれば、この渡台は周囲の〝大人たち〟の計らいによる〝逃避行〟という側面が強かったように思われる。離縁問題の原因についても、さまざまな憶測は可能であるが、いずれにせよこれ以上の推測は控えたい。

明治三十七年一月十七日、本姓に戻ったことを喜んで虎雄は三首の和歌を詠んでいる。そのうちの一首。

ふりつみし野べの白雪いまは解けて
　　下萌えいそぐ春のわか草[78]

発句の「ふりつみし野べの白雪」は、一五年前に初めて上京した日に降り積もっていた二尺の雪を想って歌ったものであろう。この歌を見るかぎり、明治二十二年の養子縁組以来の虎雄の歩みは、ある意味では、自己同一性を喪失した少年が家学を発展させることでそれを回復するための道程であったと考えることができる。そのための方途が「東洋固有」を重視する文明観に支えられた「漢文学」の追究であり、対外硬派の新聞『日本』への入社は、虎雄にとって幸福な偶然というべきであったと思われる。自己同一性を回復したあとの彼、つまり鈴木に復姓し台湾から戻ってきたあとの虎雄は再び記者に戻ることはなく、非常勤講師を続けながら少年の日の初志のとおり学者としての道を歩むことになったのである。岳父陸羯南もそれを諒とし就職の心配をしていたことは、別稿ですでに紹介した書簡[79]からもうかがうことができた。

漢文学者鈴木虎雄としての後半生の出発である。

註

（1）拙稿「鈴木家所蔵「鈴木虎雄関係史料」の概要」（『近代史料研究』第九号、二〇〇九年）を御参照いただきたい。ただし、二〇一四年に四四点の史料が追加寄贈された。

（2）　これらの書簡の内容は、羯南の生誕地弘前で注目され、『東奥日報』二〇一〇年二月七日付社会面で、「羯南　人間味にじむ書簡」として紹介された。第三部第四章の図19参照。
（3）（4）　森岡ゆかり『近代漢詩の東アジアとの邂逅』（二〇〇八年、勉誠出版）一〇七頁。初出は二〇〇六年。
（5）　鈴木虎雄編刊『鈴木惕軒先生年譜』（一九六二年）の記述によれば、同書編纂時点で虎雄の許には東京遊学中に受信した四六通の父からの書簡が残っていたという（同書一五一頁）。現在、それらの所在は不明である。
（6）　ただし、「豹軒詩文」（筑波大学附属図書館所蔵、「鈴木虎雄関係史料（鈴木虎雄家伝来）」一―一六八）を除けば、これらの収録年代と作成年代が一致するとは限らない場合もあるように見える。
（7）　「鈴木虎雄履歴簿　豹軒著述目録　昭和廿一年戸籍謄本」（同右一―一三）。
（8）　長善館に関する文献は、前掲註（1）拙稿の註（4）に挙げておいた。最近、池田雅則『私塾の近代　越後・長善館と民の近代教育の原風景』（二〇一四年、東京大学出版会）が刊行された。
なお、小川環樹氏は鈴木虎雄を回顧する座談会の記録で、長善館の学問が朱子学を主とした系統ではなく、清朝考証学を重んじるものであったという見解を示している（東方学会編『東方学回想』Ⅱ、二〇〇〇年、刀水書房、一二〇頁）。
（9）　前掲註（7）に同じ。
（10）　明治二十年一月製「イロハ別生徒姓名簿」、長善館史蹟保存会編刊『長善館餘話』（一九八七年）二〇七頁。
（11）　『豹軒詩鈔』巻三（一九三八年、鈴木教授還暦記念会）二二丁裏。
（12）～（16）　前掲註（6）「豹軒詩文」（一―一六八）所収。
（17）　「聞杜鵑有感記」（明治二十二年）五月二十三日、同右所収。
（18）　「祝越之友発兌文」（同右十一月か）、同右所収。
（19）　内藤湖南『近世文学史論』（一八九七年、政教社）。湖南は同書で、儒学、国学のほか医学も論じ、さらに戯作文学や美術工芸まで取り上げるつもりであった。
（20）　（陸羯南）「（無題社説）」「日本と云ふ表題」、『日本』明治二十二年二月十一日付一面。
（21）　明治二十九年七月十一日付鈴木時之助宛日本新聞社葉書（マヽ）（燕市長善館史料館所蔵、四四六）。その後の惕軒日記の精査で、明治二十二年からは『日本』を購読していたことが確かめられた。

(22) E・H・キンモンス『立身出世の社会史』(一九九五年、玉川大学出版部)を一例として挙げておく。

(23) 拙著『政教社の研究』(一九九三年、思文閣出版)のとくに第一章、および『書生と官員』(二〇〇二年、汲古書院)に収録した小文ならびに本書第一部第三章を御参照いただきたい。

(24) 〈日本近代思想大系二三〉『風俗 性』(一九九〇年、岩波書店)所収。

(25) 升味準之輔『日本政党史論』第二巻(一九六六年、東京大学出版会)一〇三頁。

(26) 伝記編纂会編『大竹貫一小伝』(一九五三年、大竹貫一伝記編纂頒布会)三六〇頁。

(27) 前掲註(10)『長善館餘話』七三頁。

(28) 同右一七一頁以下。

(29) 前掲註(24)『風俗 性』三二八頁。

(30)〜(32) 鈴木惕軒「日記」廿七号(新潟県立文書館所蔵、「長善館学塾資料」三二一七)。

(33)(34) 「告亡兄柿園先生文」、前掲註(6)「豹軒詩文」(一―一六八)所収。

(35) 虎雄の文章のなかに散見される「皇国」意識は、鈴木家が明治六年以来神葬祭であったことや、後述する桂湖村が国学の影響を受けていたことなどと関係があろう。

(36) このような近代における漢文表現の果たした諸機能については、齋藤希史『漢文脈と近代日本』(二〇〇七年、日本放送出版協会)参照。

(37) 前掲註(30)鈴木惕軒「日記」廿七号。

(38) 前掲註(6)「豹軒詩文」(一―一六八)所収。

(39) 小林時之介「日乗」(前掲註(30)「長善館学塾資料」六五三三)。

(40)(41) 前掲註(24)『風俗 性』三二四頁。

(42) (小林時之介)「日乗」(前掲註(30)「長善館学塾資料」六八〇)。

(43) 日本学園百年史編纂委員会編『日本学園百年史』(一九九三年、日本学園)参照。

(44) 長谷川如是閑『ある心の自叙伝』(一九五〇年、朝日新聞社)一六九頁以下。

(45) 「明治廿三年二月分東京英語学校経費請求書」(日本学園資料室所蔵)による。

(46)　前掲註(43)『日本学園百年史』三三頁。
(47)　「東京英語学校の改良」、『日本』明治二十二年二月二十八日付三面。
(48)　明治二十四年一月七日付大橋虎雄宛鈴木健蔵書簡、前掲註(5)『鈴木惕軒先生年譜』一五〇頁。
(49)　当時の東京府尋常中学校については、日比谷高校百年史編集委員会編『日比谷高校百年史』上巻（一九七九年、日比谷高校百年史刊行委員会）参照。ちなみに当時同校は築地にあった。
(50)　前掲註(11)『豹軒詩鈔』巻三、二二丁裏〜二三丁表。
(51)　前掲註(6)、「鈴木虎雄関係史料（鈴木虎雄家伝来）」一―九二。
(52)　豹軒生「科野（しなの）雲臥録」、第一高等学校『校友会雑誌』第四九号（一八九五年九月）四一頁。以後、虎雄の論説等が同誌上に頻出するのは、二年生に進級して文芸委員に就任したためであると思われる。同誌の利用および虎雄の委員就任については、青木一平氏（江戸川学園取手中・高等学校）の協力と示教を得た。
(53)　同右第五三号（一八九六年一月）六三頁。この杜甫の詩については、鈴木虎雄訳注『杜詩』第一冊（一九六三年、岩波書店）六〇頁以降参照。
(54)　第一高等学校『校友会雑誌』第五五号（一八九六年三月）七頁。
(55)　同右七〜八頁。
(56)　同右八頁。
(57)　同右九頁。
(58)　同右一〇頁。
(59)　同右一一頁。
(60)　第一高等学校『校友会雑誌』第五九号（一八九六年十月）五四頁以下。
(61)　同右六〇頁。
(62)　前掲註(11)『豹軒詩鈔』巻一所収の「従軍行」「出師曲」「丁汝昌」「平壌歌」など。
(63)　桂の母は粟生津の和田家の出身であった。日本新聞社員を経て、のちに早稲田大学教授。なお、日清戦後、明治三十年代の漢学あるいは漢文学について本格的に論じられるようになってきたのは、比較的最近のことであるように思われる。一九八六年に雑誌『文学』第五四巻第八号が「明治三十年代の文学」を特集したとき、漢文学に関する論考は一本も掲載されなかった。その後、次註(64)の三浦氏の著書や入谷仙介『近代文学としての明治漢詩』(一九八九年、研文出版)、町田三郎『明治の漢学者たち』(一九九八年、研文出版)などが刊行されたが、今世紀に入ってからは、日本思想史学会が二〇〇六年度大会シンポジウムで「近代の漢学」を取り上げ、COEプログラムに二松学舎大学の「日本漢文学研究」が採択されるなど、研究は活況を呈しつつあるといえよう。また、他者としての「支那文学」の発見が「国文学」形成に大きな役割を果たしたことは、笹沼俊暁『「国文学」の思想』(二〇〇六年、学術出版会)の第一章参照。

(64) 本田種竹については、三浦叶『明治漢文学史』(一九九八年、汲古書院)七二頁以下参照。

(65) 「敬告江湖諸彦」、『日本』明治二十九年十二月十六日付一面。

(66) 『日本』明治三十年一月一日付一八面「新聞紙記載項目一覧表」の部分。

(67) 当時の漢学支那語学講座については、『東京帝国大学一覧』各年版、および東京大学百年史編集委員会編『東京大学百年史』部局史一(一九八六年、東京大学出版会)第二編第五章第三類第四節、ならびに倉石武四郎講義『本邦における支那学の発達』(二〇〇六年、二松学舎大学)参照。ただし、「当時文学の分野でどのような講授がなされていたか、詳しい実情は知るを得ない」(『東京大学百年史』部局史一、七三二頁)とされている。

(68) 鈴木虎雄「正岡子規五十年忌記念講演」(原稿)、前掲註(6)「鈴木虎雄関係史料(鈴木虎雄家伝来)」一―四―八―八。なお、同原稿をはじめ五十年祭に関連する講演や研究等を収録した正岡子規五十年祭協賛会編『正岡子規 五十年祭記念出版』(一九五二年、愛媛県図書館協会)では、「その時は、学校を出ておりまして、その寺でごろごろして本を読んだりなんかしていたのでありま す」(同書三二一〜三二三頁)と校正されている。

また、虎雄と子規の関係については、井出康夫・和田克司「鈴木虎雄と子規」(『子規会誌』第九一号、二〇〇三年)がある。

(69) (明治三十四年)四月九日付大橋虎雄宛高橋懿介書簡、前掲註(6)「鈴木虎雄関係史料(鈴木虎雄家伝来)」一―七七。

(70) 『東京帝国大学一覧』従明治三十三年至明治三十四年(一九〇〇年、東京帝国大学)四〇七頁。当時の教授は老大家というべき重野安繹と根本通明、助教授は歴史担当の市村瓚次郎(古典講習科卒)と服部宇之吉(哲学科卒、文学士、留学中)。講師として那珂通世らが出講していた。

(71) 前掲註(8)の座談会のなかで吉川幸次郎氏が、「結局宇野さんが首席で鈴木先生が次席だったんです。それで豹軒はとても不平だったと、ある人、というのは先生そのころの友人で釈清潭という人が言ってたということを、これは私の友人の阿藤伯海君から聞いたことがありますと述べている。「宇野さん」は、後の東京帝国大学教授宇野哲人である。そうした「不平」が、大学院中退の一つの理由であったことは確かなように思われる。

さらにいえば、『東京帝国大学一覧』従明治三十五年至明治三十六年（一九〇二年、東京帝国大学）付掲の「学士及卒業生姓名」によると、明治三十三年七月に漢学科を卒業したのは虎雄をはじめ八名であり、虎雄の名は宇野、成田衡夫について三番目に記されている（同書付録一四五頁）。この年は、この三名が大学院に進学した。

(72)（明治三十六年）三月三日付大橋虎雄宛高瀬武次郎書簡、前掲註(6)「鈴木虎雄関係史料（鈴木虎雄家伝来）」一—二四。高瀬は虎雄の二年先輩で、明治三十一年漢学科卒業。

なお、日本新聞社員の給与については、「明治卅三年十二月調整　日本新聞社・政教社・成章堂　職員俸給手当」（弘前市立郷土文学館所蔵）が唯一の史料であろう。同史料については拙稿「弘前に寄贈された陸羯南関係史料」（『日本歴史』第七六二号、二〇一一年）を御参照いただきたい。

(73) 大橋虎雄「一種の文明論」、『日本人』第一四九号（一九〇一年十月）一五頁。

(74) 大橋「歳暮の辞」、同右第一七七号（一九〇二年十二月）一六頁。

(75) 鈴木虎雄『葯房主人歌草』（一九五六年、アミコ出版社）四二～四五頁。

(76)（鈴木時之介）「明治三十六年当用日記」（前掲註(30)「長善館学塾資料」六九九）。

(77) 最近、『台湾日日新報』のデジタル版（雄松堂書店）が発売された。『日本』時代と合わせて、鈴木虎雄研究の今後の課題である。

(78) 前掲註(75)『葯房主人歌草』七九頁。

(79)（明治三十九年）九月三日付（鈴木）豹軒宛（陸）実書簡（前掲註(6)「鈴木虎雄関係史料（鈴木虎雄家伝来）」一—一二—八）、および（年不詳明治三十九年か）五月十九日付（鈴木）虎雄宛（陸）実書簡（同上一—一二—七）。前掲(1)拙稿「鈴木家所蔵「鈴木虎雄関係史料」の概要」八二～八三頁。

＊以下第三章までと関連する論著として、「明治二十年の長善館と鈴木家」（『新潟県文人研究』第二一号、二〇一八年）および『日記で読む長善館』（監修著、二〇二一年、燕市）がある。

第二章　勉学・自立・鬱悶

——鈴木虎雄家郷宛書簡の世界——

はじめに

二〇一一年から私たちが整理を進めてきた「鈴木虎雄関係史料（長善館鈴木家旧蔵）」は、そのほとんどが明治二十三年（一八九〇）から昭和二十一年（一九四六）に及ぶ虎雄自身の発信書簡であることを特徴とする。宛先のうち多いのは、ほぼ年代順に父健蔵（惕軒）、兄時之介（彦嶽）、義姉きぬ子（帛子、時之介の妻）であり、要するにこのたび整理を終えた史料群は、鈴木虎雄が故郷新潟県西蒲原郡粟生津村で私塾長善館を営んでいた実家の長者（最も身近な年長者。大正期以降は郵便局を開局）に書き送った、いわば家郷宛書簡なのである。

前章では鈴木虎雄家所蔵の関係史料の整理をふまえて、いわゆる「明治ノ青年」世代の一人である鈴木虎雄の内面世界の成長を追跡すべく、虎雄が長岡の大橋小一郎の養子となった明治二十二年以降、上京して東京英語学校、東京府尋常中学校、第一高等学校、東京帝国大学、同大学院と進学し、明治三十四年（一九〇一）に『日本』紙記者となるも、大橋家との間で養子離縁問題が紛糾し『台湾日日新報』記者として渡台、帰国後の同三十九年、羯南の次女の鶴代と結婚するまでの十数年間を中心に取り上げた。[1]

しかし、前章で用いた史料は、伝来からすると鈴木虎雄家に保存されていたものであるから、当然に虎雄の発簡はなく、また、父や兄弟からの来簡の残存状況も体系的とはいえないものであったため、虎雄の思想形成を漢詩文という高度に形式化された表現方法から解明するという手法を主に採用し、加うるに若干の来簡や健蔵、時之介の日記、雑誌論説などといった周辺史料を用いて課題に応えようとした。これに対して、以下本章では、虎雄の家郷宛書簡というい わば肉声を解読することによって、より詳細な行動とその背景にあった心境の変化を探り、具体的には書生社会の勉学内容、日本新聞社入社の経緯、大橋家との離縁および鶴代との結婚など、前章でラフ・スケッチを描いた鈴木虎雄前半生の足取りを補っていきたいのである。

なお、明治二十二年から同三十七年までの鈴木虎雄は大橋姓であるが、以下では史料中の記述を除いて鈴木虎雄または単に虎雄と記すこととする。

一　「勉学」の日々――東京の書生社会――

前章で明らかにしたように、まだ十二歳になったばかりの虎雄が粟生津の実家をあとに東京へ向かったのは、明治二十三年二月二日、父健蔵の日記[2]によれば、二尺の雪が積もる日であった。今回整理した書簡のなかの葉書（一―一―三―一～三）[3]によれば、虎雄は養父大橋小一郎とともに六日柏崎、九日に軽井沢を経て、着京は二月九日午後三時であった。東京にはすでに東京専門学校に通う兄時之介をはじめ、長善館出身者が多数滞在し、虎雄は東京の書生社会に順調に入り込んだ様子がうかがえる。これ以降、故郷の父健蔵宛に多くの書簡が発信されるが、それらに記されているのは、何よりもまず「勉学」のことである。

おそらく在京の兄たちからの助言もあったのであろう、虎雄は東京英語学校と物理学校に入学し、いずれは第一高等中学校に進学するという計画を立てた。明治二十三年二月二十五日付の書状（一―一―五―一）のなかでは、次のように報じている。

（前略）頑児事東京英語学校並物理学校ニ入学する積にて居り候処英語学校者数学ニて再試験となり（二十六日）物理校者年齢ニ不足セリ然レドモ該校者二年卒業なるを以て年を偽増するも兵役之差支エニなる様之事無之ト存じ候間今日偽証を以て年齢を増加し該校ニ入学する見込ニ御座候頑児ハ最下等級より入学する見込みニて約言スレバ卑きより高ニ昇る心算ニ御座候（該校者数学専一職工学之予備校）此段御安心被下度候（後略）

続く三月五日付の書状（一―一―五―二）では、英語学校の試験は「不首尾」だったため下級の入学を目指すこと、物理学校には同月三日に入学できたことを伝えている。さらに、翌二十四年九月十日付の書状（一―一―一四）では、数学院にも在籍していることが書かれており、当時は午前九時から十一時までは数学院、午後は東京英語学校で五時間の授業を受けていた。これらの諸学校は、いずれも官立の上級学校へ入学する者のための予備校である。

虎雄十二、三歳のいわば予備校時代の生活は、同二十三年十月五日付の父健蔵宛の書状（一―一―一一）によれば、次のようであった。

（前略）先ツ朝ハ室内ヲ栖掃シ教科書ヲ閲ミシ飯了テ小休亦タ其日ノ課書ヲ閲スコト十一時迄テトス是レヨリ昼飯ヲ喫シ小休学校ニ至ルナリ其ノ程半里余ナレバ四十分ハ充分ナリ少シク暑ヲ凌グナドスレバ一時間ハ充分費スナリ学校ノ事務時間ハ十二時ヨリ五時迄及ヒ一時ヨリ五時迄テノ分ニテ四時間ト五時間ノ日ト隔日ナリ此故ハ十二時ヨリノ日ハ漢学ヲ一時迄デ教ユルナリ漢書ハ隔日ナリ五時放課家ニ帰ルハ六時ナリ其間少シランプヲ栖掃スレバ日暮レテ飯ヲ喫スルナリ点灯後其ノ日ノ難解ノ所ヲ筆記シ了リテ漢書ヲ読ムナリ或ハ文ヲ綴リ詩ヲ草スルコトモ此ノ夜ノ間ナリ滅灯臥褥スルハ十時朝起ハ五時若クハ五時半トス（後略）

「勉学」中心の生活ぶりがうかがわれるわけであるが、それ以外の様子も記されている。たとえば、折から開院式を迎えた帝国議会の見学、郡司成忠大尉の千島渡航壮行会の様子、靖国神社の例大祭や上野で開かれた勤王家古物展覧会に行ったときの見聞などである。他の楽しみとしては、虎雄の上京直後に始まった長善館同窓会があった。同二十三年五月七日付書状（三―一―一七）の一節に「近日長兄発起長善館同窓会なる者を設け隔月第一日曜日ニ相会シ懐旧之意を表せらる、様子なり」とあることから、その起源がわかる。翌二十四年二月十三日付の書状（一―一―一七）によれば、会費は一回五銭であった。同年四月十二日に開催された送別会を兼ねた同窓会の模様を知らせた翌十三日付書状（一―一―一六）を例に挙げると、「先ヅ家兄ノ開会及ヒ送別会ノ祝演説アリ次デ大井練平氏答辞ヲ述ベラレ宴酣（たけなわ）ニシテ桂（湖村―引用者）氏ノ送辞大井氏之詩アリ次ニ永井宗平、小柳司気太氏ノ演舌アリ次ニ桂氏ノ詩学ニ付テ意見ヲ述ベラレシアリ而シテ全ク退散セシハ午後六時頃ナリキ」というから、単なる遊興と飲食の会合ではない。

さて、行論を「勉学」に戻すと、明治二十五年四月、虎雄は東京府尋常中学校四年級に入学している。これは、年齢的にみて第一高等中学校への進学は無理であると判断した結果であろう。本人は、同年三月二十八日付の父宛書状（一―二―一〇）で、尋常中学校入学の理由として二つ挙げている。一つは、「高等中学校ニ安心シテ入ル事ヲ得ルコト」、もう一つは「体育盛なるコト」である。後者については、「徒ニ読書ニ沈溺シテ亡兄の如きコトありては反テ父母ニ背クのみならず己の生涯の不得策」という理由が付されている。亡兄とは、東京の同人社や攻玉社で学んだあと、故郷へ戻り家塾を手伝っていたものの、明治二十年に病死した長兄鹿之介（柿園）を指している。この前後の書簡のなかには、脚気の症状が出ていることを伝えるものが何点かあり、虎雄も体調が万全ではなかったことをうかがわせる。

虎雄十四、五歳の尋常中学校時代、明治二十六年五月十一日付父宛書状（一―三―八）に報告されている日課は図16

のようになっていた。中学時代の虎雄は、相変わらず「勉学」中心の生活を維持し、前章で指摘したように杜甫の詩を「愛誦」して、上京前に発起した「文学」と「漢学」の具体的目標も見え始めてきていた。また、家郷との頻繁な書簡の往復を続けていた。それらによると、虎雄は近況のほか日記（摘録）と詩稿を父健蔵に送っていたようだ。一方、同二十五年六月十三日付の父宛書状（一―二―二）には左のようにあって、夏季休暇を前に思郷の念が高まっていたことを感じさせる。

（前略）噫頑児は寧ろ帰省モ亦タ東京ニ在りて勉学するも同しきを確信仕候然レトモ其の郷里ニは老親祖母あるを思ひば人子タルもの丶帰省すべきを信し居り申候ノミならず帰省モ亦タ学を勉め気を養ふの一端なるを信し候近来読書を事とし教科の為めニ追はれ候為め屈シタル筆端全ク渋礙如何とも致シ方無御座候帰省之後上京之日更ニ山水を跋渉して気を養は丶又以て文思を助くるニ足らん（後略）

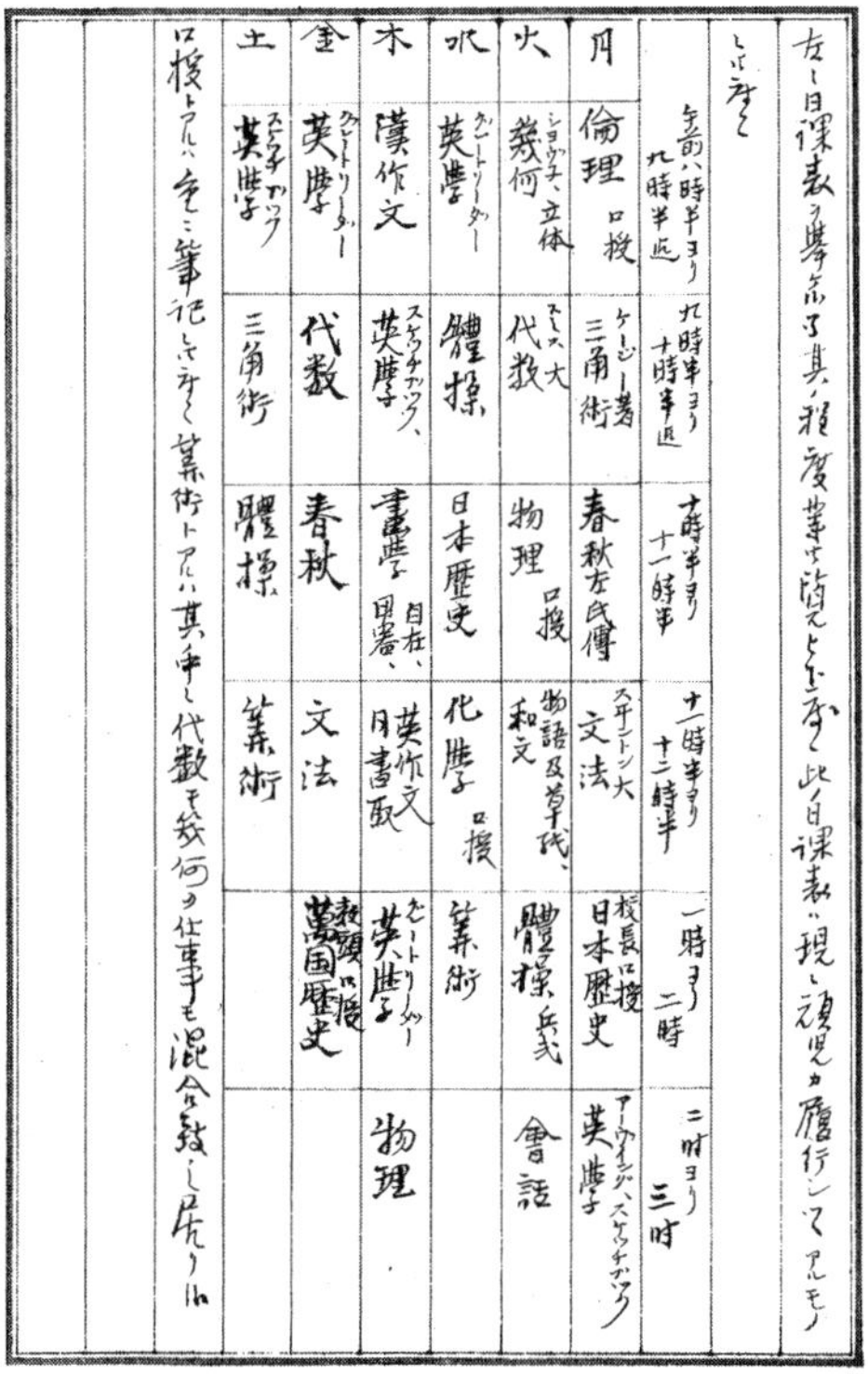

	午前八時半ヨリ九時半迄	九時半ヨリ十時半迄	十時半ヨリ十一時半	十一時半ヨリ十二時半	一時ヨリ二時	二時ヨリ三時
月	倫理 口授	三角術	春秋左氏傳	文法	日本歴史	英學
火	幾何	代数	物理 口授	物語及草紙 和文	體操	會話
水	英學	體操	日本歴史	化學 口授	算術	
木	漢作文	英學	書學 自在 用器	英作文 日書取	英學	物理
金	英學	代数	春秋	文法	萬国歴史	
土	漢學	三角術	體操	算術		

図16　東京府尋常中学校時代の日課表

高等中学校進学準備のためだろうか、明治二十七年の正月、虎雄は帰省せず、一人東京ですごすことになったが、同年一月三日付の父・兄宛の書状（三―一―四）では、「本年之正月位寥々タルものハ生来初めて遭遇仕候」と寂寥感を吐露している。

同時に、尋常中学校時代から、虎雄の内部では社会的関心が高まってきたこともうかがえる。たとえば、明治二十六年十二月五日の父・兄宛の書状（一―三―一七）では、「歳晩之繁忙と国家の多事と共に相廻り候憂国之志憤起すべきの秋と奉存候外権内侵国歩艱難慷慨日も亦タ足らず」との危機感を示しているが、同じ書状によると、二日前の十二月三日に、長善館出身で県会議員や代議士を務めた萩野左門の京橋の客舎を訪問、同人から第二次伊藤内閣に対抗する対外硬運動の一角を担っていた大日本協会の動向などを聞いている。日清戦争が間近に迫る時代、前途有為な少年が「勉学」だけでなく国家や政治への関心を募らせて、「外権内侵」の情勢に対して「憂国之志」を昂じさせていったことは、容易に想像できることである。虎雄がやがて記者として入社することになる新聞『日本』は、雑誌『日本人』『亜細亜』を発行する政教社とともに社を挙げて対外硬運動の中心に立っていたことを付け加えておこう。

二　「自立」の契機――日清戦争期の一高生――

虎雄が東京府尋常中学校を卒業したのは、明治二十七年四月八日であった。同日付の父健蔵・兄時之介宛の書状（三―一―二）では、その模様を次のように報告している。

（前略）卒業試業ハ愈先月二十七日相済み今八日卒業証書授与式有之候児ハ不幸ニシテ第六席ニテ及第仕候卒業総員五拾一名ニ御座候優等賞するものハ一名ニ御座候（中略）頑児ハ卒業生総代トなり来賓及府知事校友ニ対スル答詞ヲ述ブ（後略）

首席こそ逃したが、卒業生総代に選ばれていたわけであるから、成績はトップクラスだったのであろう。文中からは残念と得意が読み取れる。しかし、眼前には高等中学校受験が控えていた。同年六月二日付の三兄懿介宛の書状

（三―一一六）では「高中ハ又タ其の大学ニ入るの予備門ニ過きさるのみ未タ以て甚タ重視するに足らざるものなり」と強がっているものの、同月十八日付の次兄時之介宛の書状（三―一一五）では「高中の受験の頑一人に取りてハ前途の一大関鍵なり成否ハ直ニ利害ニ関す」と述べていた。七月五日に実施された入試に合格後の同月十七日、すでに帰省途上の長岡の養家から父健蔵と兄時之介に投じられた書状（二―一〇一）には、次のような自信と喜びが記されている。

（前略）高等中学ハ首尾能く及第東京ニ滞在を得る事ニ御座候へば前途の方針ハ先つ決定仕候間此義ハ何卒向後御配慮被下間敷大学を出つる迄ハ常人に伍する位の事ハ出来得る心算ニ御座候夫れより上ハ天才と勉強次第今より予言ハ仕兼ね候亡兄ニ対しても一先面目を開き候事頑の何より中心に喜ひ候次第ニ御座候（後略）

こうして始まった虎雄十六～九歳の高等学校（この年から第一高等学校と改称）時代は、少年期から青年期への「自立」の時代であったといえよう。その契機は尋常中学校卒業間際の家郷宛書簡のなかに見出せる。[4]

一つは、同二十七年二月十九日付の兄時之介宛の書状（三―一一八）に、三宅雪嶺の『王陽明』の読後感とともに、次のように書いていることである。

（前略）雪嶺閑人の王陽明を読で大ニ感スル所アリ社会ニハ我か心ヨリ外ニ一物なき事之れなり如何ニ外物かあれハとて之ニ少シニても心を奪はらるゝハ愚なり（中略）外物ハ固より人の意思を制する事大なり而シテ弟ハ決シて之ニ感するものニ無御座候弟ハ飽く迄心即理の説を固執仕候（中略）互ニ相ヒ託シ挟む所なきハ父母兄弟の外ニハ存在セズ之レ弟が自立の上ニ於テ尤モ深ク感シ候所なり（後略）

雪嶺の著書『王陽明』は、前年十一月二十八日、政教社から発行されたもので、伝、教学、詞章の三部から成り、巻末には陸羯南の跋を付す。同書は、やはり同年に発行された徳富蘇峰の『吉田松陰』とともに、「〈近代陽明学〉はここから出発」し、その「スタイルを決定するものであった(5)」、あるいは「近代陽明学研究の草分け(6)」という位置づけがなされている。また、カントやヘーゲルの哲学との比較で王陽明の思想が論じられていることから、読者として西洋哲学史に理解のある者が想定されていたという指摘(7)も重要だと思われるが、十五歳の高等中学校受験生である虎雄は、右の書状を見るかぎり、同書から「心ヨリ外ニ一物なき事」を感銘をもって受け取り、「弟ハ飽く迄心即理の説を固執仕候」と断言するほど強い影響を受け、そのような内面の機微を包み隠さず表明できる父母兄弟が「自立」のための重要な存在であることに深く感じ入っているのである。

もう一つは、同じく高等学校入学前後に、長善館で発生した「不穏ノ事」「暴動」に対して父や兄に送った書簡からうかがえる学問観や教育観の深化である。事件そのものは、明治二十六年中に起ったようで、翌年十二月二十六日付の兄時之介宛の長文の書状（三―一―六）によれば、塾生である宗家（代々医師である鈴木有本家）の次男が塾の規則を破ったり他の塾生に不適切な行動をしたことに対する処分をめぐるものであった。明治二十七年四月十六日付の書状（三―一―九）からは、塾の寄宿舎で供する食事をめぐっても塾生の騒動（いわゆる賄征伐のようなものか）や、健蔵が政治運動に関わることへの塾生たちの反対運動も発生していたことがうかがえる。兄時之介は前年に東京専門学校を卒業して帰郷、家塾で教鞭を執っていたわけだが、その兄宛の同二十七年四月八日付書状（三―一―九に同封）では、次のように述べて教育方針に異論を唱えている。

（前略）兄の子弟ヲ教ユル松陰の如ク不規律ナルモ可ナリ、放任主義ナルモ可ナリ唯タ松陰ハ人ニ対シテ能クインスピレーションヲナシタリ山陽カ所謂赤心ヲ人の腹中ニ推スモノタリ孔子ハ亦タ人ニ依テ切ニ之ヲ導ケリ（中略）今日の長善館ハ小学校ト化セリ小学校ト化セバ其の師タルモノハ勢ヒ訓導ノ如キ位置ニ立タザルヲ得ズ（中略）而シテ東京流ノ売買的講義ヲナサバ弟遂ニ其ノ可ヲ見ル能ハズ従テ弟子ノ兄ヲ見ルヤ路傍人視センノミ（後略）

学校制度が整備されていくなかで、私塾長善館が難しい局面を迎えつつあったのは確かであろう。時之介は学則や教育課程を全面的に見直して塾の再生を図ろうとしていた。それに対する虎雄の意見は、松下村塾の吉田松陰が塾生たちに与えた「インスピレーション」(8)を持ち出し、兄の方針を「東京流ノ売買的講義」といい切るなど、かなり強い調子の非難を含んでいた。同じ書状で虎雄は「我カ館ハ実ニ親の子ヲ見ルガ如クナラザル可ラズ」と述べているので、彼は長善館が小さいながら中学校レベル以上の漢学塾として存続することを望んでいたようである。

ではこの時期、虎雄自身はいかなる学問観を抱いていたのか。前章で明らかにしたように、高等学校に進学すると虎雄の志向する「漢文学」は明解な輪郭を示すようになり、『校友会雑誌』という意見表出の媒体も得て、いくつかの論文となって公表された。虎雄が「文学」とともに「漢学」を志向したのは上京前のことであるが、東京英語学校時代の明治二十四年一月十五日付父宛書状(二―二―八)にも「漢学ニ疎キ者ハ概ネ浮薄ニ流レ遂ニ変じて現今ノ壮士様ノ者ニ加入スルニ至ル」と述べているし、東京府尋常中学校時代の翌二十五年十月二十四日付父宛書状(一―二―五)でも「頑児ノ如キハ家ニ在ルトキ漢学ニ浅カリシヲ悔ヒ今日ニ至テ漢学ヲ精練スルニ間ナキヲ歎ジ寸暇ヲ偸(ぬすみ)テ之ヲ研(と)クヲ楽ミトスルノミ」と述べていた。高等学校卒業の約一年前、明治二十九年九月十五日付の兄時之介宛の書状(三―二―一二)のなかでは、「我党の任ハ人心ニ道義の念を与ヘ聖経を鼓吹して根本的の改革を為すニ在り」と述べ、その「根本的の改革」とは「人心の修養」すなわち「修身斉家治国」の「一道」を探求するため、「自己を正」し「内省」を加えて「社会ニ立」つことが「学を為すの第一義」だとされている。

以上の二点に加えて、高校生時代の虎雄の「自立」を促した要因としては、日清戦争の勃発とその前後の時代における政府と対外硬派の対立などを見聞することによって、社会的関心がさらに広がったことを挙げておく必要があろう。

しかし、虎雄にとっては、明治二十九年に父健蔵が死去したとき、自分が養子に出ていることの意味が身に沁みて感じられた様子がうかがえる。同年五月二十二日付の兄時之介宛の書状（三―二―七）には、「今にして之を考ふれハ当時無心にして他に養はれしこそ恨の種なれ」とある。大橋家からは、すでに七年間毎年一五〇円、計一〇〇〇円を超える扶養料が支出されていた。続く部分には「将来の事ニ至てハ身未た自立せさる今日ニ於てハ予め公言す可らさるものありて存するなり」と書かれている。この頃、内面的な「自立」だけでなく、経済的な「自立」までもが視野に入ってきて、アイデンティティの危機が虎雄に意識され始めたといえよう。

三　「鬱悶」の季節――就職・離縁・結婚――

鈴木虎雄が直面したであろうアイデンティティの危機は、「自立」の問題――具体的には、新聞社への就職と専門の漢文学の問題、大橋家との間の養子離縁問題、陸羯南の次女鶴代との結婚問題――として明治三十三年から同三十九年までの、年齢でいえば二十二歳から二十八歳までの彼を「鬱悶」の季節に閉じ込めることになった。

明治三十三年七月に東京帝国大学文科大学を卒業した虎雄は、大学院に進学し漢文学の研究を継続するつもりであったが、進学後まもなく、大きな決断をすることになった。前章では間接的な史料から推測したこの件に関して、虎雄自身の筆によって明確に語られているのが同三十四年四月四日付の兄時之介宛の長文の書状（一―一―二二）である。同書状は、冒頭まず「本月ヨリ養家ノ給資ヲ辞謝致シ自活致スコトト相定メ日本新聞社へ勤務致スコトニ仕リ候」と述べ、月俸は二五円の「薄給」(9)だと付け加えている。そして、大学院は退学するつもりであること、しかしながら、「終世学問ハ決シテ廃セザルノ考ハ確持致居候」という覚悟を表明している。続く部分で語られる大学院退学の理由は次のようなものであった。

（前略）大学院ニ在レバ書籍ノ捜索ニハ便ナレドモ別テ自ラ師事シテ教ヲ請ヒ度シト欲スル程ノ士ヲ見ズ畢竟自家ノ勉否如何ニ関ス故ニ此際断然大学院ヲ退カント欲ス（中略）大学院規定ニヨリテ毎年必ス学生ヨリ「レポート」ヲ徴スト云ハ是ノ如キハ余カ研究ノ目的ト頗ル合ハザルヲ発見セリ、此ノ如キコセツキタル遣リ方ニハ余ハ満足スル能ハズ（後略）

大学院退学の不都合な点として、学位の取得その他の特権を失うこと、また、「養家ニ対スル責任」が果たせないことなどを承知しながらも、すでに「精神昏塞少シモ学事上ニ進歩ヲ見ズ」という状態であることを訴えている。このような「心事」は前年の帰省時には決心になっており、三十四年二月末頃から、長善館の先輩で、兄とは東京専門学校の同窓生であり、当時は新聞『日本』の漢詩文欄選者を務めていた桂湖村にも相談していた。

その桂湖村の紹介で、虎雄は日本新聞社に入社することになった。この間の事情は、同じ書状の後段によると次のようであった。

（前略）三月七日ノ朝湖村氏ヲ訪ヒシニ余ガコトヲ日本新聞社主陸実氏ニ依頼サレシ旨ヲ伝ヘラル、陸氏トハ面識ダケハ是迄ナセシコトアリ、此夜陸氏ヲ訪ヒテ余ガ心事ヲ話シ将来ノ方針ヲ述ブ、氏より懇々ノ慈誨アリ、人生ノ理想、東西人種文明ノ特質、欧洲近五十年の政治及宗教、日本政府の立憲政設置以後各内閣ノ変遷等ヨリ現下の問題ニ至リ、更ニ将来経世家トシテ立ツノ注意ヲ与ヘラル、夜十二時半辞シ帰レリ（後略）

正岡子規に対する慈愛に満ちた交際で知られる陸羯南であるが、「自立」の方途に悩んでいた鈴木虎雄に対しても優渥なる対応を示し、「人生ノ理想」から「現下の問題」まで語り尽くして、彼の主宰する新聞『日本』に受け入れたのである。虎雄の幸運を思わないわけにはいかない。

一方で、同じ書状に引かれている養父大橋小一郎に宛てられた書状の写しによると、虎雄は「慈恩ニ背ク」ことに許しを請いながらも、次の三点の方針を宣言している。

一、今後学資ノ給与ヲ辞謝ス
二、大学院の学籍ヲ脱去ス
三、自営シウベキ職業ニ従事ス

こうして虎雄の学窓での生活は終わり、『日本』紙記者としての生活が始まったわけだが、前章でも明らかにしたように養子離縁の問題は裁判沙汰となり、鈴木家復籍とこれまでの給資金の年賦払いによる返済が決まって一応の解決を見たのは、明治三十七年のことであった。この間の同三十六年春、虎雄は『台湾日日新報』記者として渡台することとなった。同年十月一日付の兄時之介宛書状（一―三―二三）では、離縁訴訟が進展しないことに対して「百事法ノ如ク服すべきものと覚悟致居候」と記されている。前述したように、一高生時代からアイデンティティの危機に懊悩し始めた虎雄にとって、養子離縁問題はやがては訪れる決断の秋だったのであろう。

虎雄が台湾から戻り再び『日本』新聞に筆を執るようになったのは、養子離縁問題が一応の解決を見た翌年の明治三十八年一月のことであった。同時に東京高等師範学校その他で漢文学を講じることになったが、この年から翌年六月二十八日に陸羯南の次女鶴代と結婚式を挙げるまでの間、虎雄は結婚問題で困惑することになる。同三十九年二月四日付の兄宛の書状（二―三―一二）では、結婚相手に関して「此上ハ錦地ニ於て何卒御詮議之様御願申上候最も小弟の頑愚なる不幸にして適当と信じ候人ニ遇ハずんば孤棲（こせい）之覚悟ニ御座候」と述べて、自身の「薄命」を歎じ、昨日よりは「狂乱の病」であると訴えている。ところが、一ヵ月後の三月四日付の書状（三―八―一）では、「前度数次の拙簡ハ全く鬱悶の余、情懐激蕩、思慮を失し候ものと深く前非を悔い申候間何卒非礼之罪を恕し御聞流し之程奉願上候」と殊勝な様子である。

実は、一方で、鶴代との縁談がまとまりつつあった。さらに約一ヵ月後の四月八日付の書状（三―八―三）では、再び桂湖村と、同郷で東京帝国大学文科大学教授の建部遯吾の周旋により、前日の七日に陸家との間で結納や結婚式の段取りが整ったことが報じられている。思うに、虎雄の意中には早くから鶴代があって、一方では、家郷からはお見合い写真なども送られてきていたようで、その間の折り合いに虎雄は「鬱悶」としていたわけである。四月二日付の書状（三―六―二―三）に、妻の条件として女学生や教員は「御免蒙り度候」とされ、「女子の学問ハ無用なるのみならず有害」で、高等小学校卒業くらいの者が適当だと述べているのは、明らかに鶴代を意識しての発言といえよう。

むすび

最後に、明治三十九年以降の書簡の内容に関しても簡単に触れておこう。

まず、岳父となった陸羯南の動静に関して、身近な立場から残された証言が貴重であろう。羯南との近郊旅行や病勢のことのほか、明治三十九年十二月に三宅雪嶺ら旧社員一同が日本新聞社を連袂退社したことなどが兄時之介宛の書簡のなかで報じられている。大正期に入っても、自分や家族の近況のほか、内閣の交代、京大沢柳事件や米騒動の様子などが伝えられている。兄が同八年（一九一九）に死去したあとは、義姉のきぬ子に宛てて相変わらず頻繁に書簡を送付している。内容は、実家の後嗣であり、七高造士館から東京帝大を経て内務官僚となった脩蔵のことや、文学博士号を授与されたときの感慨などを含んでいる。昭和期に入ると、子供たちの様子や、しだいに窮屈になる生活のことなどを報じているが、それはきぬ子が没する昭和二十一年（一九四六）まで続いた。実に五〇年以上、四〇〇通を超える書簡によって、虎雄と家郷の濃やかな関係が垣間見られるのである。

なかでも本章で主として取り上げた明治二十〜三十年代の書簡は、鈴木虎雄の内面の成長が手に取るようにわかる内容を蔵している。明治二十年代は、虎雄にとって「勉学」に専心した一〇年間だったといえよう。東京の書生社会の様子を彷彿とさせる記述にあふれていた。明治三十年代は虎雄にとって「自立」と「鬱悶」をめぐる疾風怒濤の一〇年間であったといえよう。しかし、書簡のなかにはあまり書かれなくなるものの、この間にあっても「勉学」を怠ることなく続けたことが、虎雄をやがて漢文学者として大成させる基礎となったことは疑いない。

漢文学者としての鈴木虎雄の評価は私の手の届かないところにあるが、今回の史料整理の結果、家郷宛書簡の有する豊饒な世界に接することができ、陸羯南の新聞『日本』や政教社の『日本人』、やがて明治四十年（一九〇七）からは両者が合体した『日本及日本人』に連なる「明治ノ青年」の一人の「心事」に寄り添いながら、思想形成というよりも内面世界の機微にさらに一歩近づくことができたように感じている。

紙幅の関係もあり、前章との重複をできるだけ避けて叙述したため、行論にややわかりにくい部分があるかもしれないことをお詫びしたい。

註

（1）拙稿「鈴木家所蔵「鈴木虎雄関係史料」の概要」、『近代史料研究』第九号（二〇〇九年）。私たちが整理した段階で八一一点あった同史料のほとんどである七六四点は、その後筑波大学附属図書館に寄贈されて準貴重書「鈴木虎雄関係史料（鈴木虎雄家伝来）」として一般公開されている。第三部第一章註（1）参照

（2）鈴木惕軒「日記」廿七号（新潟県立文書館所蔵、「長善館学塾資料」三三一七）。

（3）以下、今回整理した史料群の整理番号は、私たちがお預かりしたあと袋詰めした際に付した仮番号である。田中友香理「鈴木虎

雄発信書簡の整理とその概要」（『近代史料研究』第一二号、二〇一二年）にあるとおり、当史料群はすでに松澤佐五重氏が整理・解読した形跡が顕著であり、年代別あるいは発信者別等の基準で小分けにされ、一定の分類がなされている状態であった。その状態を私たちは原秩序と捉え、上から順に番号を付していった。

今後、当史料群は、前回の整理史料同様、筑波大学附属図書館に寄贈され「鈴木虎雄関係史料（長善館鈴木家旧蔵）」として公開される予定であるが、受贈後に利用のための新たな分類番号が付されることになろう。ただし、その場合でも、目録の備考欄には当初私たちが付した整理番号を掲げるよう申し入れてあり、本章の註記から史料を検索することは可能となるはずである。

（4）三宅雪嶺の『王陽明』（一八九三年、政教社）については、拙著『政教社の研究』（一九九三年、思文閣出版）二三〇頁以下参照。虎雄が感銘をもって読んだのは、同書の次のような記述部分であろう。

陽明の学説の重なる一点は、予じめ先づ心を認了す、苟も一心にして正しければ、世間の事悉く之に拠て解釈せられざるなし、而して人皆良知を致すを得べくんば、寰宇（かんう）の事業已に了せりと謂つべし。（同書七六頁）

（5）荻生茂博『近代・アジア・陽明学』（二〇〇八年、ぺりかん社）四二七頁。初出は二〇〇一年。

（6）大橋健二『良心と至誠の精神史』（一九九九年、勉誠出版）二三四頁。

（7）小島毅『近代日本の陽明学』（二〇〇六年、講談社）七六頁。

（8）思うに、虎雄は徳富蘇峰の『吉田松陰』（一八九三年、民友社）の次のような一節を読んでいたのであろう。

彼（松陰―引用者）の人に接するや全心を挙げて接す、彼の人を愛するや全力を挙げて愛す。彼は往々「インスピレーション」の為めに、精神的高潮に上る。而して此を以て他に接し、他を導ひて此の高潮に達せしむ。（同書二一六～二一七頁）

（9）前章で、「明治三十三年調整　日本新聞社・政教社・成章堂　職員俸給手当」（弘前市立郷土文学館所蔵）によって、虎雄の俸給を二〇～二五円と推定したのは的中したといえよう。

第三章　鈴木虎雄と故郷

はじめに

鈴木虎雄といえば、我が国を代表する中国文学者としてその名を知られているが、二〇一三年はちょうど没後五〇年目に当たる。

明治十一年（一八七八）に、現在は新潟県燕市の一部になっている当時の粟生津村の漢学塾・長善館主鈴木家に生まれた虎雄は、同二十三年上京、東京府尋常中学校、第一高等学校、東京帝国大学文科大学漢文学支那語学科を卒業、同三十四年大学院を中退して日本新聞社記者などを経て、同四十一年東京高等師範学校（現在の筑波大学の前身校の一つ）教授、さらに同年京都帝国大学文科大学助教授に就任、大正八年（一九一九）に教授昇任、昭和十三年（一九三八）に停年退官し、名誉教授の称号を受け、翌年には帝国学士院会員に任命された。戦後の昭和三十六年には文化勲章受章、同三十八年に死去した。

鈴木虎雄の専門は中国の漢詩文の文学的研究であり、大正十四年に弘文堂から上梓した『支那詩論史』をはじめ陶淵明や白楽天に関する多くの著書があり、昭和三年から六年にかけて国民文庫刊行会から出版された『杜少陵詩集』は、我が国で最初の杜甫の全詩に対する訳注書である（その一部が岩波文庫版『杜詩』全八巻、一九六三〜六六年）。虎雄は漢詩文の研究者であると同時に実作者であり、自ら豹軒（ひょうけん）と号して作詩し、『豹軒詩鈔』（一九三八年、鈴木博士還暦記念会）や『豹軒退休集』（一九五六年、弘文堂）などの漢詩集があるほか、葯房と号して作歌し、『葯房主人歌草』（一九五六年、アミコ出版社）と題する歌集もある。

このような経歴と業績の一端を見ただけでも、鈴木虎雄が近代日本を代表する「文人」の一人であることは了解されよう。生涯に詠んだ漢詩は一万首以上にのぼるといわれる。私は日本近代史学を専攻する者であるが、御縁があって、数年前から鈴木虎雄関係史料の整理をお手伝いすることになった。とくに二〇一二年には四五〇通に及ぶ父・兄・義姉宛の書簡の整理と解読を進め、濃やかな感情の交感を知ることができた。(1)

そこで本章では、新潟出身の「文人」として主に東京で学問を修め京都で活躍した鈴木虎雄と故郷・粟生津の関係に話題を絞って、一般にナショナリズムとの関連で説かれることの多い郷土愛と愛国心の連続性という問題について、これまでの史料整理の過程で考えたことを少し記してみたい。

一 「上京熱」と「思郷病」

鈴木家の四男として成長した虎雄は、地元の粟生津校（現在の燕市立粟生津小学校）を卒業したあと、家塾長善館で父健蔵（号惕軒）と東京の同人社や攻玉社に学んだ長兄鹿之介（長男夭折のため。号柿園。ただし明治二十年に死去）に就いて学んだ。粟生津は西に弥彦山が手に取る近さで聳える純農村であるが、ここに天保四年（一八三三）漢学塾長善館を開校したのは、虎雄の祖父陳蔵（号文台）であった。爾来、惕軒の跡を継いだ虎雄の次兄時之介（号彦嶽）が塾を閉じる明治四十五年（一九一二）まで、ちょうど八〇年にわたり同地にあって地元子弟の教育に大きな足跡を残した。(2) 虎雄の学問と漢詩文の才能が、このような長善館主鈴木家の学統の上に開花したものであることは、容易に想像するこ

図17　明治19年当時の鈴木家
（前列右端が虎雄）

図18　鈴木家母屋と長善館の復元模型

とができる（図17、18参照。いずれも燕市長善館史料館所蔵）。

明治二十二年（一八八九）、十一歳になっていた虎雄には大きな転機が訪れた。そのときの彼を襲ったのは「上京熱」であった。大日本帝国憲法が発布されたこの年、学校制度の整備や翌年の議会開設を控えて、全国の青少年を捉えた帝都東京への熱烈な志向こそ「上京熱」であるが、虎雄の周辺でも、次兄の時之介が小林家の養子となってすでに上京しており、長善館の卒業生の桂五十郎（号湖村）とともに東京専門学校（後の早稲田大学）で学ぶことになる。また、三兄懿介も同年、弥彦神社の神官高橋家の養子に入って出郷の機会をうかがい、さらに、鈴木家の本家に当たる医家瑞香堂を営む鈴木有本家の嗣子宗久も、済生学舎で学ぶべく東京へと向かった。「神童」の誉れ高かった虎雄が、これら身辺の出来事から刺激を受けなかったはずはない。

ところが、私塾を営む鈴木家には経済的な余裕がなかった。そのことは虎雄自身も承知しており、当時の文章のなかで「余ガ家貧ニシテ学ハントスルモ学資ニ乏シク家君老ントス」(3)と慨嘆している。そこで浮上したのが、長岡在住の大橋小一郎との養子縁組であった。明治二十二年十一月十一日、縁戚の軍医江口雷次郎からもたらされたこの話を、健蔵は「慨然」(4)としながらも妻キクに(おそらく虎雄本人にも)諮って受諾、十二月二日には虎雄を同道して長岡に赴き養子縁組の式に臨んだ。以後の虎雄は、養子離縁となる明治三十七年(一九〇四)まで大橋姓を名乗ることとなる。

養子縁組に至る一連の経緯のなかで、虎雄には疑問や煩悶はなかったのであろうか。少なくとも当時の詩文からは、そのような迷いをうかがうことができない。明治二十九年(一八九六)に父健蔵が死去したとき、兄時之介に宛てた書簡のなかで「今にして之を考ふれハ当時無心にして他に養はれしこそ恨の種なれ」(5)と述べているように、養子問題が浮上した当時の虎雄は「無心」であり、それよりも「上京熱」が勝っていたということであろう。明治二十二年に書かれた文章のなかで、虎雄は目指すべき学問の目的と内容を「国家ノ進歩ハ文学ノ盛衰ニ関ス(中略)夫レ漢学ノ要タル倫理ヲ明ニシ情義ヲ厚フスルニ在リ」(6)と明快に捉え、「東洋固有ノ文物制度ヲ蔑視」し「欧米ヲ欽羨」(7)する「欧化主義」の風潮への対抗を強く意識していたのである。後年、「国民論派(ナショナリズム)」を自任する新聞『日本』に入社する素地は、虎雄の場合すでに在郷中に築かれていたといえよう。

養子入籍後早くも明治二十三年二月二日、虎雄は大橋小一郎にともなわれて上京の途についた。東京到着は同月九日。在京の次兄時之介や長善館出身者たちに迎えられて順調な書生生活が開始された。四月からは上級学校受験の予備校であった東京英語学校に入学し(同校の教員には日本新聞社や政教社の社員が多かった)、同二十五年からは東京府尋常中学校(現在の都立日比谷高校)四年次編入、同二十七年には第一高等学校に入学している。この間の虎雄は、頻繁に郷里の父宛に書簡を投じているだけでなく、書簡には日記の摘要や写真、添削を求めるための詩文を同封していたようだ。

また、虎雄は夏休みや冬休みには帰省を欠かさず、その場合はまず長岡の養家に立ち寄り、ついで粟生津の実家に向かうのが常だった。一高受験準備のためだろうか、明治二十七年の正月は帰省できなかったが、父・次兄宛の書簡には「本年之正月位寥々タルものハ生来初めて遭遇仕候」[8]と認めている。翌二十八年、病後を養うために訪れた信州で書いた文章では、「親を思ふは人の情なり国を愛するは人の義なり（中略）我は所謂思郷病に罹れる者なり」[9]と告白し、「ホームシック」に罹っている自分を素直に表出している。明治三十二年の「思郷」と題する歌には次のようにある。

故里に往かまくほりすしかれどもゆかざる我は何の故ぞも
人みなも母はこひしといふらめど夜昼わかずこふらく我は[10]

東京帝国大学在学中の同年夏は、やはり何らかの理由で帰省できなかったらしい。明治二十九年の父の死後は、母キクへの思いが虎雄の思郷の念の中心にあったようだ。

二　「故郷」について

では、明治二十三年に新潟から上京し、十二歳で東京の書生社会に加わった鈴木虎雄にとって、故郷とは何であったのだろうか。

そのような、いわば虎雄の故郷観を示す恰好の材料が、一〇年余に及ぶ学窓での生活から離れ日本新聞社に入社した直後の明治三十四年の『日本附録週報』[11]に三回にわたって連載された「故郷」である（同年七月二十九日、八月五日、同月十九日付）。連載第一回の冒頭で次のように述べる。

故郷の楽みには何者も若くものあらず。故郷とは家庭及近隣と周囲の山水田野凡ての状境にして之に対して懐かしき思を抱かぬものはある可らず。（中略）故郷に在るの日もとより未だ故郷の楽を解する能はず、一たび去て千里客游の身となる則ち花の晨、月の夕何でか悵然として故郷を思はざるを得ん。

虎雄はまず故郷を定義して「家庭及近隣と周囲の山水田野凡ての状境」とし、故郷を離れた者がはじめて故郷を思い、その楽しみを理解するのだという。虎雄にとっての新潟県西蒲原郡粟生津村とはまさにこの故郷であり、上京後帰省がかなわない折に思郷の念に襲われたことは前述したとおりである。

連載第二回では、「競争の激烈なる」市街に対し「無事太平」なる田舎を対置して、「我は田舎の平和なる家庭を愛す」と断じ、しかし、「父母兄弟の健かに在さずなりぬとも故郷の楽は決して忘らるべきものに非ず」と述べ、「祖先の墳墓」や「幼時の近隣」が胸裏に「第二の故郷」を作るのだという。虎雄は、ある意味で功成り名を遂げた戦後になっても、すでに父母兄弟が亡くなったあとの粟生津に毎年のように帰省していた。若き日の故郷観は晩年の虎雄のなかになお存していたのである。昭和二十三年（一九四八）に帰村した際の歌に。

家にきて起臥すれど主すまぬ家にしあれば我はさぶしゑ[12]

とはいえ、虎雄にとって思郷の念の中心にあったのは、やはり「家庭」＝父母兄弟であった。最後の連載第三回では、劈頭「人をして故郷を慕はしむるに最も力あるものは父母兄弟なり」といい、ついで左のように記す。

（前略）遠国に至りてあれば、両親よりの安否を訪ふことは絶え間なく、遊子の方よりも自らの有様を報ずるを怠らぬは孝子の務めなるべく、其の衷情よりも故里のことは片時も忘らるまじきなり。閑暇を得て再び帰省する折には父母は喜び迎ひ兄弟子姪（ママ）の輩まで遠来の客を歓さんと思ひ々々の趣向を凝し、且つは客よりの土産を貰はんと待つ心をかしくもあり嬉しくも思はる。

ここに描かれた故郷との関係はほかでもない、虎雄と粟生津の実家鈴木家の関係そのものではないか。してみると「故郷」は、明治二十三年に十二歳で上京してから、同三十四年に大学院を中退するまでの書生時代における思郷の念を謳い上げた文章ということになる。そして、ここで確立した故郷観は、虎雄の生涯を貫いていたといえよう。

三　故郷観の特徴

そこで次に、こうした虎雄の故郷観が同時代ではいかなる特徴を有するものだったのか、さらに近代日本における郷土愛と愛国心／市街と田舎／出郷者と実家をめぐる精神史のなかでどのように位置づけたらいいのかについて、考察を進めてみたい。

虎雄と同時代の青年の故郷観を示す作品としては、虎雄が上京したまさに明治二十三年の六月に民友社から刊行された宮崎湖處子（一八六四〜一九二二）の『帰省』(13)がある。のちの私小説の先駆をなすような作品であるが、故郷に帰省した主人公がそこですごした一八日間を描いている。

東京に出て操觚界で一定の位置を占める立場に至った二十五歳の主人公は、前年に父を亡くした折には帰省できなかったため、六年ぶりに福岡県咸宜（みなぎ）村に帰ることになった。主人公すなわち宮崎にとって故郷とは次のようなものであった。

我が所謂ゆる故郷には、村落の連観を含めるなり。故郷には我慰藉を思ひ、村落には我平和を期せり。慈愛、友誼、恩恵、親切、歓情等、人間の美徳と称するものは、村落の外何処に求むる。

虎雄に勝るとも劣らない故郷に対する絶対肯定は、したがって、故郷の村に近づくと「花婿の室に入る花嫁の如く、血の環（めぐり）は太と（ママ）忙はしく、胸はそゞろに熱病の脈の如く騒ぎたり」と描かれる。

主人公は故郷で兄が継いだ実家のほか、親類縁者の家を訪問する。そこで彼は「都会は一時の滞留に適するのみ、永久の住処（すみか）は村落にこそあれ」と発言する。そのうちの一軒である叔父の家には、許婚者である従妹があくまでも控えめに彼を待っている。最後に訪れた山深い母方の実家では、年老いた祖母が「如何に功名富貴なればとて、必ず故郷をな忘れそ」と語りかける。

同書には漢詩と新体詩が多く挿入されており、漢詩の一つは陶淵明の「帰去来の辞」であるが、新体詩のなかには次のような一節がある。

　旅に六年をすぎこして
　帰れば、父の声も名も、
　昔語と早やなりて、
　石を此世のしるしかも。
　　（中略）
　去らば恋人顔見せよ、
　悲しきとてなうつむきそ。
　君が面影今一度、
　胸の鏡に写りてよ。

あるいは鈴木虎雄は、その故郷観に関して宮崎湖処子の『帰省』から直接の影響を受けている可能性もある。しかし、宮崎の作品に比して虎雄の場合、市街（東京）と田舎（粟生津）の間で分裂するアイデンティティの不安定さのようなものは見受けられないように思われるのである。

西欧に眼を転じてみると、虎雄とは同世代に属するトマス・マン（一八七五～一九五五）の自伝小説とされる『トニオ・クレエゲル』[14]（一九〇三年）では、一三年ぶりにミュンヘンからハンブルクに近い故郷に帰ったトニオに、「いやはや、そこいらじゅうがなにもかも、小さく狭苦しく見えることはどうだ」と言わせている。彼の出郷は父の死と母の再婚（とおそらく自分自身の失恋）がきっかけではあるが、トニオすなわちトマス・マンにとって故郷とは、「本来の根源的な恋と悩みと幸福との様式を、生活を、素朴で誠実な感情」ということになる。

私の属する日本近代史学の領域で故郷について取り上げた研究となると、成田龍一氏の『「故郷」という物語』（一九九八年、吉川弘文館）を挙げる必要がある。同書は、サブタイトルに「都市空間の歴史学」とあるように、「故郷」をとおして都市を考えようとしている点や、「故郷」が共同性をもち集団の次元（「われわれ」意識）を有することから、主として同郷会を検討対象としている点などで、私の問題意識とは区別されるものの、「故郷」が盛んに語られる一八八〇年代、一九三〇年代、一九六〇年代は国民国家の成立期、転換期、変容期に当たっているという指摘など、長いスパンでこの問題を捉えようとしており、参考になる。

成田氏のいうように、個人から家族、同郷会、県人会という各審級に応じた「われわれ」意識が国民国家という想像の共同体の成立を促すのだとしたら、同郷会の生み出す「故郷」への意識（愛郷心）こそ国民国家化の過程＝ナショナリズムを解く重要なカギとなるはずであるが、鈴木虎雄の故郷観はどうもそれとは違っているような気がする。もし、成田氏の提示した構図が当てはまるのであれば、虎雄が「国民論派」を標榜した陸羯南の主宰する新聞『日本』に入社し、政教社の『日本人』にも執筆するようになる経緯は説明しやすいのであるが。

むすび

最後に、この問題すなわち個人と故郷と国家の繋がり方について考えてみよう。

明治二十三年に十二歳で上京した鈴木虎雄は、故郷の粟生津村を絶対的に肯定する意識を終生持ち続けていた。虎雄にとっての故郷は、何よりも第一に父母兄弟のいる実家の家族であり、それよりはずっと後退して第二に一族と近隣、第三に自然と景観であった。成田氏が取り上げた同郷会に類するものとして、虎雄の上京直後に長善館同窓会が結成され彼もその一員であったが、同会が長く続いた形跡はない。

では、虎雄にとって故郷が実家の家族とほとんど等置されるもので、同郷会のような中間的な媒介項なしに国家への愛に繋がっていたのは、いかなる理由によるのであろうか。その理由の一つとして考えられるのは、実家が自らもその門人であり、さらに専門領域として研究しつつある漢学を中心に教授する長善館という私塾であったことである。祖父から父、そして兄が継いだ長善館は、虎雄にとって故郷そのものであった。

もう一つは、虎雄は十一歳で養子に出されたが、養家に入る間もなく上京したため、実家そのものが故郷として意識されることになったのだろう。その後虎雄は、東京で結婚し、京都で家庭を築いたものの、生涯にわたって故郷との密接な関係を維持した。これらの点では、政治思想史家の神島二郎氏が、「幕末維新の変革は、旧来の「家」、主として〈一系型家族〉の「家」自衛および二三男の「家」創設の運動として展開されそれにともなう環境改造としては活動部隊の拡大が試みられ、このような運動の経験と成果とによって「家」の創設と自衛との発展的帰結として〈末広型家族〉が形成され、これらがそれぞれ「家」の中興や創設をとおして明治の新社会形成の動力になったと考えられる[15]」と論じていることが、鈴木虎雄の場合にもあてはまるように思われるのである。

本文中でも述べたとおり、十一歳の虎雄はすでに「欧米ノ欽羨」を廃し「東洋固有」の漢学を学ぶことを自身に課していた。類い稀な克己心によって勉学を続け、やがて日本新聞社員となり中国文学者として大成する萌芽は、十一歳までをすごした実家ですでに確固たるものとして培われていたのである。したがって、漢学の修練は実家＝故郷への限りない愛惜の念と虎雄のなかでは一体となっていたと考えることができよう。

東京でも下宿や寺の宿坊を住居とした虎雄は、明治四十一年（一九〇八）に京都に移ってからも常に借家暮らしであり、自宅というものをもつことは生涯なかった。大正期になると、京都の借家に次兄時之介の嗣子脩蔵、三兄懿介の嗣子終一を預かり中学校に通わせている。昭和戦中期になると、粟生津の義姉からは米や野菜や卵が京都の虎雄の家に送られた。田舎（故郷・粟生津）の父母兄弟を敬愛しつつ市街（東京／京都）で刻苦勉励することが、「親を思ふは人の情なり国を愛するは人の義なり」という精神と一体化した幸福な生涯であったといえよう。

註

（1）その整理報告として、拙稿「鈴木家所蔵「鈴木虎雄関係史料」の概要」（『近代史料研究』第九号、二〇〇九年）、および田中友香理「鈴木虎雄発信書簡の整理とその概要」（『近代史料研究』第一二号、二〇一二年）がある。
（2）長善館に関しては、長善館史蹟保存会編刊『長善館餘話』（一九八七年）に詳しい。最近、第三部第一章註(8)に掲げた池田雅則氏の著書が刊行された。長善館旧蔵史料の主要な部分は新潟県の文化財指定を受け、現在は新潟県立文書館に所蔵されている。
（3）「述志呈叔父書」、「豹軒詩文」（筑波大学附属図書館所蔵、「鈴木虎雄関係史料（鈴木虎雄家伝来）」一―一六八）。
（4）鈴木惕軒「日記」廿七号（新潟県立文書館所蔵、「長善館学塾資料」三三一七）。
（5）明治二十九年五月二十二日付鈴木時之介宛大橋虎雄書簡（筑波大学附属図書館所蔵、「鈴木虎雄関係史料（長善館鈴木家旧蔵）」仮三―二―七）。

(6)(7)「祝越之友発兌文」、前掲註(3)「豹軒詩文」所収。

(8)明治二十七年一月三日付鈴木健蔵・時之介宛大橋虎雄書簡（前掲註(5)「鈴木虎雄関係史料（長善館鈴木家旧蔵）」仮三―一―四）。

(9)豹軒生「科野(しなの)雲臥録」、第一高等学校『校友会雑誌』第四九号（一八九五年）四一頁。

(10)鈴木虎雄『葯房主人歌草』（一九五六年、アミコ出版社）四頁。

(11)引用は、ゆまに書房の複製版による。

(12)前掲註(10)『葯房主人歌草』一八三頁。

(13)引用は、〈明治文学全集三六〉『民友社文学集』（一九七〇年、筑摩書房）による。

(14)引用は、実吉捷郎訳岩波文庫版（一九七八年）による。

(15)神島二郎『近代日本の精神構造』（一九六一年、岩波書店）二六九頁。

第四章　陸羯南研究の動向

――史料整理の報告を兼ねて――

はじめに

御紹介をいただきました筑波大学の中野目でございます。本日は「陸羯南研究の動向」と題しまして一時間ほどでしょうか、お話しをさせていただきたいと存じます。もし御質問などがございましたら、そのあとで承りたいと思っております。

それから、「陸翁書簡」というこの油紙に包まれている史料、これは後ほどお話ししますように私が中心となって整理した「鈴木虎雄関係史料（鈴木虎雄家伝来）」のなかの一点なのですが――鈴木虎雄は皆様御存知のとおり羯南の女婿です――、今年（二〇一〇）の三月に筑波大学の附属図書館にお孫さんにあたる鈴木昌平氏から寄贈されまして、昨日、特別の許可願いを提出して借り出してきていますので、終了後、御関心のある方には是非御覧いただきたいと存じます。羯南自筆の書簡等が一五通、このなかに入っております。御記憶の方もいらっしゃるかもしれませんが、今年二月七日付の『東奥日報』社会面に「羯南　人間味にじむ書簡」として紹介されたものです（図19参照）。

ところで、先ほど舘田勝弘陸羯南会会長から御紹介いただきましたように、私は政教社という、明治二十一年（一八八八）に三宅雪嶺や志賀重昂らを中心に結成され、雑誌『日本人』を発行した結社を研究対象にして、その思想史的意義の解明に取り組んできました。しかし、陸羯南や新聞『日本』に関する論文は書いたことがないので、そういう意味では羯南研究者ではないわけです。そのような私が、陸羯南会の皆様を前に羯南研究の動向について語るのは場違いともいえるのですが、そうでもない理由が二つございまして、一つは、政教社の『日本人』と羯南の『日本』が密接に関係しながら、言論活動を展開していたということです。

　戦後の政治思想史学をリードした丸山眞男先生は、この両社を同一の思想傾向を有するものと捉え、その思想を近代化過程に通有の「健康で進歩的なナショナリズム」と評価しました。しかし、政教社と日本新聞社の関係は、私が見るに三段階の変化を遂げておりまして、すなわち、最初は「欧化主義」の時代思潮に対抗する「益友」「親友」として共同歩調をとる時期（明治二十年代）、次に日清戦争前後の対外硬運動を経るなかで一体化が進む時期（明治三十一年に政教社は日本新聞社の二階に同居）、最後は羯南が日本新聞社の経営を手放した後、同四十年（一九〇七）からは『日本及日本人』として合同して再出発した時期の三期であります。両社の関係を始めから一体化したものとして捉えるよりは、三段階の変化に応じて時代状況との関わりを意識しながら評価していく方が、生産的な議論をしやすいように思います。したがって、私は政教社の研究を続けるにあたり、常に羯南研究の動向を横目に見ながら進めてきました。そういう意味では、羯南の専門研究者よりも、むしろ客観的な立場から研究動向を回顧できるというメリットがあるかもしれません。

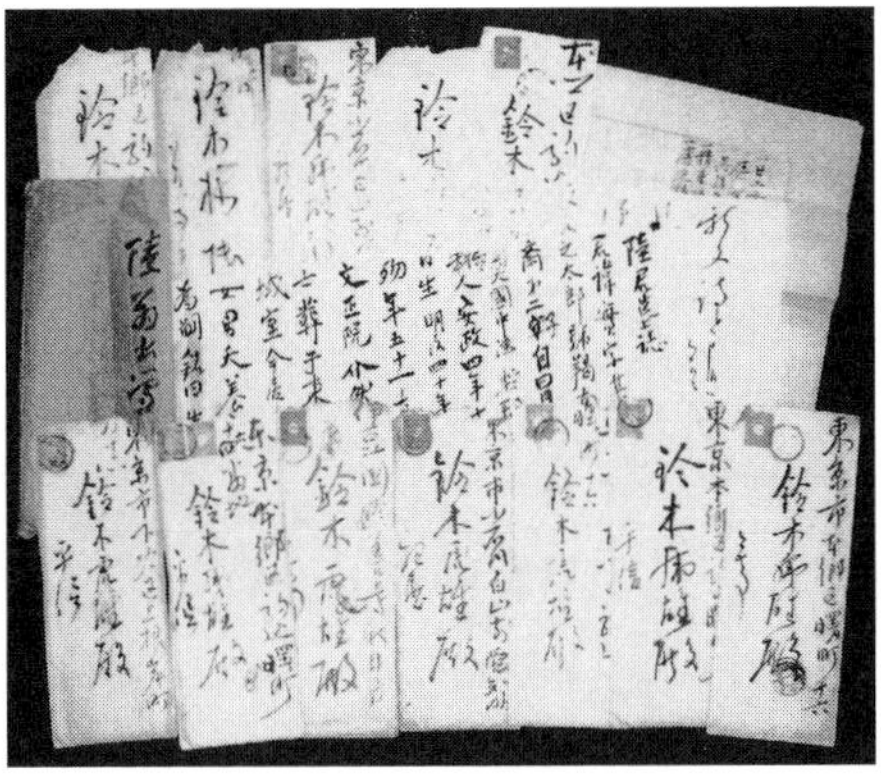

図 19　「陸翁書簡」の全体像

　もう一つは、そちらにお見えですが、陸羯南研究会の代表であり、実は私の大学の先輩でもある高木宏治氏の仲介によって、羯南の御子孫のなかでまとまった御遺品をお持ちの最上義雄氏と鈴木昌平氏が所蔵する羯南関係史料の整理を、今日も一緒に来てくれていますが、大学院生の諸君の協力を得ながら行なったということです。これらのなかには、全集未収録の史料も何点か含まれておりまして、本日持参している羯南の書簡もそうなのですが、点数が多いので作業は容易ではありませんでしたものの、史料整理の過程でいろいろな刺激を受け、羯南について改めて勉強するよい機会となりました。

こうして私は、これまで陸羯南研究の成果を吸収しながら、それらを自分自身の研究に取り込みつつ政教社とそのメンバーの思想の解明に取り組んできました。そこで、以下「陸羯南研究の動向」と題して、まず、二〇〇七年の羯南生誕一五〇年、没後一〇〇年を契機に活況を呈しているように見える羯南に関する研究の推移を概観し、ついで、私が担当した関係史料の整理作業の概要とそこから見えてきたことの一端を御紹介申し上げ、陸羯南会の活動に少しでもお役に立つことができればと念じております。

一　活況を呈する陸羯南研究

二〇〇七年前後には、そのようなわけで多くの羯南研究の成果が世に問われ、この陸羯南会も結成されたわけですが、それに至る前提として、もう少し長いタイム・スパンで羯南に対する評価というものを見ておく必要があると思います。そこで、まず同時代を生きた人々の羯南評ということになりますが、代表的なもののいくつかは、確か稲葉克夫先生の『陸羯南の津軽』（二〇〇七年、白神書院発売）のなかにも取り上げられていたと思います。御承知のように、全集の第一〇巻にも追悼文が収められています。

そうしたなかで、政教社の関係ですと、やはり三宅雪嶺の書いた「人格と文章」という追悼文は、羯南という人物の本質を上手く描き出しているように思われます。それによれば、羯南は人と話すのはあまり得意ではないが、文章にすると理路整然として委曲を尽したものになるといっています。東北出身の人間が、たとえば盛岡出身の原敬も話し下手でむしろ聞き上手だったといわれますが――演説も抑揚がなく細かい数字ばかり挙げてあまり面白くなかったといわれます――、会話に拙ないのは仕方ない面もあるのかなと、私も福島の出身ですから、思ったりします。しかし、文章にはおのずから羯南の「高潔」な人格がにじみ出て、長い言論人としての活動のなかで「変節」を問われるようなことは一度もなかったと雪嶺は述べています。

雪嶺がここで羯南との対比で批判的に書いている、文章に「修飾」が多く「変節」を疑われた人物というと、志賀重昂や徳富蘇峰らの名前が頭をよぎりますが、その蘇峰は自伝のなかで羯南のことを、「狷介不群」で「荘重勁抜の文章」の記者として高く評価しています。しかし、それだけではなく、政治の裏面で「なかなか謀(はかりごと)を好んだ策士」であったと回想しています。蘇峰自身も政治は三度の飯よりも好物だといっているような人物ですが、羯南も第二次伊藤内閣の対外政策や議会対策に反対する対外硬運動の一翼として活発に活動し、とくに第二次松方内閣の成立に際しては、その政綱起草に参画するほど政界に深入りしていたことを見ても、蘇峰が指摘する「策士」としての側面も無視できないだろうと感じます。

羯南は没後も折に触れて回想される存在でしたが、その思想が学術研究の対象として取り上げられるようになったのは、やはり戦後のことになると思います。それに先鞭をつけた丸山眞男先生は、御存知のとおり、日本新聞社OBの記者で『大阪朝日新聞』の記者であった丸山幹治を父に、同じく日本新聞社OBで政教社の会計責任者だった井上亀六の妹セイを母に、大正三年(一九一四)に生まれた人でありましたから、何といいますか、新聞『日本』の雰囲気を肌で感じることができるなかで育った。回顧録によると、東京に戻った後の丸山家は、井上家の隣に住んでいたようですね。そのうえ丸山先生は、東大における政治学の師として南原繁の学恩を語っていますが、同時に、これまた日本新聞社出身のジャーナリスト長谷川如是閑からも思想的に大きな影響を受けたといっておりまして、つまり、アカデミズムとジャーナリズムの双方を理解できる立場で、陸羯南について戦後いち早く書いているわけです。

「陸羯南―人と思想」という論文は、昭和二十二年（一九四七）の『中央公論』二月号に発表された、羯南研究では記念碑的な論文ですが、そこでは羯南のナショナリズムの「進歩性と健康性」が説かれ、それに基づいた政治・社会批判の一貫性において、「真の意味での、インデペンデント（＝非・依拠的）な新聞記者」と評価しました。以前、三宅雪嶺の直系のお孫さんの三宅立雄先生にうかがったのですが、「日本主義者」と呼ばれた人物の子孫は、戦後しばらくは何かとたいへんだったようです。そのような時代のただなかで、つい昨日まで時代を席捲していた「日本主義」の言説群から羯南の「国民主義」を救い出し、そこに戦後思想の独立と出発の萌芽を見出そうとした点には、今なお画期的な意味があろうと思います。

そのような丸山先生の門下から、松本三之介先生や植手通有先生のような方々が出て、その後陸羯南について論じることになります。とくに植手先生は、実は私も学部生時代に先生の「日本政治思想史」の集中講義を受講したことがあるのですが、昭和三十四年（一九五九）に「陸羯南における「国民主義」の形成とその政治的思考方法の特質」と題する博士論文を東大に提出されていて、これは残念ながら著書などのかたちでは公刊されてはいませんが、現在では国立国会図書館の関西館等で閲覧することができるわけです。こののち、みすず書房の『陸羯南全集』は、成蹊大学に就職された植手先生と東大明治新聞雑誌文庫の西田長寿先生が編集委員になって刊行され、今日に至るまで羯南研究の典拠として用いられるようになりました。

植手先生はその後、筑摩書房の「近代日本思想大系」というシリーズで『陸羯南集』（一九八七年）を編集されましたが、同書の解説で羯南の国内政治論における自由主義的な思考方法が、対外論で貫徹されないことをもって「不可解」だとしています。これは、丸山先生以来、羯南の「国民主義」をナショナリズムとデモクラシーが結合した思想として高く評価したため、晩年の対外論——たとえばアジア侵略論——を、一貫した思想構造のなかに読み込めなくなってしまっているわけです。

陸羯南研究の動向については、片山慶隆氏という、関西の方の大学に赴任した若い方ですが、『一橋法学』第六巻第一号（二〇〇七年）に「陸羯南研究の現状と課題—対外論・立憲主義・ナショナリズム—」という題で、非常に網羅的かつ分析的な研究史の整理を行なっております。ただし、ナショナリズムに関しては、「羯南研究のキー・ワード」としながらも、正面から取り扱っていません。つまり、植手先生が示された「不可解」さという疑問には、もはや応えるまでもないということなのでしょうか。この間に、本田逸夫氏の『国民・自由・憲政—陸羯南の政治思想』（一九九四年、木鐸社）が立憲政論を中心とする国内政治論について、また、最近では朴羊信氏の『陸羯南　政治認識と対外論』（二〇〇八年、岩波書店）が出て対外論について、それぞれ「国民主義」の思想構造に対する一貫した理解に基づいた思想像を提示しようとしています。これらのほかに、坂井雄吉氏の「「国民論派」の使命」（二〇〇五〜〇七年『大東法学』に連載）、山本隆基氏の「陸羯南における国民主義の制度構想」（二〇〇四〜一二年『福岡大学法学論叢』に連載）などが、注目される論点を提示していると思います。

以上とは別に、一般の読者も手に取りやすい伝記ながら、独自のアプローチで陸羯南の全体像に迫っている近年の作品を二点紹介します。

一つは、東京経済大学でメディア史を担当している有山輝雄先生が、吉川弘文館の人物叢書の一冊として上梓された『陸羯南』（二〇〇七年）です。有山先生は、来年（二〇一一）春に早稲田を定年退職される山本武利先生とともに、今日における近代日本メディア史研究という分野のいわば第一人者でして、この本も新聞記者としての羯南を描くことに主眼が置かれ、「彼の言論はジャーナリストの言論であった」とされています。細かい内容についてお話しする時間はないのですが、おそらく今日お集まりの皆様のうち何人かの方は、すでにこの本をお読みだと思います。私も、藤原書店の『環』という雑誌に書評を書きまして、それを御参考までと考え、添付してございます（本書第三部付論一参照）。

有山先生は同書で、羯南の思想形成あるいは人格形成過程の解明を重視しておられます。明治維新によって従来の価値秩序が崩壊したことの影響を受けて、若き羯南の精神は彷徨します。それから、東北出身の青年が世に出るためには、やはり有力者の引きといいますか、推しといいますか、原敬の場合も井上馨や陸奥宗光の庇護が大きかったと思うのですが、羯南の場合は、長州出身の品川弥二郎、肥後出身の井上毅との関係が重要であったことを書いています。官僚時代の羯南は翻訳作業のなかで「国民主義」の思想を形成していきますが、その際に有山先生が重視するのはド・メーストル（羯南は「メストル」という）の著書を『主権原論』として訳述したことです。この点で、後ほど紹介する松田宏一郎氏とは見解を異にしていますが、これについてはまたそのときに触れたいと思います。

羯南がいわば天職として新聞『日本』を主宰する「記者」となって以降、論説の内容と社の経営ということが羯南を悩ませることになります。このことについて有山先生は「独立」ということをキー・ワードに、パトロンである谷干城や近衛篤麿との関係や政治情勢との関わりを丹念に描いていきます。日清戦争後になりますと、日本はさらなる市場や領土を求めてアジアへの侵略を目論み、軍備の拡張を図るようになりますが、この本ではその時期における羯南の論調の変化を一種の転向論として明快に説明していきます。かつて植手先生が「不可解」としたアポリアを軽く乗り越えているのですが、これはメディア史・ジャーナリズム史が御専門の有山先生は、羯南が現実的条件のなかで相対的に有効な方策を考案する「相関的議論」こそ「価値ある言論」なのだと言っていることを重視するお立場に立つことによって、はじめて可能となったことであり、私は同書の重要な部分であると考えております。

それから、もう一つ御紹介しておきたいのは、政治思想史の研究者で、立教大学にいらっしゃる松田宏一郎氏が、ミネルヴァ書房の日本評伝選というシリーズの一冊として書いた『陸羯南』（二〇〇八年）です。松田氏と私は、二十代の頃から研究会の仲間として勉強してきた関係でして、だからというのではないのですが、『日本史研究』という学会誌にやはり短い書評を書きましたものを、これも御参考までと思い添付してございます（本書第三部付論一参照）。

松田氏はこの本のなかで、政治を論じること、つまり政論と現実の政治社会の関係を、羯南をもって我が国の近代に最初に登場した「政論記者」という新しいタイプの知識人の思想として、とくにその形成過程においては同時代の西欧の政治思想受容の問題として取り上げ、言論活動を展開した時期においては政治家・官僚や他のジャーナリストたちとの対比のなかで位置づけ、評価することに重点を置いていると思います。

先ほど、有山先生は羯南がド・メーストルから「国民主義」の思想を多く学んだとしていることを紹介しましたが、松田氏はドイツの国法学者であったブルンチュリの著作からの影響を重視しています。これはもちろん、二者択一の問題ではありませんが、お二人に十分議論していただきたいところです。松田氏はそもそも、羯南の「国民主義」思想の内容を「空疎としかいいようのない精神主義」と述べるなど、ナショナリズム論として評価することに禁欲的というよりも、むしろ全く消極的でして、例の「健康なナショナリズム」の代表として羯南を捉えるような研究動向に対しては、「既に手垢にまみれ思想的喚起力の失われた枠組み」という厳しい見方を示しています。

この本で、松田氏が力点を置いて論じているのは、羯南が展開した政論の政治思想としての評価でありまして、その場合も、伝記研究にありがちの対象人物を顕彰・礼讃するような立場からではなく、批判すべき点は的確に批判しながら叙述がなされていることが、この本の特質であろうと思います。松田氏は、羯南の論説は「冷静で分析的な記述が多い」と述べていますが、そのような特徴は著者である松田氏自身の研究の特徴でもあると思います。

以上、簡単にまとめてみましたが、総じていえば陸羯南研究はたいへん活況を呈している、ちょっと較べてみても、福澤諭吉など二、三の例を除けば、他にはないくらい充実した研究が蓄積されてきていると思うわけです。この背景には、何といっても羯南の言論人としての姿勢や思想内容の魅力、現代的意義ということがあるに違いないのですが、一方では、きちんとした全集が刊行されているということも、理由の一つに挙げられるでしょう。しかしながら、全集刊行後、陸羯南関係史料のさらなる調査による研究条件の整備ということは、比較的等閑に付されてきたように思われます。

二　二系統の残存史料

そこで次に、私が担当した史料整理の概要を御報告したいと思います。

御承知のとおり、陸羯南には一男七女がありまして、長男は夭折、長女まきは海軍造船少将となる東海勇蔵に、次女鶴代は京都帝国大学教授となる鈴木虎雄に、四女巴は横浜正金銀行重役の最上国蔵にそれぞれ嫁ぎまして、他の四人は未婚を通しました。このうち、神奈川県の葉山にあった最上家の別荘に、巴をはじめ未婚の四人と未亡人となったまきが住み、敷地の一画には養子の四郎も居を構えていたそうですが、四郎の二女子は他家へ嫁いだため、現在では陸姓を名乗る子孫はいらっしゃらないわけです。羯南没後も東京根岸の陸邸にあった史料を含む遺品類は、結局この葉山の最上邸に移され、さらに後日、東京の新宿区矢来町にある最上義雄氏のお宅で保存されることになりました。したがって、最上家に伝来する遺品類が、現存する「陸羯南関係史料」の主流部分であると考えられます。

私たちは、高木氏の御紹介を得て、二〇〇七年から八年にかけて最上家を七回にわたって訪問し、史料を整理し目録を作成いたしました。史料のなかには、文書や記録類だけでなく、写真や印鑑、それから瓢箪の置物でしょうか——そんなに大きなものではなかったですが——、洋書も何冊かありました。プラスティック製の衣類整理ケース五つに入っていたそれらの史料を、一点一点袋詰めしながら標題、作成者、宛先、作成年代、数量・形態、備考などの項目にしたがって専用に作成したカードに記述しながら整理を進めました。訪問するうちに、追加の史料も出てきて、最終的な数量は三一九点となりました。

目録は、このカードを基に、整理番号順目録、作成年代順目録のほか、Ⅰ書簡の部、Ⅱ書類の部、Ⅲ写真・アルバムの部、Ⅳ刊行物の部、Ⅴ遺品・その他、Ⅵ最上家関係資料及び参考資料の七つに分類した内容分類別目録の三種類を作成しました。本日、私の手持ちですが、目録のファイルをもってきていますので、全体としてどんな感じのものか御理解いただくために回覧いたします。

整理の結果、全集に未収録の史料も何点か出てまいりました。天田愚庵からの書簡、それから「日清談判ニ関スル鄙見」というのは、太政官の罫紙に丁寧に墨書されておりまして、清書は部下の筆生という清書係の人が行なったと思うのですが、内容から判断して、私はこれを明治十八年（一八八五）に、当時はまだ太政官の役人だった羯南が、井上毅に宛てて提出しようとした意見書と判断しました——ただし、国学院大学にある井上の関係史料「梧陰文庫」には見当たりません——。「日清談判」というのは、前年朝鮮半島で発生した甲申事変解決のための天津条約締結に向けた外交交渉と考えられます。新聞『日本』で言論活動を展開する以前の時期の羯南の外政論を知るうえで貴重な史料であると思います。それから「験究材料」と題された二冊も、同じ時期の羯南の関心の所在を知ることのできるものでしょう。

最後の史料は、少し見にくいのですが、実は表紙が外れた手帳でして、鉛筆で細かい文字が書き込まれています。読んでみますと、十日の夜に東京を出発して十一日の午後四時京都で下車、愚庵のところで一泊、翌十二日に愚庵を同道して大阪に行き一泊、十三日に兵庫で「公ノ一行ト会シ」とあるので、これが近衛篤麿公爵のことであれば、要するに、明治三十四年（一九〇一）に近衛とともに清国や朝鮮半島を旅行したときの日記ということになりまして、従来、全集その他の年譜で同年七月十二日に東京を出立したことになっているのは修正されなければなりませんし、詳しく取り上げられることのなかった清韓旅行の様子をうかがい知ることができる重要な史料といえるでしょう。いずれ「日清談判ニ関スル鄙見」とともに全文を翻刻してみたいと考えています。

このほかにも、羯南の葬儀・法要関係の史料は領収書に至るまで残存しているなど、全体としてはかなり偏りがあることは確かですが、従来の羯南像を部分的に修正できる可能性を有する史料群であると概括できると思います。以上のことは、報告書「最上家所蔵「陸羯南関係史料」の概要」（『近代史料研究』第八号、二〇〇八年）にも書いておきました。

さて、先ほども述べましたが、羯南の次女の鶴代は漢文学者の鈴木虎雄と結婚し、京都に住むことになりました。したがって、羯南関係の史料は、鈴木家の系統にも残存している可能性があるわけです。とりわけ鈴木虎雄は、『羯南文録』（一九三三年、私家版）の編輯なども行なっていますから、羯南の原稿類が残っていないか、期待されるところです。

そこで、引き続き、二〇〇八年から今年（二〇一〇年）にかけて、虎雄の御令孫に当たられる鈴木昌平氏が所蔵されていた史料を含めた御遺品の整理を、やはり高木氏の御仲介により行なうこととなりました。昌平氏の御高配により、今回は私の研究室で旅行トランクや衣装箱など七つに収められた史料をお預かりして、院生・学生諸君の協力を得ながら、カードに情報を書き込んで文書袋に入れていくという、最上家の史料整理と同じ方法で作業を進めていきました。その結果、史料の総点数は八一一点となりました。ただし、史料群全体の名称は、鈴木虎雄先生関係の史料がほとんどであるように判断できましたので、最上家の場合と違って「鈴木虎雄関係史料」としました。目録は、最上家史料とほぼ同じ項目について、整理番号順目録一種類を作成することにしましたのは、漢詩文やその草稿が相当部分を占めているにもかかわらず、私の能力ではそれらを有効に分類することができなかったからです。今日はこの目録ももってきていますので、これも回して見ていただきたいと思います。

内容は、いま述べましたように、虎雄が詠んだ漢詩や、来簡も相当数ございますけれども、羯南関係となりますと、この「陸翁書簡」を除きますと、間接的なものを含めても三、四点を数えるだけです。「陸翁書簡」については、私が書いた報告書「鈴木家所蔵「鈴木虎雄関係史料」の概要」(『近代史料研究』第九号、二〇〇九年)に、その全文を翻刻しておきました。年代的には、羯南の晩年三年間、すなわち明治三十八年(一九〇五)から同四十年の間に書かれたものでして、鎌倉で療養している羯南から女婿となった鈴木虎雄に宛てられたものがほとんどです。病気の具合や身辺の様子のほか、虎雄の就職問題や文学・歴史に関わることも書かれています。これが新聞でも紹介されたのですが、従来の伝記研究でも触れられなかった羯南の人間性の一端を示すものだと思います。

なお、この史料群は、虎雄が京都帝国大学に行く前に東京高等師範学校で教授を務めていたという縁もあって、鈴木昌平氏によって今年(二〇一〇)三月に筑波大学附属図書館に寄贈され、七月からは準貴重書扱いの個人コレクションとして一般に公開されています。インターネットでも目録を検索することができますから、是非一度覗いてみてください。

むすび

予定の時間を過ぎてしまいましたので、簡単にまとめて私のお話しを終わらせていただきたいと思います。

陸羯南研究は、生誕一五〇年、没後一〇〇年を迎えた二〇〇七年を一つのピークとして、多くの優れた業績が相次いで世に問われ、かつてない活況を呈しているといえます。結果、現在では、非常に高い研究水準にある。そのことは、たとえば私が研究している政教社の三宅雪嶺や志賀重昂と較べたとき、一目瞭然です。私もこれではいけないと感じていますので、さしあたり雪嶺の研究をまとめていきたいと念じているところです。陸羯南会の皆様も、羯南研究のすべてに目を通すのは容易ではないでしょうが、是非挑戦してみていただきたいと思います。まずは、先ほど御紹介した二冊の伝記からいかがでしょうか。

もっとも、羯南研究が非常に高い水準にあるとはいっても、無論まだ研究の余地はあると思われます。その一つとして、この弘前という羯南の生誕地ならではの視点からの研究を、お集まりの皆様にお願いしたいと思います。他にも、お話しのなかでも触れましたが、西欧思想の受容の問題や約二〇年間続いた新聞『日本』という場において、その紙面のなかで羯南の占めた位置や役割の解明も、これからの解決課題です。それから、関係史料の調査と収集も継続的に行なっていかなくてはなりません。まだ未発見の史料が出てくる可能性はあると思います。明後日、郷土文学館に伺う予定ですが、やはり生誕地の史料館や博物館が中心となって、羯南に関係する情報の——こういう時代ですから何も原史料でなくても——、とにかく羯南に関係する情報は弘前で全部集めているんだという、そういう情報センターの役割を果たしていかれることを、最後にお願いしておきます。

準備してきた話題はおよそ以上でございます。御清聴ありがとうございました。

＊その後、最上家文書に関する続報として、「最上家所蔵「長清会大宮遊図巻」の紹介」（『近代史料研究』第一九号、二〇一九年）および「最上家所蔵「陸羯南宛高橋健三書簡」の概要」（田中友香理共同執筆、同上第二〇号、二〇二〇年）を執筆した。

付論一　ナショナリズムの語り方

――二冊の『陸羯南』をめぐって――

羯南生誕一五〇年、没後一〇〇年

二〇〇七年は、日本の学界や論壇でナショナリズムが盛んに議論され、注目すべきいくつかの成果が生み出された年として、回顧されることになるかもしれない。それらを代表する著作としては、子安宣邦氏の『日本ナショナリズムの解読』（白澤社）や、大澤真幸氏による浩瀚『ナショナリズムの由来』（講談社）などを挙げることができよう。それぞれ、思想史と社会学の立場から、方法論と理論性を強く意識しつつ検討対象の総体を把握しようという気迫のこもった作品であり、私のような歴史学に立脚した思想史を構想している者に対しても、いろいろな意味で示唆を与えるものであったことは確かである。

右の二書のほかにも、一般にナショナリズムとの親和性の文脈で語られることの多いアジア主義の思想や、北一輝、大川周明らの「右翼」思想家たち、さらに皇国史観に関わる著作などが相次いで私たちの前に提示され、こうした研究動向が活況を呈していることは疑いないように見える。これらの成果が一年のうちに現れたことは、もちろん偶然の要素もあろうが、もう少し長いタイム・スパンのなかで位置づけることが可能になったとき、ある時代における問題関心の在りかを示す指標となるであろう。

二〇〇七年はまた、戦後いち早く丸山眞男氏が、「進歩性と健康性」をもったナショナリズムの代表者と評価した陸羯南の生誕一五〇年、没後一〇〇年でもあった。以下本論では、そのようななかで出版された二冊の伝記を取り上げて、ナショナリズムがいかに論じられているのかを検討してみたい。

有山輝雄著『陸羯南』

はじめに取り上げてみたいのは、ジャーナリズム史研究の第一人者である有山輝雄氏による『陸羯南』（二〇〇七年、吉川弘文館）である。江戸時代の終わりに弘前で生まれた陸羯南（一八五七～一九〇七）は、東大法学部の前身の一つである司法省法学校（中退）を経て、明治二十～三十年代に新聞『日本』の社長兼主筆として活躍し、「国民主義」「日本主義」を唱えた人物として知られている。ナショナリズムをめぐる新たな研究の進展が予感されるとき、伝記という叙述スタイルをとる同書は、何を読者に語りかけているのか。以下この点に絞って問題としてみたい。

同書は定評ある伝記シリーズのうちの一冊であるから、構成は当然、陸羯南の誕生から死に至るまでの生涯に沿って展開する。

第一　価値秩序の崩壊と彷徨
第二　辺境から中央へ
第三　「国民主義」的記者としての自己形成
第四　「新聞紙の職分」と「道理」の発揮
第五　ディレンマのはざまで
第六　「独立新聞」の終焉

有山氏をして同書を書かせた第一の動機とは、羯南生誕一五〇年、没後一〇〇年という節目の年に当たっていたことだと思われるが、周囲の研究動向に左右されることなく準備された点にこそ、同書のようなオーソドックスな伝記作品の魅力や生命力の源泉があるのだ、という言い方も可能であろう。また、著者自身、同書の「はしがき」において、新聞記者としての陸羯南の生涯を明らかにすることを目的に掲げ、「羯南の思想を論ずる方向」（八頁）は禁欲したと述べている。したがって、同書はまず、陸羯南研究の文脈のなかで、あるいはジャーナリズム史研究における記者論として読まれ、評価されるべきなのである。

しかし、同書の帯には「ナショナリズムとは何か?」とある。帯のフレーズにまで著者の責任が及ばないことは、私のささやかな経験からでも理解できるが、「はしがき」のなかで著者の有山氏は、「新聞記者であることと日本主義イデオローグであることとは、彼にとって表裏一体の問題であった」（六頁）としているのである。そして何よりも、羯南自身が『近時政論考』（明治二十四年）のなかで、自己の立場を当時ヨーロッパで最新の政論であるナショナリズムを意識して「国民論派（ナショナリズム）」と名づけていた。

したがって、一見オーソドックスな伝記のスタイルをとる同書を、二〇〇七年を通じて顕著であったナショナリズムをめぐる研究動向のなかであえて読み込むことは、あながち牽強付会な試みとはいえないのである。前に挙げた目次からも、同書が単にジャーナリストとしての羯南の外装的な側面だけでなく、むしろ「国民主義」を軸とした彼の思想世界に著者の関心が向かっていることは、十分にうかがえるのではなかろうか。

私の見るところ、同書が示している陸羯南のナショナリズム思想に関する指摘のうち重要と思われるのは、次の二点である。

まず、第一に、羯南は自分の知識と思想を活かす道として新聞界を選び、そこで慎重に準備された主張が「国民主義」であり、そうした「国民主義」の論理は、太政官文書局勤務時代の明治十八年に訳述したフランスの思想家ド・メーストル原著の『主権原論』から学んだことを指摘している点である。このことについて著者は、「文明開化を抗しがたい大勢として承認し、そのなかに生きながら、それに馴染めない心情をかかえ葛藤してきた羯南が、ド・メーストルなどから学びながら形成してきた政論を「国民主義」という言葉で表現し、さらに日本の「進路」として提示したのである」(二〇五頁)と述べている。

後述するように、すでに松田宏一郎氏は、ドイツの国法学者ブルンチュリの示すNationalitätの概念が羯南の「国民主義」思想形成に及ぼした影響を指摘している。羯南の「国民主義」が、ひいては近代日本のナショナリズム思想が何を参照して形成されたのかという課題は、それ自体すこぶる興味深いが、いずれにせよそれは、たとえば水戸学や国学思想を学ぶなかから誕生したのではなく、明治政府が設置した学校で高等教育を受けた知識青年たちが、西洋の書物や実地の見聞をとおして創案したものだったのである。羯南が「国民精神」を「発見」したのと前後する時期に、政教社を結成し雑誌『日本人』を創刊した志賀重昂の場合も、同じような思想的経路をたどってNationalityを「国粋」と翻案したことは、本書第一部付論一で論じておいた。

第二に重要なのは、こうして輪郭を現した羯南のナショナリズム思想が、とりわけ日清戦争後に顕著になる国民一般の間にまで下降したナショナリズムの意識や、植民地を領有する小帝国と化した日本がさらなる領土侵略を目論む東アジア情勢という現実のなかで、国論がしだいに対露強硬論に傾いていったとき、いかなる位置を占め、いかに変容していったのかを、一種の転向論としてかなり明快に説明している点である(一八〇、二一六頁など)。

この点に関しては、補足が必要だろう。かつて丸山氏は、羯南におけるナショナリズムはデモクラシーとも結合して、近代国家として日本の歩むべき方向性を正しく見通すものだったと述べた。ところがその後、これを継承する立場の植手通有氏は、日露戦争が近づくにつれて羯南の主張が侵略的、好戦的になっていくことを「不可解」だとして、いわば閉塞状態に陥ってしまったのである。それに対して有山氏は、「現実的条件のなかで相対的に有効な方策を考案する「相関的議論」」こそ、羯南が考える「価値ある言論」（一〇〇頁）なのだという立場に立って、そのような研究史上の隘路を乗り越えているのである。

ナショナリズムは、どのように語られるのが相応しいのだろうか。西洋のごく一部の地域で近代国民国家形成を促したナショナリズムを理念型として設定しておいて、それとの偏差をもって近代日本のナショナリズムを裁断していくのは、もとより歴史的な評価を導き出す方法としては不適切であろう。しかし、同書が示すように、近代日本における思想としてのナショナリズムは、伝統思想内部から弁証されたのではなく、西洋を参照するなかで形成され、十九世紀末の日本という現実と向き合うなかで主張されたこともまた確かなのである。

そもそも、ナショナリズムという概念は、既存の学問の枠組みを超える広がりをもったものであり、それを一つの思想体系として定義することは非常に困難である。方法論や理論性というアングルからではなく、近代日本という固有な時間と空間のなかで、ナショナルなもの（国民、国家、民族等）を重視する思想と運動を考察していこうとするとき、伝記という一見迂遠な方法がむしろ有効であることを、同書は教えているのではなかろうか。

著者の意図から乖離することを懼れながらも、テーマを一点に絞って批評を試みた。同書が均整のとれた人物伝であり、本論では触れなかったものの、明治期の新聞社の経営的側面、出資者（パトロン）である政治家たちとの関係などについても、注目すべき指摘を含んでおり、巻末の年譜や参考文献一覧と相俟って、多くの読者の関心に応えるものになっていることを、付言しておく。

松田宏一郎著『陸羯南』

著者の松田宏一郎氏は、『江戸の知識から明治の政治へ』（二〇〇八年、ぺりかん社）によって、二〇〇八年度のサントリー学芸賞を受賞した政治思想史の研究者である。『陸羯南』（二〇〇八年、ミネルヴァ書房）は、同書の刊行から半年後に上梓されたが、松田氏の研究歴からいえば、若き日に当時の東京都立大学に提出した博士論文「陸羯南における《政論》の方法と明治二〇年代の《政治社会》」に淵源する問題関心を結実させた、そうした意味では研究者としての初心とその後の軌跡をうかがい知ることのできる作品なのである。

後発ながら幅広い執筆者層による斬新な人物像の提示によって好評の評伝選シリーズの一冊として、同書は準備された。全体の構成は、次のようになっている。

はじめに
第一章　生い立ちから官僚生活まで
第二章　政論記者の世界へ
第三章　『日本』の創刊
第四章　条約改正問題にあらわれたナショナリズムの思想
第五章　ジャーナリズムと政治社会の論理
第六章　議会政治と新聞の役割
第七章　対外硬運動とナショナリズム
第八章　日清「戦後経営」と『日本』
第九章　対外問題と新聞経営
第十章　日露戦争前後
終　章　政論家としての陸羯南
参考文献／あとがき／陸羯南年譜／人名・事項索引

以下、三点に絞って内容を紹介したい。

第一に、同書はこれまでの陸羯南研究において、最も包括的でバランスのとれた作品になっていることである。多くの先行研究を手際よく取り入れつつ、明治維新から日露戦後までの時代状況への目配りを怠らず、主旋律となっている羯南のテクストの読みは深い。メーストルやブルンチュリをはじめ西洋の思想家との関係は丁寧に解かれ、シリーズの性格から論争的ではないものの、随所に先行研究への批判も展開されている。結果、たいへん読みやすい叙述ながら、周到に準備された力作であることが読み取れる。一方で、著者自身も認めるように、羯南の「感情世界」や「人間」への言及は少なく、全体としては、羯南の書いた新聞論説の分析に軸を置いた問題史的な要素の強い評伝といえよう。

第二に、ナショナリズムの評価については、「はじめに」で「「明治期の健康なナショナリズムの可能性」の代表格としての陸羯南というような、既に手垢にまみれ思想的喚起力の失われた枠組みで羯南論をもう一本増やすということはしない」（ii～iii頁）と宣言され、実際の叙述でも限定的にしか論じられない。著者は、羯南の「国民主義」の内容を、「空疎としかいいようのない精神主義」（一一六頁）と断じるなど、ナショナリズム論としてあまり高く評価していないのである。むしろここで読者の注意を促しておきたいのは、先述したように有山輝雄氏が羯南は「国民主義」の概念をメーストルから学んだとしているのに対して、松田氏はそれをブルンチュリからの影響であろうとする、かねてからの主張を繰り返している点である。おそらく二者択一的な問題ではないにせよ、この点ではなお議論の余地が残されているように思われる。

第三に、以上二点をふまえ、本書では「法制官僚の末端」「翻訳官僚」であった羯南が政論記者に転身し、内外の政治状勢と井上毅や高橋健三、谷干城や近衛篤麿といった官僚、政治家たちとの関係性のなかで展開した政治論の評価に著者の主要な関心が置かれていることである。加えて、政教社同人や徳富蘇峰をはじめ同時代のジャーナリストたちが作る言論空間のなかで、羯南の政論を位置づけようと常に心がけている。したがって、評伝にありがちな人物礼讃には決して堕しておらず、抑制の効いた羯南像の提示が随所に見られる。たとえば羯南の議会論を、「非常にステレオタイプな西洋社会観と日本特殊論にのっとっていて、政治思想としての深さや斬新さはない」（一五四頁）と論じている部分などに、それはうかがえよう。著者が描く、西洋の政治理論を援用しながら「冷静」で「分析的」な記述が多い羯南の論説の特徴は、実は著者自身の羯南論の特徴にもなっているのである。

なお、同書と『江戸の知識から明治の政治へ』は、一見すると関連が薄いようにも見えるが、近代化過程における「政治」と「ナショナルなもの」をめぐる「知」のあり方を、歴史的な言説のなかに探り出そうという問題関心は、松田氏において一貫しているといえよう。同時代の西洋政治思想の動向を対照しながら羯南の政論を読み解いていくことは、この著者を措いてはなしえないのである。政論記者という近代日本に誕生した新しいタイプの知識人を描き出した出色の評伝といえる。

終章　成果と残された課題

大正二年（一九一三）、明治時代の思想を回顧する文章のなかで三宅雪嶺は次のように書いている。

明治二十一年神武天皇祭に一雑誌が出て国粋保存を唱へた、幾干もなく保存といふの不適切なるを感じ顕彰と改めたが、既に国粋保存の名が広く世間に伝はり其の儘に通用することに成つた。是れ明かに当時の委曲を知つて出たのでないが、政府の外柔内硬に反抗し、外政内政共に国家自らの立場を考へねばならぬと云ふに思ひ及んだのである。（中略）新に官立学校出身が政府に反抗的の態度で打つて出たので世に幾分の刺激を与へた点もあるが、国粋の語が瞬く間に広まつたのは政府の施設が行詰り何とか勢が変ぜねばならぬことに成つて居つた潮合ひであつたからである。(1)

政教社の結成と雑誌『日本人』の創刊、そして「国粋主義」提唱の歴史的意義を、当事者の回想とはいえ実に冷静かつ的確に描き出した一文といえよう。前著『政教社の研究』でも述べたとおり、明治二十年（一八八七）の三大事件建白運動が年末に公布された保安条例によって壊滅したあとの、『自由党史』の編者の表現を借りれば「荒涼索莫として一人の能く抗言するものなし(2)」とされたいわば政治的空白期に、政教社は結成されて活動を開始したのであった。時を経ずして陸羯南を中心に新聞『日本』も創刊され、二誌紙は「益友」「親友」としてときに連帯しながらそれぞれ論陣を張った。時代は鹿鳴館の舞踏会に象徴される「欧化主義」の風潮が漂い、政治的には後藤象二郎を中心に据えた大同団結運動が開始されようとしていた時期、経済的には企業勃興を経て資本主義がまさに離陸しようとしていた時期である。英露のアジア進出の鞘あてともいえる巨文島事件や不平等条約の不条理をさらけ出したノルマントン号事件の記憶も、人びとの間には鮮明に残っていたであろう。

本書は、こうした時期に一群の「明治ノ青年」たちによって開始された言論活動を我が国におけるナショナリズムの思想運動として再定位することを目指して編述した。その際、序章でも述べたとおり、あらかじめナショナリズムの理念型を設定して取りかかるのではなく、彼らが唱えた「国粋主義」や「国民主義」「日本主義」などの主張を丹念に読み解き、何をもってナショナルなものとしたのか、それをどうしようとするのか、ナショナルなものの根拠は何か、なぜそれを重視するのかといった素朴だが基本的な疑問に立ち返って、的確な国際情勢認識のもと、「日本」「日本人」とは何か、「われわれ」日本人は国家や民族の発展のために何をなすべきかという問いをもってナショナリズムの本質と考え、それらを個々の「明治ノ青年」の思索と発言そして行動に即して解明することを課題に据えた。検討の結果、いくつかのナショナリズムのかたちとさらなる課題が見えてきたように思われる。

第一部では、志賀重昂を考察の中心に置いた。志賀は、創刊当初『日本人』の主筆と目され、「国粋」＝Nationalityとしてその理論化に鋭意取り組んだ人物であった。それによれば、志賀の「国粋主義」とは、「大和民族」の特性である「国粋」は列島の自然環境とそのなかで育まれた歴史、伝統によって徐々に形成されたもので、今後の日本の選択はその延長上に構想されるべきであるという主張を、進化論やエネルギー保存の法則など自然科学の諸原理によって説明しようとするものであった。近代日本でナショナリズムの主張がはじめて明確なかたちで現れたのはこのときであったと私は考えている。しかしながら、「日本」や「日本人」とは何かを説明するのに、西洋起源ではあるが人類共通の真理と考えられていた自然科学を用いたのは、科学の世紀といわれた十九世紀の最後期に現れた思想の特色とはいえようが、いかにも書生論的な臭味を脱しきれず、「同志」の菊池熊太郎がこれに同調する論説を書いているものの、その後は自他ともにあまり参照されることはなかった。志賀が「国粋主義」を熱心に唱導したのはせいぜい二、三年の間のことであり、明治二十四、五年からは「アジア主義（亜細亜旨義）」へと視圏を拡大していくが、同二十七年に刊行された『日本風景論』がこの時期の志賀の「国粋主義」における一つの思想的結実といえよう。日清戦後期になると、当時「帝国主義」として語られる主張に追随（あるいは先取り）する傾向を示すことになる。

むしろ、志賀の場合、「日本民族独立の方針」として「国粋主義」と並べて政治論として「大同団結」、経済論として「殖産興業」が挙げられていたことが重要であろう。政教社設立と同時に大同団結運動に参画したのを皮切りに、大隈条約改正反対運動、対外硬運動、進歩党合同運動から憲政党結成、さらには立憲政友会入党まで、常に民党合同が志賀の政治行動を律する原理であった。民党合同こそが民意の「総併力（リザルタント）」だからである。だが、「党員」としての活動は、「記者」としての自由な立論の可能性を失わせることになってしまった。一方、「殖産興業」の面では、当初志賀の主張は小農主義と貿易立国論を柱とする「消極主義」であったが、日清戦後になると中国大陸に対する経済進出により「利益線」の確保を図ろうとする「積極主義」に転じていく。これがさらに日露戦後に至ると、安価な原料を輸入し、それを国内で加工してアジア諸地域に輸出するという「三角法」を提唱するようになる。

志賀の思想の変容をたどっていくと、ナショナリズムの主張がやがて帝国主義の論理に接近していく回路を典型的に示しているようにも見える。それは彼の朝鮮観にも如実に顕れていたであろう。しかし、政治的野心の退いたあとの志賀が、三度の世界旅行での見聞から、日本がアジアの盟主となって欧米と戦争するような――石原莞爾が想定した世界最終戦のような事態に対しては、それは「社稷の存亡」に関わることになるだろうという理由から反対であると述べていることに、私たちは志賀のナショナリズムの核にあったものを確認することができる。生産をもたらす国土、そこで生活を営む民族共同体としての国家、これこそが志賀のいう「社稷」であったろう。総力戦である二十世紀の戦争は大量破壊兵器によって国破れれば山河の形すら変貌してしまうほどの結果をもたらすことを、その後の歴史は教えている。いずれにせよ、志賀が早期に果たした「国粋主義」から「アジア主義」への転回の論理も決して自明のものではなく、晩年に到達した思想的境地の本格的な解明を含め、言論活動の全体像を評伝のなかで描き出していくことが今後の課題である。進化論と詩歌、地政学的な地理学がその際の要点になるであろう。

第二部では、三宅雪嶺の思想を取り上げた。三宅は、設立当初から志賀とともに政教社の中心人物とされながら、「国粋主義」に関する署名論説は一度も『日本人』誌上に書いていない。強いて挙げれば、志賀や菊池らが理論化に努めていた「国粋顕彰の旨義」を「余輩の一意に思慮すへき所なり(3)」と論じているくだりはあるものの、それ以上の言及がなされることはなかった。そもそも菊池によれば、「国粋主義」と社員各自の関係は次のようであった。

(前略) 国粋主義ハ我社の持論なりと雖ども、未だ社説として論究したることなし、是れ一ハ重要の問題にして軽々に議了し能はざること、、一ハ社員中各自それぞれに抱懐する所の特見ありて、未だ相集りて之を一定するの好機を得ざりしに原因するものなり(4)、

結果として政教社が社説として「国粋主義」を論定することはなかったのである。しかし、三宅の場合、『日本人』とは別のところで「日本人」論を展開していたことに注目していく必要がある。それは明治二十四年に相次いで刊行された『真善美日本人』と『偽悪醜日本人』の二書である。ともに政教社から発刊され、『日本人』発行停止中の著作であったことを勘案すれば、やはり二書は日常的な言論活動と密接な関連をもって構想されたものと見るべきであろう。『真善美日本人』では、日本人の「特能」を伸長することで人類全体の「円満幸福」＝真善美を極めていくべきだとし、美を例にとれば、「山水の美」に恵まれた我が国の美術は古代ギリシアにも劣るものではなく、建築、彫刻、絵画、詩、音楽、工芸品等が有する「特有の美質」が称揚され、それらの発達によって将来的な我が国の運命は

大いに期待できるとしていた。同時に『偽悪醜日本人』によって、日本の学術、道徳、美術の現状に対する不満が具体的に示されていたのである。三宅は「国粋主義」こそ語ることはなかったけれども、この二書によって的確な自他に関する現状認識のもと、「日本人」とは何かを真善美の三側面から追求し、それをいかに改良し人類全体の発展に寄与していくかという課題に応えようとしていたわけであるから、志賀とはまた別なかたちでナショナリズムを追究した人物だったと私は考えている。

そして三宅の場合、ナショナリズムの思想が彼独特の宇宙哲学のなかでその位置づけを与えられていた点が重要である。すなわち、三宅の宇宙哲学では「我」を基点としながらも、真善美のより高度な実現に向けて絶えず進化する絶大なる宇宙との間に民族や国家や人類は存在するのであって、ナショナリズムも常に相対的な現象にすぎない。本文中でも種々検討したように、ナショナリズムがその後の三宅の思索と言論活動で中心的な課題とされたことはなかったように見える。大正十四年（一九二五）三宅は珍しく「国粋主義」を論じた文章のなかで、次のように述べている。

> 前に国粋主義の出でた時、早くも種々の弊害が伴ひ、国粋よりも国臭を保存せようとするのがあり、改むべきに改めず、進むべきに進まず、因循姑息、其の儘にして居らうとした。（中略）国粋主義とは、自ら主にして消化及び排泄の宜しきを得るを意味する。国粋とすべきを消化し、国臭とすべきを排泄せねばならぬ。（中略）今になつて以前の国粋と同じく心得、寧ろ之を誤解し、却て旧弊悪風を維持せうとするは、心得違ひも甚だしい。今は発展すべきに発展し、改善すべきに改善し、日本民族の職分を果たし、世界人類の向上に益するを国粋主義とし、前の国粋主義と区別するの必要あらば超国粋主義とする。(5)

この「超国粋主義」は「超国家主義」に結びつかないのか。昭和期とくに十年代の三宅の主張を見たときの懸念につながるものがある。敗戦後の三宅が、これからの日本人が世界に貢献していくべき領域として刀剣や漆器、絵画や詩歌を挙げていたのは、彼のナショナリズムの核が伝統文化に基盤を置いたものであったことを示したという意味で注目に値する。それが皇室や国体、風景や歴史でなかった点に特質があったとはいえようが、三宅がそれら伝統文化を活性化させる議論を展開していたかどうか、徳富蘇峰などとの比較においてとくに時流に迎合的となる昭和十年代の評価とあわせて今後解明を要する課題であるといえよう。

第三部は、鈴木虎雄を中心に論じた。残存する史料によれば、明治十一年生まれの鈴木は陸羯南によって新聞『日本』が創刊された明治二十二年頃から内面世界の成長が著しく、翌年上京してからは順調に学歴社会の階段を昇っていく。祖父の代から漢学塾を営み、かつ神葬祭を行なう家に生まれた少年は、思想と文章において早熟であった。彼は、本文中にも記したとおり、日本を「神国」とし、国民は天神や皇室を重んじるべきであり、そのような国家を欧米人から守ろうとする意識と、そのためにも「文学」としての「漢学」を修め、「欧米ヲ欽羨」して「東洋固有ノ文物制度」を蔑視する風潮（「欧化主義」）を払拭しなければならないという主張を捧持していた。鈴木はまだ十一歳の新潟在住の少年時代からナショナリストだったことになる。後年の羯南との出会いは必然だったといえよう。

上京後、明治三十四年に日本新聞社に入社するまでの鈴木の足取りは一見順調だったが、内面世界に即していうと紆余曲折に富むものであった。メンタリティ形成の部分では、養子縁組によるアイデンティティの喪失を故郷の父母兄弟に対する情愛の念で埋め合わせることが、彼の場合「親を思ふは人の情なり国を愛するは人の義なり」というかたちで「愛国」と直截に繋がっていた点が重要であろう。さらにその際、第一部で取り上げた内藤湖南と同様、東洋（中国）の歴史や文学への学問的関心といかに接続していくのかは、今後明らかにしていかなくてはならない課題である。二人がやがて京都帝国大学で研究室を並べることになるのは、偶然と見るのでは惜しい好テーマであろう（早稲田大学教授となる桂湖村の場合も含む）。江戸時代以来の日本の漢学と近代の東洋学（「支那学（シノロジー）」）を媒介する性格が政教社や日本新聞社にあったとは考えられないだろうか。

他にも本書は多くの課題を残すことになった。その一つはナショナリズムの担い手としての読者をめぐる問題である。鈴木虎雄が『日本』や『日本人』の読者から執筆者になり、学界に転じていったことは本文中で述べたとおりである。『日本人』に関していえば、発行部数が多いときは六〇〇〇部を超えていたので、回覧者を含めれば読者は優に万を超えていたと推定できよう。それら実態がつかめない無名の「明治ノ青年」たちを探り出すことが今後の課題である。

そうした読者の一人に矢島浦太郎がいる。かつて別稿(6)では、「国粋主義」に対する深い理解を含む明治二十一年八月十七日付の志賀重昂宛書簡（志賀家所蔵）を引用しながら、経歴その他についてウラが取れない人物とした。ところがその後、立憲政友会の発会式名簿に彼の名があることに気づいて調べてみると、三宅雪嶺と同年の万延元年（一八六〇）生まれ、まさに「明治ノ青年」の一人であり、長野師範学校の出身で弁護士となり、衆議院議員（憲政会）に五回も当選している人物だということがわかった。(7)この矢島の投書が明治二十二年の『日本人』に掲載されている。それによれば、今日の急務は洋書の翻訳であり、訳書の刊行によって修学上の多くの弊害が除去され、我が国にもはじめて「文化隆盛」(8)がもたらされるだろうと主張している。本書第一部で取り上げたように、井上円了が哲学館や東京文学院を創立したのと全く同様の論理である。おそらく矢島は、その当時変則的に法律学を学ぶなかで語学の習得に苦しんでいたのであろう。本人にとって切実な投書であったと思われる。『日本』の読者組織である日本青年会に関しては、山本武利氏の先駆的な研究のほかに最近も新たな成果(9)が積み重ねられているが、読者に関する研究はナショナリズムの人びとへの広がりを考察するうえで避けては通れないテーマであろう。

以上のように、いくつもの課題を残したままであるが、政教社や日本新聞社に集った「明治ノ青年」たちのナショナリズムについては、読者層の炙り出しも含めて、今後も引き続き着実な史料に基づいた調査と研究を続けていくつもりである。さしあたり次は、三宅雪嶺の伝記を構想するなかで積み残した課題の解決を図っていきたいと念じている。

註

(1) 三宅雄二郎『明治思想小史』(一九一三年、丙午出版社)四四頁。
(2) 板垣退助監修『自由党史』下巻(一九一〇年、五車樓)六二七頁。
(3) 三宅雄二郎「伊藤伯著帝国憲法義解を読む」、『日本人』第二四号(一八八九年)二頁。
(4) 菊池熊太郎「国粋主義の本拠如何」、『日本人』第一九号(一八八九年)七頁。
(5) (三宅雪嶺)「超国粋主義」、『我観』第一三号(一九二五年)四四~四五頁。
(6) 拙著『書生と官員』(二〇〇二年、汲古書院)収録の「「国粋」の発見者たち」を御覧いただきたい。初出は一九九三年。
(7) 衆議院・参議院編『議会制度百年史』衆議院議員名鑑(一九九〇年、大蔵省印刷局)六六四頁。
(8) (矢島)浦太郎「学者の急務」、『日本人』第二九号(一八八九年)二九頁。
(9) たとえば、新藤雄介「明治三〇年代前半における新聞『日本』愛読者団体の位相」(『メディア史研究』第二九号、二〇一一年)など。

*二〇一九年に人物叢書の一冊として『三宅雪嶺』(吉川弘文館)を刊行した。

あとがき

これまでに書いたものをまとめて一書にしてみたらどうだろうかとあれこれ思案していたときに、旧知の編集者である吉川弘文館の斎藤信子氏から別件でお電話をいただいたことが機縁となって、こうして間もなく本のかたちになるところまでたどり着くことができた。

前著『政教社の研究』（一九九三年、思文閣出版）は、博士論文の公表という側面もあり、政教社の全体像（初期政教社の範囲に限定されるが）をはじめて描き出したといういささかの自負はあったが、「あとがき」には「メッセージ性の高い思想論が書かれて然るべきであったかもしれない」という言い訳めいた反省を書き添えた。しかし、寄せられた書評のなかには「その姿勢はかなりポレミックである」と評してくださったものもあり、地味な歴史学の研究書の著者と読者の間に成立する特殊な批評空間の存在に確かな手ごたえを得ることができた。その後関連する数篇の小論をものして『書生と官員―明治思想史点景―』（二〇〇二年、汲古書院）に入れたので、本書に収録したのはそれ以降の最近十年間に書いた論文や史料紹介等ということになる。もっとも、日本史学の素養すら充分でない私には、まして比較思想研究の分野に手を出すことなどできるはずもなく、結果としてナショナル・ヒストリーの再生産にすぎないとの誹りを受けることに甘んじなければならないものとなってしまった。

この間、日本を含む東アジア地域では領土や資源、歴史認識などをめぐってかなり尖鋭な（一部では隠微な―ネット右翼やヘイトスピーチだけではない。新聞報道によれば、昨二〇一三年十一月の大相撲九州場所の十四日目、モンゴル出身の横綱が日本人力士に敗れると会場は万歳三唱に包まれたという）ナショナリズムの発現、対立が見られて現在に至っている。これらの「現実」に強い興味を抱きながらもあえて背を向けて「過去」に向き合うことで、いわば煉瓦を一つ一つ積み上げていく職人のような仕事の結果がすなわち本書である。歴史研究者の仕事とはそれでいいのだと思う。

本書で描き出した歴史の相貌は、「明治ノ青年」たちがナショナリズムをそれぞれの専門的な学知との関連で築き上げようという真摯かつ冷静な知的態度を一貫して持ち続けていたということである。感情的なものに依頼せず、あくまでも論理的に説明可能なナショナリズム。地球規模の課題が山積する今日、ナショナリズムに消滅の気配すら見られないとすれば、それをどう洗練させていけばよいのか、近代日本におけるその出発点に見出すことのできる姿は現代の私たちに大きな示唆を与えてくれるものだと信じたい。

貧しい成果ではあるが、本書が成るまでには多くの方々、機関、団体等から御高配を賜わった。

調査・執筆の段階では、三宅雪嶺令孫三宅立雄氏、志賀重昂令孫戸田博子氏から引き続き史料の提供だけでなく、種々御教示をいただいた。今回新たに、陸羯南曾孫最上義雄氏（二〇一八年逝去）と鈴木虎雄令孫（陸羯南曾孫）鈴木昌平氏が御所蔵の史料の整理をさせていただく機会に恵まれた。両氏を御紹介くださった陸羯南研究会の高木宏治氏、鈴木虎雄の史料保存に御尽力なさった燕市分水の故松澤佐五重氏、また志賀の書簡を保存されていた蒲郡市三谷の小田和昭氏にも感謝申し上げたい。史料保存機関では、三宅に関して流通経済大学三宅雪嶺記念資料館、井上円了に関して東洋大学井上円了記念学術センター、棚橋一郎に関して郁文館夢学園、陸に関して弘前市立郷土文学館、鈴木に関して燕市長善館史料館、新潟県立歴史博物館および新潟県立文書館ならびに筑波大学附属図書館のほか、国立国会図書館憲政資料室、東京大学明治新聞雑誌文庫、同東京大学史史料室その他でたいへんお世話になった。

出版に際しては、文章の転載を御許可くださった学会、出版社、団体各位に御礼申し上げる。校正の段階でゼミOBの長尾宗典（国立国会図書館、現城西国際大学准教授）、田中友香理（筑波大学大学院、現筑波大学助教）両君の、巻末に掲載した語句索引の作成は田中君の手を煩わしたので、記して感謝の意を表したい。吉川弘文館編集部の斎藤氏と冨岡明子氏には終始行き届いた御配慮を賜わった。末筆ながら厚く御礼申し上げる次第である。

二〇一四年三月

中野目　徹

初出一覧（本書収録にあたり論題と内容の一部を改めたものがある）

序章　課題と方法（書き下ろし）

第一部　志賀重昂・井上円了・内藤湖南

第一章　志賀重昂における「国粋主義」とその変容（犬塚孝明編『明治国家の政策と思想』二〇〇五年、吉川弘文館）

付論一　「国粋」の発見と志賀重昂（『日本歴史』第七〇四号、二〇〇七年）

第二章　日露戦争後における志賀重昂の国際情勢認識（『近代史料研究』第一一号、二〇一一年）

付論二　志賀重昂の朝鮮観（『環』Vol.23、二〇〇五年）

第三章　井上円了における「哲学」と「日本主義」の模索—東京の書生社会のなかで—（『井上円了センター年報』第一六号、二〇〇七年）

付論三　井上円了による哲学館の創立（『季刊　サティア』第四六号、二〇〇二年）

第四章　内藤湖南のアジア論（『湖南』第三三号、二〇一三年）

第二部　三宅雪嶺

第一章　「国粋主義」と伝統文化—「美術」と「遊楽」を手がかりとして—（熊倉功夫編『遊芸文化と伝統』二〇〇三年、吉川弘文館）

第二章　明治二十四、五年の南洋巡航—その思想的意義—（『近代史料研究』第二号、二〇〇二年）

付論一　福澤諭吉論の射程（『福澤手帖』一五二、二〇一二年）

第三章　政教社退社一件始末（『近代史料研究』第七号、二〇〇七年）

第四章　同時代史としての近代—『同時代史』の世界を読む—（『季刊　日本思想史』第六七号、二〇〇五年）

付論二　遠祖の地・奥能登を訪ねる（『日本歴史』第六九七号、二〇〇六年）

第三部　鈴木虎雄と陸羯南

第一章　鈴木虎雄の新聞『日本』入社（『近代史料研究』第一〇号、二〇一〇年）

第二章　勉学・自立・鬱悶―鈴木虎雄家郷宛書簡の世界―（『近代史料研究』第一二号、二〇一二年）

第三章　鈴木虎雄と故郷（『新潟県文人研究』第一六号、二〇一三年）

第四章　陸羯南研究の動向―史料整理の報告を兼ねて―（『陸羯南会誌』第一号、二〇一一年）

付論一　ナショナリズムの語り方―二冊の『陸羯南』をめぐって―（『環』Vol.33、二〇〇八年および『日本史研究』第五七〇号、二〇一〇年）

終章　成果と残された課題（書き下ろし）

索　　引

Ⅰ 事　　項

あ 行

か 行

さ　行

た　行

な　行

は　行

ま　行

や　行

ら　行

II 人　名

あ　行

か　行

さ　行

た　行

な 行

は 行

ま 行

や　行

ら　行

著者略歴
一九六〇年　福島県に生まれる
一九八三年　筑波大学人文学類卒業
一九八六年　同大学院博士課程中退
国立公文書館公文書研究職を経て
現在　筑波大学人文社会系教授　博士（文学）

〔主要著書〕
『政教社の研究』（一九九三年、思文閣出版）
『明六雑誌』全三冊（校注、一九九九～二〇〇九年、岩波書店）
『近代史料学の射程』（二〇〇〇年、弘文堂）
『近代日本公文書管理制度史料集』（共編、二〇〇九年、岩田書院）
『三宅雪嶺』（二〇一九年、吉川弘文館）

明治の青年とナショナリズム
政教社・日本新聞社の群像

二〇一四年（平成二十六）六月一日　第一刷発行
二〇二一年（令和　三　）五月一日　第二刷発行

著者　中野目徹（なかのめとおる）

発行者　吉川道郎

発行所　株式会社吉川弘文館
郵便番号一一三―〇〇三三
東京都文京区本郷七丁目二番八号
電話〇三―三八一三―九一五一（代）
振替口座〇〇一〇〇―五―二四四番
http://www.yoshikawa-k.co.jp/

印刷＝株式会社　三秀舎
製本＝株式会社　ブックアート
装幀＝古川文夫

ISBN978-4-642-03833-1